병원 경영 처방전

병원 경영 처방전

최명기 지음

*e*비즈북스

목차

서문 ...10

1장
운영원칙

이렇게 개원하면 망한다 ...18

개원, 어떻게 해야 좋을까? ...24

잘되는 과는 없고 잘되는 병원만이 있을 뿐이다 ...28

가치가 없으면 이익도 없다 ...31

병원 운영 시 고려해야 할 7가지 요소 ...37

체계적인 진료 프로세스를 구축하자 ...43

경쟁력을 강화시키는 4가지 요소 ...50

병·의원을 언제 어떻게 확장할 것인가? ...55

의사가 사업하면 안 되는 이유 ...59

2장

마케팅

마케팅을 해야 할지 말아야 할지 고민입니다	...64
마케팅 우파 VS 마케팅 좌파	...68
돈 안 버리는 마케팅을 위한 7가지 요령	...74
마케팅 플라시보 효과	...79
가격 결정할 때 고려해야 하는 7가지	...83
가격 앞에는 장사(壯士)가 없다	...92
고객만족에 대해서 다시 생각해보자	...97
병원의 평판을 올리는 법	...102
온라인 마케팅 어떻게 해야 하나	...107
홈페이지 제작 시 고려할 점 9가지	...115

3장

입지 & 인테리어

가깝고 대기시간이 짧은 병원이 성공한다 ...122

병·의원 입지를 정할 때 고려해야 하는 10가지 ...127

병원 자리가 안 좋은 것 같아요 ...138

인테리어를 할 때 고려해야 할 8가지 ...143

4장

재무관리

원가에 기초한 경영 ...150

비용을 통제해야 살아남는다 ...153

늘어나는 빚을 어떻게 대처할 것인가? ...159

왜 이렇게 항상 돈에 쪼들리는지 모르겠어요 ...165

개원의가 생각하는 세무 원칙 7가지 ...170

비효율을 관리하라 ...175

5 장

인력관리

직원들이 일을 안 해요	...180
힘들게 직원을 뽑아도 계속 바뀌어요	...187
합리적인 직원 관리를 위한 7가지 습관	...192
월급이 곧 미션이다	...197
직원의 비리·횡령·게으름을 막는 법	...202
개원의가 생각하는 노무관리	...207
세상에서 가장 힘든 병원 인사 관리	...211
아무리 독려해도 일을 제대로 안 하는 직원	...217
안 한다고 생각 말고 못한다고 생각하자	...222

6장

위기관리

의료분쟁을 대처하는 마음가짐 ...228

영업정지가 너무 억울해요 ...235

병원 문을 닫아야 할 때 ...242

원장들이 흔히 간과하는 4가지 사업 리스크 ...247

오진을 줄이는 10가지 방법 ...251

불확실성 견디기 ...257

불경기 때문에 걱정이에요 ...262

7장

의사와 환자의 관계

좋은 환자가 좋은 병원을 만든다 ...268

환자가 없어요 ...273

환자들이 무서워요 ...277

의사는 모르는 환자 마음 ...282

매너리즘을 극복하는 방법 ...287

환자보기를 지겨워하는 의사에게 ...292

환자들과 좋은 관계를 유지하는 10가지 방법 ...297

서문

일반 경영학 교과서에 언급된 경영 지식 중에서 100인 이하 회사에 들어맞는 내용은 거의 없다. 아니, 솔직히 말하면 하나도 없다. MBA 과정에서는 당장 현장에서 쓸 수 있는 실용적인 지식 위주로 강의한다지만, 그 역시 대기업에나 적용 가능한 내용이 대부분이다. 더군다나 병원 경영은 경영 중에서도 특별한 분야다.

의료기관은 TV를 비롯한 매스미디어를 통한 직접 광고가 상당 부분 제한된다. 의료광고는 의료광고심의기준을 어기면 안 된다. 보험 진료 분야의 경우 병·의원은 가격을 결정할 수 없다. 정부가 정한 가격을 지켜야만 한다. 비급여 진료 분야라고 해서 언제까지 예외가 아니다. 2021년부터 비급여 진료비 공시가 시작되었다. 예상보다 빨리 비급여 의료비에 대한 가이드라인이 도입될 가능성도 있다. 그런데 정부의 규제가 아니더라도 의료분야에서는 가격과 서비스의 질을 연동시키는 것이 쉽지 않다. 좋은 물건은 비싸고 나쁜 물건은 싼 것이 당연하다. 하지만 환자라는 특별하면서도 소중한 고객을 상대로 할 때는 이야기가 달라진다. 가격에 상관없이 항상 일정 수준 이상의 의료 서비스를 제공해야만 한다. 박리다매 전략으로 수준 이하의 서비스를 제공하다 의료사고가 발생하면 법의 처벌을 피할 수 없다. 또한 병원은 의사, 간호사, 의료기사를 비롯한 전문 인력을 채용해야만 하는데, 각 전문직의 자존심이 충돌하면 병·의원이 제대로 돌아가지 않는다. 결국 병원은 잘되건 안되건 규정을 지키기 위해서 의무적으로 채용해야 하는 인력이 대다수다. 일을 못한다고 해고하고 다른 직원을 채용해도 더 일을 잘하는 사람을 뽑는다는 보장이 없다. 전문 인력은 노동시장이 제한되어 있기에, 우리 동네에서 해당 급여로 뽑을 수 있는 사람은 정해져 있다. 이처럼 경영학 서적 또는 경영학 수업을 통해서 얻은 지식을 병·의원 경영에 도입한다는 것은 불가능하다.

시중에 보면 병원 경영만 다룬 서적이 있기는 하지만, 내용이 너무 이론적이거나 너무 경험적인 양극단에 치우쳐 있다. 외국의 병원 경영 교과서를 번역한 경우 우리나라 실정에 맞지 않는다. 각 나라마다 의료환경과 의료정책이 다르기 때문이다. 우리나라에서 만들어진 교과서도 병원 실무와는 너무 동떨어진 내용을 담고 있다. 병원에서 실제로 일해본 적이 없는 분이 집필하다 보니 그렇다.

경험담은 쉽게 읽힌다는 장점이 있다. 하지만 경험담에 근거한 책은 보통 마케팅이면 마케팅, 전략이면 전략 한 부분에 국한된 경향이 있다. 저자의 경험이 맞아떨어질 때도 있으나 그렇지 않을 때도 많다. 특정 진료 분야의 특정 병원에서 형성된 경험은 해당 진료 분야와 병원에는 맞지만, 다른 진료 분야의 다른 병원에는 맞지 않는다. 비급여에 맞는 마케팅은 보험 분야에서는 맞지 않고, 비급여에서 맞는 인센티브는 보험 분야에는 맞지 않는다. 대학병원에서 맞은 경영 전략이 동네 의원에서는 맞지 않는다.

그래서 나는 충분히 이론적이면서 충분히 경험적이고, 충분히 구체적이면서 충분히 보편적인 책을 만들고자 과거에 《병원이 경영을 만나다》라는 병원 경영 교과서를 집필했었다. 그런데 《병원이 경영을 만나다》는 출간된지 오래되면서 일부 내용은 현재의 의료상황에 맞지 않게 되었다. 그래서 최근의 의료환경을 반영한 《병원 경영 처방전》을 기획하게 되었다. 《병원이 경영을 만나다》를 집필했을 때 나는 140병상 병원을 경영하고 있었다. 그때는 외래진료가 차지하는 비중이 상대적으로 적었다. 그런데 2014년부터 외래진료만 하는 의원을 운영하면서 병원 경영의 또 다른 측면을 경험하게 되었다. 《병원 경영 처방전》에는 의원을 운영하면서 얻은 경험이 녹아들어 있다. 《병원이 경영을 만나다》를 집필한 이후 나는 방송 출연, 유튜브 촬영, 키워드 광고, 블로그 마케팅을 직접 수행하면서 성공하기도 하고 실패하기도 했다. 한때 베스트셀러 작가라는 타이틀도 얻었지만, 다시는 생각하기도 싫은 위기 상황도 경험했다. 돌이켜보면 그만하면 잘 대처했다고 생각되는 순간도 있었고, 그때 도대체 내가 왜 그랬었을까 지금도 자책하게 되는 순간도 있었다. 성공 경험은 성공 경험대로 실패 경험은 실패 경험대로 동료들에게 전수하고자 하는 것도 《병원 경영 처방전》의 집필 의도 중 하나다. 척박한 의료환경에도 불구하고 묵묵히 환자의 건강을 지키고자 노력하는 의료 종사자들의 고민을 조금이라도 덜어드리고 싶다.

이 책은 1) 운영원칙 2) 마케팅 3) 입지 및 인테리어 4) 재무관리 5) 인력관리 6) 위기관리 7) 의사와 환자의 관계로 구성되어 병원 경영과 관련된 모든 영역을 커버한다. 병·의원을 경영하는 데 있어서 중요하지 않은 것은 하나도 없다. 하지만 어느 하나가 모든 것을 결정짓기도 한다. 그래서 모든 영역을 빠짐없이 다루고자 노력했다.

1) 운영원칙에서는 병원을 운영하는 기본적인 원칙에 관해서 기술했다. 어떤 점에서 총론에 해당하고 어떤 점에서는 경영 철학에 해당한다.

2) 마케팅 책을 보면 마케팅의 효과에 대해서 너무 긍정적이다. 그런데 마케팅은 성공할 때보다 실패할 때가 더 많다. 확신이 없으면 안 하는 것이 대체로 이익이다. 마케팅에서 제일 중요한 것은 어떤 수단을 통해서 어떤 마케팅을 하느냐가 아니라, 마케팅을 하느냐 안 하느냐. 이 책을 통해서 나는 손해 보지 않는 마케팅에 대해서 일관되게 알리고자 노력했다.

3) 병·의원이 잘되느냐는 대부분 입지가 결정한다. 불리한 입지를 극복할 정도로 실력 있는 병·의원은 없다. 나는 불리한 입지도 경험해봤고, 유리한 입지도 경험해봤다. 나 역시 불리한 입지를 극복하지 못했다. 입지 부분을 집필하기 위해서 미국에서 프랜차이즈 식당을 전문으로 개원하는 실무자가 쓴 책을 읽은 것은 물론이고, 국내에서 출판된 상가 입지 관련 책 대부분을 탐독했다. 그리고 병원을 개원할 때 가장 비용이 많이 드는 것이 인테리어다. 나는 기존 의원을 인수하면서 인테리어를 전혀 손보지 않은 적도 있고, 강남에 개원하면서 병·의원 전문 인테리어 업체에 고가의 비용을 지불하고 인테리어를 맡기기도 했다. 직접 건물을 지어서 병원을 개원한 적도 있다. 이 장에는 이런 다양한 인테리어 경험이 반영되었다.

4) 재무관리는 가장 중요한데도 불구하고 병·의원을 운영하는 경영진이 가장 등한시하는 부분이다. 나는 2000년대에 병원 건물을 지으면서 엔화 대출을 받았다가, 금융 위기 이후 엔화가 급등하면서 병원 이익을 전부 엔화 대출이자를 갚는 데 쓴 적이 있다. 은행의 구조 조정팀에서 매년 한 번씩 대출을 연장할 때마다 병원을 방문해서 실사를 했다. 인생에서 가장 괴롭고 피를 말리는 시기였다. 병원뿐 아니라 모든 기업은 현금이 없으면 망한다. 현금 확보, 비용 통제는 내가 생각하는 재무관리의 가장 중요한 두 개의 원칙이다. 병원의 양도양수 관련 내용 역시 필자의 실제 경험이 반영된 원고다. 사면 시작인 것 같다. 아니다. 생각과 다른 것이 너무 많다. 팔면 끝인 것 같다. 아니다. 발목 잡는 것이 너무 많다.

5) 인력관리는 병·의원의 경영진이 가장 고민하는 부분이다. 작은 병·의원에서 대기업에서 하듯 인사고과를 통해서 직원을 관리할 수는 없다. 인력관리에서 내가 가장 중요하게 생각하는 것은 객관성이다. 마케팅, 재무관리, 서비스 관리는 감정과 분리된 객체를 다룬다. 그러나 인력관리의 대상은 인간이다. 매일 마주쳐야 하는 직원이라는 한 사람의 인간을 대상으

로 한다. 그러다 보니 감정이 개입된다. 나의 관점에서 상황을 바라본다. 내 뜻대로 직원이 움직이는 것이 옳다고 가정한다. 하지만 직원은 객체가 아니다. 직원은 주체를 지닌 인간이다. 따라서 주체인 관리자와 상호반응을 한다. 때로는 그 상호반응이 의기투합으로 이어진다. 반대로 때로는 그 상호반응이 상대방에 대한 분노로 이어진다. 나에 대한 자기연민으로 이어진다. 그러면 인력관리에 실패한다. 이 책을 통해서 감정적인 인력관리가 아닌 객관적인 인력관리를 익혔으면 하는 것이 나의 바람이다.

6) 위기관리는 이 책의 가장 차별화된 부분이다. 이 책에서 다뤄지는 위기 상황 중 내가 경험하지 않은 것은 하나도 없다. 영업정지, 의료사고, 세무조사, 노무 분쟁만큼 마음을 피폐하게 하는 일이 없다. 병원을 그만두고 싶어진다. 여기저기 선후배에게 물어보지만 다들 자신의 창피한 경험은 숨기면서 일반적인 얘기만 한다. 그때 이 책의 위기관리 부분은 힘든 상황을 헤쳐 나가게 해주는 나침반이 될 것이다.

7) 의사와 환자의 관계에 대해서 굳이 책을 통해서 배워야 할 필요가 있냐고 생각하는 분도 계실 것이다. 내게는 수년 전에 병원을 한 번 방문하고, 그 뒤로는 오시지 않던 환자분이 계셨다. 그런데 그분이 수년 만에 다시 병원을 방문한 후부터는 빠지지 않고 매주 병원에 오셨다. 나중에 그 환자분이 나에게 말했다. 내가 자신을 진료하는 태도가 변했다는 것이다. 몇 년 전에는 내가 자신을 낫게 할 것이라는 확신을 느끼지 못했다고 한다. 아마도 나에게 그 환자가 틀림없이 나을 것이라는 확신이 없었던 것이다. 그런데 이번에는 그것이 느껴진다고 했다. 그래서 매주 빠지지 않고 진료를 받으러 온다는 것이다. 똑같은 의사, 똑같은 환자인데 의사와 환자의 관계가 달라진 것이다. 의사가 환자를 대하는 태도 자체가 고객 관리의 시작이다. 의사는 본인이 환자의 마음을 제일 잘 안다고 생각한다. 하지만 환자는 본인이 의사의 마음을 제일 잘 안다고 생각한다. 의사가 모르는 환자의 마

음이 있다. 뻔히 다 안다고 생각하는 것 중에서 모르는 것도 있고, 잘못 알고 있는 것도 있다. 이 장은 그것을 알려줄 것이다.

나의 마지막 작은 욕심이 있다. 이 책은 병원 경영을 다루고 있다. 하지만 내용의 상당 부분은 작은 사업체의 경영에도 적용할 수 있다. 식당이 되었건, 가게가 되었건 소비자를 대상으로 하는 모든 소상공인에게 이 책이 도움이 되었으면 하는 바람이다. 모두가 힘든 시기다. 하지만 포기할 수도 없다. 그럴 때 이 책이 누군가에겐 희망의 도구가 되었으면 하는 바람이다.

이렇게 개원하면 망한다

최악의 불경기라고 하는 시기에도 개원하는 분들이 적지 않다. 어떤 점에서 남들이 개원하지 않는 시기가 개원의 적기일 수도 있다. 하지만 불경기에는 아무래도 일반적인 어려움을 피할 수 없다. 자금이 부족하면 추가로 돈을 융통하기가 쉽지 않다. 고객의 호주머니를 열기도 쉽지 않기에 생각한 만큼 제대로 가격을 받기가 어렵다. 그렇기에 불경기에 개원할 때는 아무리 신중해도 지나치지 않다. 돌다리도 두들겨보고 건너야 한다. 그런 점에서 일단 최악의 개원 태도만 지양해도 망할 확률은 급격히 감소한다.

✚ 경험 없이 시작하는 개원

처음 하는 개원인데 병원급을 하고 싶다면서 자문을 구하는 분들이 있다. 나는 경희대 의료경영학과에서 강의도 했고, 전문 분야는 다르지만 나름 병원을 운영하고 있기 때문에 재활병원이건, 요양병원이건, 수술전문병원이건 어떻게 돌아가는지 대략 파악은 하고 있다. 그래서 나는 각 전문의들에게 자신이 개원하길 원하는 해당 학과의 병원에서 최소한 1년 정도 봉직의로 일을 해보고 개원하도록 권한다. 일을 하는 병원도 이미 자리가 잡힌 유명한 병원이 아닌 당사자가 앞으로 열게 될 규모의 인지도 없는 병원을 권한다. 밖에서 볼 때와 막상 일을 하면서 안에서 볼 때는 천지 차이다. 병원에서 일을 할 때는 간호사부터 시작해서, 의료기사, 간병인까지 다양한 직종과 대화를 하도록 권한다. 또한 원무과와도 얘기를 많이 나누기를 권한다.

하지만 그러한 내 조언을 따르는 이는 거의 없다. 좋은 자리가 나와서 더는 미룰 수가 없다고 하는데, 그것은 무의식적인 핑계다. 그동안 전공의, 전임의 생활을 하다가 어차피 스태프가 안 될 것 같으니, 그 실망감을 그럴듯한 병원을 개원해서 상쇄하고 싶은 마음이다. 10년이 넘게 혼자서 하루에 수십 명씩 환자를 보던 것이 지긋지긋해서 하꼬방 같은 작은 의원을 빨리 때려치우고 제대로 된 병원을 개원하고 싶은 것이다. 병원이 잘 되어야 성공인데, 백 병상 병원, 이백 병상 병원의 원장이 되는 것만으로도 스스로 성공이라고 여기는 것이다. 그런 경우 개업식 날이 가장 성공한 날이고, 그다음부터 내리막을 걷는 수가 있다. 경험 없는 개원은 필패다.

✚ 비싼 환자만 보려는 개원

명문대 의대를 졸업하고 전문의가 되거나 Big 4 병원에서 전임의를 하면, 혹은 대학병원에서 교수를 하면 의사들은 내심 자신이 실력 있는 의사라고 생각을 한다. 그러면서 기존 병원들의 단점이 눈에 들어온다. 기존의 병원들은 서비스가 엉망이고, 수술도 못하고, 마케팅에만 신경 쓰기 때문에 자신이 그들과는 다르게 그들보다 열심히 하면 고급 환자들이 자신을 찾아 주리라 생각한다. 하지만 과연 그럴까? 입장을 바꿔 놓고 생각해보자. 우리나라에서 가장 고급 고객들은 다름 아닌 바로 의사들이다. 의사들이 다 잘사는 것은 아니지만 의사들보다 여유 있는 고객은 많지 않다. 그런데 동네에 외국 미용 대회에서 수상을 한 미용사가 으리으리하게 미장원을 열었다고 해서 훨씬 비싼 가격을 지불하고 머리를 깎겠는가? 어떤 한우 식당의 인테리어가 차원이 다르게 고급스럽고 유기농 한우라는 이유로 다른 고기집의 두세 배 가격을 지불하고 사 먹겠는가? 물론 이 글을 읽는 분 중 그러겠다는 분도 있을 것이다. 하지만 대부분은 동네의 단골 미장원에서 가급적 싸게 머리를 자르려 하고, 맛이 비슷하다면 값이 싼 식당을 선호한다.

우리나라에서 가장 소비 여력이 있는 고급 고객인 의사도 이러는데 일반인들은 어떻겠는가? 삼성이나 현대 같은 최우량 기업을 제외한 중견 기업을 다니는 경우, 나이 50대에 이사가 되어야 연봉 1억을 만져보게 된다. 텔레비전에는 최고급 소비를 즐기는 고급 고객이 즐비하지만, 막상 병원을 열면 그런 손님들은 찾으려야 찾을 수가 없다. 텔레비전에 나와서 전 국민이 다 아는 탤런트도 고급 음식점을 했다가 망하는 경우가 속출한다. 전 국민이 이름을 알 정도로 네임밸류가 있는 의사가 아니라면 고급 고객만 상대로 진료를 해서 병원을 운영하겠다는 생각을 버려야 한다. 남보다 낮은 가격에 많은 환자를 보는 식으로 개원을 해야 한다. 남보다 높은 가격에 적은 환자를 보려는 개원은 대체로 망하게 마련이다. 박리다매가 모든 개원의 원칙이다.

✚ 비용을 무서워하지 않는 개원

1년에 100억 원 매출을 올리는 사업가나 1년에 1억 원 매출을 올리는 가게 주인이나 고민하기는 매한가지라는 말이 있다. 하지만 망했을 때 떠안게 되는 빚은 천지 차이다. 사업에 영향을 주는 리스크의 범위와 그 파괴력 또한 천지 차이다. 많이 투자하고 많이 버는 것이 조금 투자하고 조금 버는 것보다 낫다고 생각하는 이들이 많다. 그래서 강남의 요지에, 고급 인테리어에, 동업으로 자금을 총동원해서 개원을 한다. 중고는 믿을 수 없다면서 최신식 의료장비를 설치해서 리스비도 엄청 나간다. 처음에는 환자도 없기에 외래 직원은 한 명이면 족할 것이고, 조금 바쁘면 원장이 외래 직원의 일을 도우면 될 것인데, 나중에 환자가 늘어날 것을 대비해서 외래 직원을 몇 명이나 뽑아 놓으면, 직원들이 하루 종일 잡담만 하기도 한다. 그것도 용모가 빼어난 직원으로 뽑으려니 돈이 많이 든다.

그런데 개원을 하게 되면 예상치 못한 돈이 들어가게 된다. 처음에 1년은 버틸 수 있다고 생각하고 책정한 예비비가 턱도 없이 부족하게 된다. 처음에는 제대로 치료하고 입소문으로 알려지는 병원을 꿈꿨지만, 이렇게 하다 보면 얼마 안 가 거덜이 날지 모른다는 두려움에 광고에 불을 지른다. 그렇게 예비비를 마케팅 비용으로 날려버리면 임대료도 못 낼 처지가 된다. 환자에 대한 권리, 자리에 대한 권리를 다 포기해도 좋으니 누가 병원을 인수해서 임대보증금이라도 상가 주인에게 돌려받고 임대료라도 안 내게 되었으면 하는 것이 소원이 된다. 그래서 개원은 자그마하게 적은 돈으로 혼자서 시작을 하는 것이 제일 좋다. 그렇게 시작했는데 환자가 늘게 되면 거기에 맞춰서 확장하는 것이 정답이다.

✚ 남들 따라 하는 개원

과거에 정부가 고추면 고추, 양파면 양파, 배추면 배추, 특정 작물 재배를 권장하면 농민들이 급격히 쏠리는 경우가 있었다. 그러면 과잉공급으로 인해서 농민들이 엄청난 피해를 보고 다시는 그 작물은 농사짓지 않겠다고 학을 떼게 된다. 그러다 보면 다음 해에는 고추 파동, 양파 파동, 배추 파동이 일어난다. 그러면 정부는 또 파동이 일어난 해당 농산물의 재배를 권장하고 또 다시 과잉공급이 된다.

의과대학을 나온 의사도 마찬가지다. 요양병원이 붐일 때, 향후 수가는 낮아지고 노인 요양원이 많이 생기면 요양병원이 어려워질 것이라고 아무리 얘기해도 요양병원이 돈이 된다면서 쏠림 현상이 있었다. 척추병원, 관절병원, 대장항문병원, 피부비만진료 모두 예외가 아니다. 남들이 한다고 해서 따라가는 것이 아니라 열심히 환자를 보다 보니까 특정 환자가 많이 오게 되고, 특정 환자를 많이 진료하다 보니까 병원의 서비스와 시설이 환자에 맞춰 변화하고, 그러다 보니 전문병원으로 자리 잡게 되는 것이 제대로 된 스토리다. 그렇게 특정 환자를 많이 보는 전문병원이 하나 자리를 잡게 되면, 그 병원에서 일하던 봉직의들이 하나둘씩 주위에 유사한 병원을 자기 이름으로 차리게 된다. 그러다 보면 특정 병원을 하면 잘된다는 소문이 나게 되고, 너나 할 것 없이 돈이 될 것 같은 특정 전문병원을 하겠다고 덤벼들게 된다. 그런데 그 시점은 어떤 점에서 공급과잉이 이루어지는 시기다. 대체로 그 시기에 정부도 수가를 통제하고 이런저런 규제를 만들면서 공급을 통제하게 마련이다. 남들 따라 하는 개원처럼 쪽박 차기 쉬운 것이 없다.

그렇다면 도대체 필자가 선호하는 개원 방식은 무엇인가? 과거에 경희대학교 경영대학원에서 강의할 때, 24시간 진료하는 의원을 개원하겠다고 자문을 구한 의사 선생님이 계셨다. 밤을 새워 진료한다는 것이 고되고 힘들지만, 야간진료에 대한 환자 수요는 분명히 존재한다. 직장이 늦게 끝나서 처방전을 못 받는 경우, 어딘가 찢어져서 간단한 봉합 수술을 해야 하는 경우, 아기가 감기로 열이 나는 경우 환자들이 갈 곳은 종합병원 응급실밖에 없는데 대학병원 응급실에서는 환자 취급도 받지 못한다. 중소 병원 응급실에 가면 매번 당직 의사가 바뀌고 정식으로 소속된 의사가 아니기 때문에 불친절하고 신뢰가 안 간다. 솔직히 어르신 환자분이 밤에 배탈이 나서 설사를 하고 기운이 없어 수액을 맞고 싶어도 맞을 곳이 없다. 그런 의료소비자들을 대상으로 개원을 하겠다는 것이다. 본인이 비슷하게 운영되는 의원에서 아르바이트를 뛰면서 경험을 해봤고, 최고급 입지를 요하지도 않고, 고가의 의료장비를 요하지도 않기에 비용도 적게 들고, 아직은 남들이 많이 하는 것은 아니어서 24시간 의원은 좋은 생각인 것 같다고 동의했다. 결국 그분이 개원한 24시간 의원은 잘 운영되었다. 자신이 직접 충분한 경험을 해봤고, 다수의 의료소비자를 대상으로 합리적인 가격을 제시하고, 비용이 적게 들고, 아직 남들이 많이 하지 않는다면 누가 뭐라고 해도 한번 해볼 만한 개원인 것이다.

개원, 어떻게 해야 좋을까?

우선 지난 몇 년간 급속히 성장한 분야에 뛰어들 때는 주의해야 한다. 정상에 오르면 내려오는 것만 남았다는 말이 있다. 주식시장도 특정 국가의 주가지수가 3년 이상 연속 상승하면 그다음에는 심한 하락장이 온다고 한다. 개업도 마찬가지다. 라식수술 안과, 소아성장 한의원, 비만클리닉 등은 한때 급속히 늘어났지만, 포화 상태가 되면서 어려움을 겪었다. 잘되던 보험과 의원을 그만두고 비급여로 바꾸어서 개원한 많은 이들도 고전을 면치 못했다. 경기 하락의 여파도 있지만, 성장세가 언젠가는 하락세로 반전할 수밖에 없다는 것을 무시한 결과다.

그런 점에 있어서 서서히 안정적으로 성장할 수 있는 진료 아이템이 오히려 더 나을 수 있다. 통증 조절은 앞으로도 절대로 필요한 부분이다. 또 만성질환 치료에 대한 수요는 지속적으로 늘어날 것이다. 혈압약, 당뇨약, 고지혈증약과 같이 만성질환 치료제를 복용해야 하는 인구는 계속 늘어날 것이다. 암검진에 대한 수요도 늘어날 것이다. 지금은 의사들끼리 만나서 물어봐도 위내시경을 정기적으로 하는 사람이 별로 없다. 하지만 70세 이전 암에 걸릴 확률은 남자는 100명 중 28명, 여자는 100명 중 18명에 달한다. 따라서 위암, 대장암, 자궁암, 유방암 검진은 느리지만 천천히 성공할 것이다.

　이런 진료 부분은 성장성이 상대적으로 낮고 얼핏 생각하면 비급여에 비해 수익률이 낮을지 몰라도 입지가 좋고, 의사만 친절하면 성공할 수 있다. 우리가 다니던 대학교 앞에 가보면 수없이 많은 삼겹살집이 있지만 항상 새로 개업하는 집이 있다. 그중에는 틀림없이 성공하는 집이 있다. 지금 여러분이 일하고 있는 병원 앞에도 흔한 아이템으로 개업을 했는데 잘 되는 식당, 가게, 미장원, 제과점, 노래방이 있다. 성장세가 과거 몇 년간 두드러진 업종에 관심을 두기보다는 역사가 증명하는 확실한 수익 모델에 관심을 두어야 한다.

　좋은 입지가 모든 것을 좌우하는 것은 아니지만 안 좋은 입지를 극복할 정도로 능력 있는 의사도 그리 많지 않다. 음식의 맛이 확실히 뛰어나면 입지가 안 좋아도 사람들이 찾아간다. 하지만 그렇게까지 맛이 뛰어난 음식점은 흔치 않다. 따라서 보통 실력을 갖춘 대부분 음식점은 일단 눈에 띄고 봐야 한다. 손님들은 텅 빈 음식점보다는 손님이 한 명이라도 있는 음식점을 선호한다.

　환자들도 마찬가지다. 너무 많이 기다리게 되도 문제지만, 갈 때마다 병원이 텅텅 비어 있으면 왠지 불안하다. 그래도 항상 한두 명의 환자가 대기하고 있는 병원을 찾기 마련이다. 입지가 좋으면 환자도 상대적으로 빨리 몰리고, 조금만 잘하면 입소문도 빨리 난다. 환자들이 간판을 보고 찾는 비중이 큰 아파트 상가에는 가시성과 접근성이 뛰어난 A급지에 개원해야만 한다. 만약 간판정비사업 구역이 아니라면 상가 전면이 넓은 곳이 유리하다. 사거리 점포도 유리하다. 병원이 임대한 상가의 전면은 오피스 빌딩이 있는 대로변에 위치하고, 상가의 후면은 아파트 단지에서 보이는 것이 유리하다.

　그렇다고 자신이 감당할 수 없는 이자를 내고 무조건 좋은 입지만 찾는 것도 바람직하지는 않다. 금융권에서 대출을 받다가 돈이 모자라게 되면 점점 이자가 비싼 제2금융권에서 돈을 빌리게 된다. 이자가 오르는 것은 단지 금융 비용이 늘어난다는 의미가 아니다. 돈을 빌리기 어렵고, 돈을 빌려 쓰는 비용이 늘어난다는 것은 남들이 평가하기에 점점 사업이 위험해진다는 것이다. 따라서 무조건 좋은 입지를 선호하는 태도 역시 좋지 않다.

처음 개원을 하려면 겁이 난다. 망하면 어떻게 하나 생각을 안 하려야 안 할 수가 없다. 그러다 보면 공동 개원도 생각하게 되고, 네트워크 의원도 생각하게 된다. 뭔가 경험이 있는 이들의 백업을 받으면 나을 것만 같다. 하지만 세상일은 누군가에게 기대게 되면 그에 대한 대가를 치르기 마련이다. 경험이 있는 이와 동업을 하면 그 사람이 나를 잘 이끌어줄 수도 있지만, 반대로 이용할 수도 있다. 네트워크 의원이 새로운 비급여 상품을 개발해주고, 낮은 이자에 돈을 빌릴 수 있게 해주고, 인테리어 비용을 획기적으로 낮추어 준다면 함께 일할 만하다. 하지만 네트워크 의원이 단지 브랜드만 빌려주고, 돈은 내가 알아서 빌려야 하고, 인테리어 비용은 고급스럽게 해야 한다는 평계로 더 비싸고, 프랜차이즈 가입비로 많은 돈을 내야 한다면, 그때는 혼자 개업하는 것이 낫다. 적은 돈으로 혼자 개업을 하고 일단은 이런 경험 저런 경험을 하고 나서 동업도 하고 네트워크 의원에도 가입해야 손해를 보지 않는다.

신규 개원을 하는 경우 환자가 늘어날 때까지 운영비를 감당해야 한다. 언제 정상적으로 운영될지도 불확실하다. 따라서 기존의 병원을 인수하는 것은 비교적 안전한 방법이다. 하지만 상식적으로 생각하면 잘 되는 병원을 이유 없이 넘기는 사람은 단 한 사람도 없다. 따라서 병원을 양수할 때는 철저하게 따져보는 것이 중요하다. 특히 입지가 안 좋은 병원은 들어가서 고생하기 십상이다. 그리고 기존 의사가 너무 친절

했거나, 독특한 치료법 때문에 병원이 잘 되었던 경우, 새로운 의사가 병원을 새로 인수하면서 환자가 확 떨어질 수 있다. 예를 들어 근육 주사도 의사가 다 놓는 병원, 환자가 주치의의 핸드폰 번호를 알아서 밤낮으로 전화하는 병원은 인수하고 나서 과거의 의사와 똑같이 하지 않는 한 환자가 눈에 띄게 줄어든다. 따라서 원래 하던 의사가 별로 친절하지도 않고, 환자도 잘 보지 않는데 구조적인 이유에서 잘 운영되는 병원을 인수해야 한다. 그저 그렇게 운영되는 병원을 내가 인수해서 잘 해보겠다는 것은 대체로 뜻대로 안된다. 잘 안되는 데는 이유가 있는 것이다. 차라리 잘되는 병원들이 몰려 있는 곳에 유사한 진료 과목으로 개원하는 것이 안전하다. 경쟁 때문에 대박은 나지 못하더라도 검증받은 시장이기 때문에 실력만 있고 열심히만 하면 쪽박도 차지 않는다.

　마지막으로 절대로 마지못해 개원해서는 안 된다. 의욕을 가지고 잘 해보고자 해도 잘 안되는 경우가 허다하다. 나이가 들다가 보면 체면 때문에 떠밀리다시피 개원하는 수가 있다. 내가 의욕이 가장 강할 때, 내가 가장 잘하는 진료 과목으로, 최선의 입지에 개원해야 성공 확률이 높다.

잘되는 과는 없고
잘되는 병원만이 있을 뿐이다

병원이 어렵다는 얘기를 주위에서 많이 한다. 그래서 많은 이들이 "무엇을 해야 하나?"에서 답을 찾으려고 한다. 그런데 그보다 중요한 것은 "어떻게 해야 하나?"라고 본다. 한참 붐이 불기 시작했던 때 비급여 진료과로 전환했는데, 경쟁이 치열해지면서 가격은 내려가고 수익성은 악화하여 고전하는 분이 한둘이 아니다. 특별한 경쟁력이 없기 때문이다. 시류에 편승해서 일시적으로 잘되었지만, 시장 전체의 수익률이 악화될 때 자신만의 경쟁력이 없으면 버티지 못하는 것이다.

그런 점에서 중요한 것은 "무엇을 해야 하나?"가 아닌 "어떻게 해야 하나?"다. 대부분 개업의들은 아주 큰 문제가 돌출되지 않는 한 자기 병원의 서비스에 문제가 있다고 느끼지 못한다. 하지만 남의 병원에 가는 경우 3분 안에 그 병원의 분위기를 느낄 수 있다. 병원이 잘 돌아가는지 아닌지를 금세 알아챈다. 따라서 일단 잘 돌아가는 병원, 깔끔한 병원, 일 잘하는 병원을 만드는 것이 우선이다. 그리고 그러한 병원을 만드는 중심에는 원장이 있어야 한다. 원장이 일을 잘하고, 깔끔하고, 능률적으로 움직일 때 직원들도 원장을 따라가기 마련이기 때문이다. 이렇게 기본기가 탄탄한 병원은 무엇을 하건 잘한다. 하지만 기본기가 안 갖추어진 병원은 뭘 해도 안된다.

일단 기본이 갖추어진 다음에도 계속 노력하고 배우는 자세가 중요하다. 동네 음식점들을 보면 처음 개업해서는 다 친절하고 깨끗하다. 하지만 1년, 2년이 지나고 변화가 없으면 손님들은 지겨워하기 시작한다. 그 시점에서 주위에 새로운 식당이 문을 열고 경쟁이 격화되면 장사가 안되기 시작한다. 논리적으로는 경쟁에서 이기기 위해서는 변화를 주고 처음 개업을 했을 때보다 더 열심히 해야 한다는 것을 안다. 하지만 묘하게도 사람의 마음이 그렇게 돌아가지 않는다. 처음 시작했을 때 같이 지금 하는 일을 다시 더욱 열심히 하기보다는, 뭔가 돈 되는 다른 것이 없나 하고 기웃거리기 일쑤다.

자주 다니던 단골 빵집이 있었는데 몇 년 동안 변화가 없어서 지겹다는 느낌을 받았었다. 가끔 다른 빵집에 가서 빵을 사기도 했는데, 어느 날 간판도 새로 바꾸고 인테리어도 바뀌었다. 새로운 느낌이 났다. 주인에게 간판과 인테리어를 바꾸기를 잘했다고 하자, 자신이 원해서 그런 것이 아니라 프랜차이즈 본사에서 요구해서 어쩔 수 없이 바꿨다는 것이다. 주인은 돈이 많이 들었다면서 아까워하는 말투였다. 고객들이 가게를 지겨워해서 이탈하기 바로 직전이었다는 것을 가게 주인은 전혀 감을 못 잡고 있었다. 프랜차이즈 본사의 요구가 아니었다면 서서히 고객이 이탈해서 시간이 갈수록 전전긍긍했을 터인데 말이다.

어떤 점에서 병원도 마찬가지다. 수년 전 동네에서 최초로 IMS$^{\text{Intra-muscular Stimulation}}$와 TPI$^{\text{Trigger Point Injection}}$를 하던 통증치료 의원은 당시로서는 획기적으로 잘되는 병원이었을 것이다. 하지만 시간이 지나고 누구나 TPI와 IMS를 하게 되었다. 그런 상황에서 인테리어와 시설마저 낡게 되면 환자들은 다른 병원으로 이탈하게 된다. 그 시점에서 또다시 투자해야 하는데 매출이 줄어들기 시작하면 기존 병원에 투자하는 대신 어디 잘되는 개업 자리나, 어디 잘되는 비급여 진료과는 없나 만 자꾸 생각하게 되는 것이다.

의사 중 특히 본인의 전공이 비인기과라고 생각하는 분은 아무리 노력해도 급여는 푼돈밖에 안 생긴다고 자조적으로 말하곤 한다. 그런데 한 때 개원가들이 가장 선호했던 피부과도 1970~1980년대부터 인기과는 아니었다. 1990년대에 비급여 의료상품이 나온 후, 피부 관리에서도 비급여 시장이 형성되어 인기과가 되었다. 하지만 지금은 진료 영역이 깨지면서 피부과 전문의가 아닌 타 과 전문의들이 진출하고, 새로운 비급여 기술이 나오지 않으면서 가격이 저하되어 과거 같지 않다.

2003년~2005년도에는 척추전문병원 개원이 유행이었다. 원래 척추수술은 정형외과에서도 신경외과에서도 메인이 아니었다. 그런데 시간이 지나다 보니 뇌수술보다 척추수술이 수익률이 올라가는 상황이 되었다. 현재는 경쟁은 치열해지고 수술비 보험 급여에 대한 삭감은 점점 늘어나고 있다. 그다음에는 인공관절수술 전문병원이 우후죽순처럼 생겼다. 하지만 인공관절수술 전문병원도 척추수술 전문병원과 같은 운명이 되지 말라는 법은 없다.

다들 만나면 정부의 규제로 인해서 병원 운영하기가 점점 어려워진다고 한탄한다. 하지만 인간은 변화하는 동물이다. 계속 변화해야 발전해나갈 수 있다. 고령화로 인해서 지속적으로 성장하는 부분의 의료 시장에 귀를 기울일 수 있다면, 그에 맞는 새로운 기술을 접목해 나갈 수 있다. 건강보험이 만들어진 이후 정부는 어떻게든 의료비를 통제하려 하지만 통제되지 않았다. 기존의 진료 분야에서 통제를 하더라도 환자가 원하고 의사가 환자의 요구에 부응하면서 새로운 성장 분야가 계속 생겨나기 때문이다. 기본을 갖춘 후 내 전공 분야에서 환자들의 새로운 요구를 감지하고 새로운 기술을 접목하기 위해서 노력해야 한다.

가치가 없으면
이익도 없다

흔히 가치와 가격이 같다고 생각을 한다. 하지만 가치와 가격 사이에 괴리가 있는 경우도 적지 않다. 가격이 가치보다 더 높을 때 물건을 팔거나 서비스를 제공하는 이는 이익을 얻는다. 가격과 가치가 동일하면 잃을 것도 없고 얻을 것도 없다. 가격이 가치보다 낮으면 팔면 팔수록 손해를 보게 된다.

MRI나 라식수술 같은 신기술이 도입되면 처음에 소비자에게 알려지기까지는 고전을 하지만 일단 소비자가 상품에 대해서 익숙해지면 시장이 커지게 된다. 이러한 성장기에는 가격이 가치보다 높고 이익이 많다. 아주 엉망인 실수만 하지 않으면 망하지 않는다. 다들 자신이 잘해서 잘되는 줄 알지만, 모두가 잘되는 시기다. 다만 정도의 차이만 있을 뿐이다.

하지만 가격이 서서히 저하되면서 성숙기로 돌입한다. 고객들이 치료 기술에 더 익숙해짐에 따라서 수요는 늘어난다. 가격이 저하되면서 전체 고객 수는 늘어난다. 해당 치료를 시행하는 병원이 하루가 멀다고 늘어난다. 반면 너무 급속히 성장을 도모하다가 망하는 병원도 생긴다.

쇠퇴기에는 서서히 가격이 낮아지면서 궁극적으로는 가격과 가치가 동일해진다. 하지만 쇠퇴기 초기에는 오히려 공급이 더 늘어난다. 현재 상황을 성숙기로 오인한 신규 개원이 계속 이어진다. 기존의 병원들은 경쟁이 치열해지고 가격이 내려감에 따라서 규모를 키워서 매출을 늘리고자 한다. 이미 고가의 장비를 구비했기에 출구전략이 더욱 어렵다. 경쟁자가 가격을 낮추면 나도 가격을 낮춰서 버틸 수밖에 없다.

가격과 가치가 동일해지게 되면 그때는 제로섬 게임이 된다. 어느 병원에 환자가 늘었다는 것은 어느 병원의 환자가 줄었다는 것을 의미하게 된다. 신규 진입이 없고 기존 병원들도 시설에 더 이상 투자를 하지 않는다. 궁극적으로 경쟁력이 있는 얼마 안 되는 병원만 살아남는다. 가치 자체가 줄어들게 되면 수익도 점점 줄어들게 되고 병원도 감소하게 된다. 가격이 높을 때 이익이 더 많이 남듯이 어떤 시술이 가치가 있을 때 이익이 많이 남는다. 본인은 가치 있는 일을 하고 있다고 생각을 하고 열심히 일하지만, 그에 대한 대가가 지불되지 않는다. 본인이 생각하는 가치와 사회가 부여하는 가치가 다르기 때문이다. 부가가치가 낮은 일을 하면서 본인은 부가가치가 높은 일을 하고 있다고 생각하는 인식의 괴리가 생기게 된다. 당사자는 분노하지만 상황은 더 좋아지지 않는다.

비급여에서 가격을 낮춰서 접근시키는 역할을 시장이 하는 데 반해 급여에서는 가격을 저하시키는 역할을 공단과 심사평가원이 맡는다. 특정 수술에 대한 청구액이 늘어나거나 특정 수술을 주로 많이 하는 의료기관이 증가한다는 것은 특정 수술의 이익이 높다는 것을 의미한다. 이익이 많이 남으니까 시술하는 의사도 늘고 해당 병원도 늘어난다. 이런저런 방법을 통해서 수가가 점점 낮아진다. 수가가 낮아지지만, 여전히 전체 청구액이 증가하고 해당 분야 병원이 증가한다면 아직도 수가가 시술의 가치보다 높게 형성이 되어 있다고 판단을 하게 된다. 해당 치료의 전체 청구액 증가가 주춤하게 되면 그때서야 공단과 심사평가원은 수가와 시술의 가치가 일치해간다고 판단한다. 그 이후에도 가치가 낮아진다고 판단이 될 때마다 수가는 더욱 떨어진다. 굳이 해당 의료행위에 대한 수가를 낮추지 않더라도 수가를 올리지 않으면 매해 물가 인상률만큼 떨어지는 셈이다.

때로는 어떤 임상수기가 원가도 보전이 되지 않는 경우가 있다. 이론적으로는 원가도 보전이 되지 않으면 병원은 그 의료행위를 중단해야 한다. 하지만 그러지 못하는 이유가 있다. 의사들이 환자를 볼 때 국가에서 지불하는 진료비가 원가에도 못 미친다고 가정을 하자. 그러나 병원에서는 내시경을 하던, TPI를 하던 환자를 진료해야만 한다. 진료비 자체는 원가에도 못 미치지만, 진료를 한 후 시행하는 다른 임상수기에서 이익이 남는 경우 병원은 원가에 미치지 않는 수가를 감내하고 그 의료행위를 하게 된다.

중환자실에서 환자를 치료하는 경우 그와 관련한 수가는 원가에 미치지 않는다. 중환자실에서 환자를 보면 볼수록 손해다. 하지만 중환자실이 없으면 수술을 시행할 수는 없다. 그리고 그 병원에서 사망한 환자 중 해당 병원의 장례식장을 이용하는 비율이 높은 경우 중환자실에서 입은 손해를 장례식장에서 메우면 된다. 병원에서 상당수 환자가 중환자실에서 사망하기 때문이다. 하지만 이러한 특별한 경우가 아니라면 의료행위의 시장가격 혹은 보험 수가가 그 시술의 원가에도 미치지 않는 경우 적자가 누적되다가 문을 닫게 된다. 결국 병원이 잘되기 위해서는 고객에게 가치를 제공해야 한다. 그리고 그 가치를 고객에게 인정받아서 제공하는 가치보다 높은 가격을 받을 수 있어야 한다.

그런 면에 있어서 가치를 제공하는 방법 중 첫 번째는 남이 안 하는 걸 하는 것이다. 라식수술, MRI 도입, 모발이식 등 무엇이든 간에 남들이 아직 망설이고 있을 때 적극적으로 시장에 새로운 기술을 도입한 이들이 있었다. 꼭 대한민국 최초일 필요는 없다. 시장이 성장기일 때 뛰어들면 된다. 서울에는 그 의료행위를 하는 이가 많더라도 지방에는 없는 경우 지방에서 최초로 하는 것도 의미가 있다. 하지만 앞서 언급했듯이 이미 성숙기에서 쇠퇴기로 넘어가는 시기인데 혼자만 성장기라고 판단 착오를 하고 뛰어들면 안 된다.

가치를 제공하는 또 다른 방법은 남이 하는 것을 다르게 하는 것이다. 인공관절수술, 디스크수술, 치질수술은 이미 오래전부터 우리나라에서 그동안 쭉 시행해오던 시술이다. 그런데 그 수술만 전문으로 하는 병원이 만들어지고, 그 병원에서 남들과 다르게 마케팅을 하고 고객서비스를 하는 경우 고객은 그것을 새로운 가치로 인식한다. 의사의 입장에서는 다 거기서 거기인 수술이 고객의 입장에서는 더 나은 가치를 지닌 것으로 생각하는 것이다.

기존에 행해지고 있지만 분절화된 서비스를 통합해서 새로운 가치를 만들어내는 것도 한 방법이다. 1990년대 초반만 해도 피부과에서는 주로 치료를 하고 동네의 피부 관리실에서 피부 마사지를 비롯한 피부 관리를 했다. 그런데 네트워크 피부과들은 피부 관리실에서 주로 하던 피부 마사지를 피부과 안으로 가져왔다. 또한 대형 피트니스센터들은 경영상의 큰 어려움을 겪은 반면 중소형 운동센터 중에는 치료적 접근을 해서 성공적으로 운영하는 곳이 늘어나고 있다. 허리의 통증이나 관절의 통증의 경우 허리와 관절을 지탱하는 근육의 힘이 약하면 통증이나 부상에 더욱 취약해진다. 과거에는 운동선수들이 상처를 입었을 때나 시행되던 운동요법에 대한 일반인들의 관심이 높아졌다. 그래서 운동센터를 병원 부대 시설로 운영을 하면서 비급여 수익을 만들어내는 척추병원이 늘어나고 있다.

당뇨병, 고지혈증, 고혈압 같은 성인병을 진료하는 내과 선생님들이 매일 환자에게 하는 말이 "운동하세요."다. 하지만 대부분 환자는 운동하지 않는다. 사실 의사가 환자에게 해야 하는 말은 "운동하세요."가 아니고 "운동을 하고 가세요."다. 클리닉 빌딩에 내과, 정형외과, 통증의학과가 있는 경우 공동으로 운동센터를 운영하면서 환자들이 외래를 방문했을 때 미리 운동을 하고 진료를 받게 한다면 새로운 가치가 만들어지는 것이다. 같은 맥락에서 정신과와 이비인후과 의사가 만난다면 보다 가치 있는 수면센터가 만들어질 것이다. 비뇨기과와 정신과가 만난다면 보다 가치 있는 발기부전 클리닉이 만들어질 것이다.

그러나 굳이 새로운 가치를 창조하는 것은 아니더라도 남보다 조금 더 열심히, 친절히, 낮은 비용으로 서비스를 제공하는 것은 여전히 중요하다. 제로섬 게임인 경우 모두가 다 잘될 수는 없지만, 열심히 하는 이는 큰 성공은 아니더라도 나름대로 보람을 느끼면서 안정되게 병원을 유지할 수 있다. 쇠퇴기로 들어섰다고 해서 해당 분야의 모든 병원이 다 망하는 것이 아니다. 한번 도입이 되어서 검증받은 치료법은 대부분 죽지 않고 살아남는다. 과거처럼 큰돈이 되지는 않지만, 여전히 환자들은 물리치료를 받기 위해서 병원을 찾는다. 여전히 MRI와 CT도 찍을 것이다. 오랜 시간이 지나게 되면 라식수술은 그 가격도 내려가고 그 부가가치도 낮아지겠지만 보험 급여 대상이 되면서 수요는 줄지 않을 것이다. 해당 질병이 사라져서 치료가 더 이상 필요하지 않게 되거나 그 수술이나 기술을 대치하는 완벽한 기술이 생기지 않는 이상 수요는 존속한다. 내시경 기술이 많이 발달했다고 아무리 설명을 해도 내시경을 무서워하고 수면내시경도 두려워하는 환자들이 있다. 그분들은 상부위장관조영술을 받을 수 있는 병원을 열심히 찾아다닌다. 콜로나이트를 4L의 물에 섞어 마시고 대장내시경을 해야 하는데 지적장애 환자나 고령의 환자들에게 있어서는 그것이 쉽지 않다. 과거에 했듯이 관장을 하고 대장내시경을 해야 하는 수요가 여전히 있다. 가치가 저하되고 그에 따라서 가격과 수가가 저하되더라도 최소한도의 마진은 남게 마련이다. 뭐가 되었든 남보다 열심히, 친절히, 낮은 비용에 하는 것은 여전히 매우 중요하다. 그러다 보면 남들이 이익을 내지 못하는 분야에서 우리 병원은 이익을 내면서 남들이 넘보지 못하는 전략적 포지셔닝을 갖추게 되는 수도 있다. 비록 그 의료행위의 이익은 크지 않더라도, 아무도 그 의료행위에서 이익을 남기지 못하지만 나만 남길 수 있는 경우 그것 역시 경쟁력이다.

병원 운영 시 고려해야 할 7가지 요소

병원을 운영할 때 성공을 하기 위해서는 항상 고려해야 할 요소로 7가지가 있다.

✚ 생산성

공장에서 텔레비전이나 자동차 같은 물건을 만들 때는 부품이 투입되고 기계의 가공과 인간의 손을 거쳐야 한다. 이때 부품, 기계, 노동력을 투입 요소라고 한다. 똑같은 투입 요소로 더 많은 물건을 만들어 내거나 혹은 더 적은 투입 요소로 동일한 물건을 만들어낼 수 있다면 그때 생산성이 높다고 한다. 병원을 비롯한 서비스업에서는 고객 그 자체가 제조업에서의 재료 혹은 부품에 해당하는 투입 요소가 된다. 환자가 병원에 오면 의사와 치료진은 환자를 대상으로 의료기기와 의약품을 사용해서 진단, 치료라는 의료 서비스를 행한다. 생산성을 높이기 위해서는 가급적 투입 변수와 그 불확실성이 적어야 한다. 이것저것 치료를 하다 보면 들여놔야 하는 의료기기와 의료용품이 많다. 진료 시간도 들쑥날쑥하다. 자신이 잘 모르는 치료를 자꾸 시도하다 보면 효율이 더 떨어진다. 그런 상태에서 규모를 키우게 되면 비효율과 불안정성이 더욱 증폭된다. 더군다나 마케팅 홍보는 일정 규모 이상을 하지 않는 한 성공할지가 불확실하다. 가급적 적은 투자로, 가급적 적은 비용을 사용하고, 가급적 적은 사람을 쓰면서 높은 투자 대비 매출, 높은 비용 대비 매출, 높은 직원 1인당 매출을 추구해야 한다. 생산성을 확보하기 위해서는 크게 판을 벌이고 크게 매출을 일으키자는 태도를 지양해야 한다. 그 대신 남보다 비용을 낮추기 위해서 신경 써야 한다.

✚ 고객만족

키워드 광고에만 한 달에 수천만 원을 퍼붓고도 문을 닫게 된 성형외과 얘기를 들을 적이 있다. 마케팅을 통해서 신규 고객을 유치했지만, 수술에 대한 고객만족도가 떨어졌다. 밑 빠진 독에 물 붓기다. 흔히 고객만족을 위해서는 방긋방긋 웃고 고객의 무리한 요구에도 능수능란하게 대응하는 것을 떠올린다. 하지만 고객이 병원에 오는 것은 치료를 받기 위해서다. 주관적인 의미에서건 객관적인 의미에서건 치료를 잘해야 한다. 예후가 나쁠 것으로 예상되는 고객에게 좋아질 것이라고 수술을 해서는 안 된다. 수술 결과가 예상에 미치지 않는 경우 특급 호텔이나 최고급 레스토랑에 버금가는 극진한 서비스를 해도 고객은 불만을 가질 수밖에 없다. 내가 만족시킬 수 있는 환자의 범위를 확실히 파악해서 그게 아니면 치료를 해서는 안 된다. 대기 시간도 줄여야 한다. 환자가 병원에서 예상보다 오래 시간을 잡아먹게 되는 일을 가급적 최소화해야 한다. 그리고 평균 만족도를 올리기 위해서는 말 없는 보통 환자들에게 신경을 써야 한다. 사사건건 트집을 잡고 깎아내리기만 하는 고객, 과도한 기대치를 지닌 고객은 아무리 노력을 해도 만족시키기 어렵다. 그런 환자는 포기하는 대신 말없이 3분 진료에 만족하는 환자들에게 1분씩이라도 더 인사를 하고, 불편한 곳을 물어보면서 정성을 기울여야 한다. 마지막으로 고객만족은 병원이 매출을 올리고 이익을 증가시키기 위한 도구다. 고객만족 자체를 위한 고객만족은 지양해야 한다. 고객을 만족시키기 위해서 투자를 할 때는 매출 증대, 수익 증대라는 목적에 부합되어야 한다. 엄청난 비용을 투자해서 고객만족도는 좀 올라갔더라도 그것이 매출로 이어지지 않으면 이익만 깎아 먹는 결과가 된다. 비용 대비 효과를 항상 따져야 한다.

✚ 이윤율

생산성이 높아도 진료 이외의 비용이 많이 발생하면 이윤이 보잘것없다. 이자 내고, 임대료 내고, 세금 내고, 의료사고에 대한 보상비도 제한 다음에 이윤이 남아야 한다. 따라서 병원이 잘되기 위해서는 가급적 낮은 이자로 돈을 빌려야 하고 금리가 상승하면서 금융 비용이 증가하는 것에 대비해야 한다. 같은 수준의 입지라면 임대료가 낮은 곳을 알아봐야 한다. 매출을 누락하거나 가공경비를 비용 처리 했다가 세무조사로 인해 예상치 못한 시점에 거액의 세금이 발생하는 일은 없어야 한다. 의료사고 역시 적어야 한다. 이익이 있다가 없다가 해서는 안 된다. 아무리 작은 액수더라도 매달 매년 이익이 나야 한다. 단 1%가 되었더라도 매해 이익률이 올라야 한다. 가급적 이윤율의 증가 속도가 물가인상률을 상회해야 한다. 규모를 늘려서 이익을 증가시키다 보면 이윤율은 낮아지게 된다. 이익의 감소를 매출을 늘려서 보상받고자 하다 보면 점점 이윤율은 낮아지고 나중에는 병원이 매출 대비 이익이 보잘 것 없는 공룡기업이 되어 버리는 수가 있다. 아무리 생산성을 높여도 이윤율이 매해 떨어진다면 시장에서 철수하는 것도 방법의 하나다.

✚ 품질

경쟁자보다 품질이 우수하면 우수할수록 경쟁력이 있다. 하지만 품질 향상은 그것을 감당할 비용이 있어야 하고, 환자와 가족이 그 품질을 체감해서 매출 증가 혹은 가격 상승으로 이어져야 한다. 그런데 고객은 싸고 좋은 것을 원한다. 아무리 품질이 우수하더라도 고객은 항상 지불 가격과 기대 품질을 저울질한다. 따라서 때로는 품질을 올리는 것보다 가격을 낮추는 것이 더 현명할 수도 있다. 아울러 아무리 가격이 낮아도 절대 품질이 엉망이면 고객이 불만을 가지듯이 아무리 품질이 좋아도 그 가격이 절대적으로 비싸면 고객은 치료를 받을 엄두가 나지 않는다. 가격이 떨어지지 않는 한 매출로 이어지지 않는다. 따라서 고객이 원하는 품질 수준을 잘 파악해야 한다. 고객의 기대에 미치지 않는 일이 없어야 하지만 그렇다고 고객의 기대 수준을 'over-shooting(고객이 원치 않는 지나친 서비스를 제공하는 것)' 해서도 안 된다.

✚ 인력(노동자)

좋은 사람이 없으면 회사가 돌아가지 않는다. 그런데 최고의 직원만 모아서 병원을 운영하는 것은 사실 불가능하다. 프로 야구팀이나 축구팀이 돈으로 유망주를 싹쓸이한다고 그것이 꼭 우승으로 이어지지 않는다. 일단 함께 일하게 되었으면 능력이 있다고 믿으면서 인격적으로 대해야 한다. 사람을 다그치고 야박하게 대한다고 꼭 열심히 일하게 되지 않는다. 사람이 일하는 이유가 돈 때문만은 아니다. 가만 놔둬도 열심히 하는 사람에게는 잔소리하지 말자. 반면 계속 잔소리를 하게 만들고 잘못을 받아들이지 못하는 직원은 그만두게 하는 것이 낫다. 높은 임금을 생산성 향상으로 보상받을 수 있는 경우는 충분히 보상을 해서 직원의 만족도를 올리자. 하지만 아무리 열심히 일해도 그것이 생산성 향상으로 이어지는 효과가 제한적인 경우가 있다. 요양병원의 경우 간호 인력에 따라서 진료비가 차등 지급되기 때문에 간호 인력 기준을 맞추기 위해서 간호사를 채용해야 한다. 어떤 간호사가 다른 간호사보다 친절하고 열심히 일을 해도 심평원은 똑같은 한 명으로 취급할 뿐이다. 잘하는 사람에게 최고의 대우를 해주는 것보다 동일노동 동일직급일 때 인근 병원보다 높은 임금을 책정하는 것이 바람직하다.

✚ 조직관리

병원이 성장하기 위해서는 필연적으로 조직을 갖춰야 한다. 아무리 행정 능력이 뛰어난 원장이더라도 모든 일을 혼자서 다 처리할 수는 없다. 하지만 조직원이 늘어나다 보면 비효율이 증가할 수밖에 없다. 링겔만 효과Ringelmann Effect에 따르면 각각의 개인 한 명이 밧줄을 잡아당기는 힘을 1이라고 했을 때, 집단이 3명이 되면 3배가 아닌 2.5배로 잡아당기고, 집단이 8명일 때 8배가 아닌 4배로 잡아당긴다. 따라서 조직이 커지면 커질수록 비효율 역시 커지기 때문에 원장은 일은 제대로 하지 않고 월급만 받는 사람이 없게끔 신경을 써야 한다. 하는 일 없이 돈만 많이 받는 사람이 있으면 조직의 모럴moral 역시 엉망이 된다. 따라서 조직원이 너무 빨리 늘어나는 것은 가급적 피하자. 도저히 감당되지 않을 때 한명 한명 직원이 늘어나는 것이 바람직하다. 그 역할이 분명하고 명확히 평가할 수 있는 일을 위해서 직원을 늘려야 한다. 실제 일하는 사람 위주로 하고 관리직을 최소화해야 한다. 직원 관리 같은 애매한 목적으로 사무장이나 실장을 채용해서는 안 된다. 정작 해야 하는 골치 아픈 일은 밑의 직원에게 맡기고 말로만 모든 일을 처리하는 사무장이나 실장이 적지 않다. 직원의 수는 가급적 적을수록 좋다는 것이 조직 관리의 제1원칙이라는 것을 잊지 말아야 한다.

+ 신기술

지금은 새로운 기술이 없으면 병원이 생존할 수 없다. 병·의원은 너무 많고 건강보험 재정은 불안하다. 의료수가 인상률이 물가 인상률에도 미치지 않는다. 고령화로 인해서 환자는 늘어난다지만 특정 진료 분야가 팽창하면 건강보험공단과 심평원은 재정 지출을 줄이기 위해서 해당 진료 분야의 수가 인하 작업에 들어간다. 따라서 계속해서 남보다 먼저 비급여 항목을 도입해야 한다. 그러다 보면 비급여 항목이 보편화되어서 급여 항목이 되는 시점이 온다. 해당 진료에 대한 병원의 시술 1건당 총 진료비는 저하되지만 본인 부담금이 낮아지면서 병원 전체 매출은 증가한다. 그때가 정점이다. 좋은 시절이 잠시 지나면 정부가 의료비 지출을 줄이기 위해서 수가 인하 작업에 또다시 들어간다. 그때 가만히 있으면 병원의 수익성이 급속히 저하된다. 기존의 주력 비급여 항목이 급여로 전환되는 시점에서 새로운 비급여 항목을 개발해야 한다. 새로운 기술이 없으면 병원 역시 생존할 수 없다.

체계적인
진료 프로세스를 구축하자

좋은 입지에 적지 않은 돈을 투자하고 베테랑 직원을 영입해도 병원이 고전을 면치 못하는 경우가 종종 있다. 그런데 국내외 대기업이라고 해서 예외는 아니다. 삼성, 인텔, IBM 같은 초우량 기업도 막대한 돈을 퍼부어서 신사업에 진출했다가 고전을 면치 못하고 철수하는 경우가 적지 않다. 그에 따라 원인을 파악하기 위해서 프로세스 분석을 많이 한다. 사업이 성공하기 위해서는 인력, 자금, 생산, 판매 같은 개별 요소들이 잘 융합되어 목적을 이루기 위해서 상호작용을 해야 한다. 투입된 개별 요소들이 목적을 향해 통합적으로 진행을 하는 과정을 프로세스라고 표현을 한다. 프로세스가 진행되는 과정에서 삐걱대면 아무리 개별 요소들 각각이 강력하더라도 일이 잘 돌아가지 않는다. 구슬이 서말이어도 꿰어야 보석인 것이다.

프로야구를 예로 들면 FA를 통해서 스타플레이어를 영입해도 팀이 하위권을 헤매는 경우가 있다. 주자가 루상에 있는데 진루타를 치기보다는 큰 것 한 방을 노리다 삼진을 당한다. 중계 플레이, 주루 플레이, 백업 플레이 같이 기록에 반영되지 않는 부분에서 미스가 많이 난다. 이런 경우 전문가들은 승패를 떠나서 과정이 더 문제였다는 말을 한다.

그렇다면 병원에서 진료 프로세스를 원활하게 유지하기 위해서는 어떻게 해야 하는지 살펴보도록 하겠다.

✚ 할 수 있는 것에 집중하자
너무 많은 것을 이것저것 하다가 보면 프로세스가 뒤엉킨다. 외래도 보고 시술도 하다 보면 외래에서 처방전만 받으려고 온 환자는 다른 환자 시술 시간 내내 기다려야 한다. 고객의 불만이 증가한다. 돈이 된다고 이것저것 다 하다 보면 직원들은 어느 장단에 맞춰야 할지 정신이 없다. 병원에서 감당하기에 벅찬 고난이도 수술을 하다 보면 수술 시간과 예후를 예측할 수 없기에 서비스가 엉망이 된다. 너무 기대치가 높은 고객에 끌려 다니다 보면 평균에 해당하는 착한 고객에 대해서 신경을 덜 쓰게 되면서 고객만족도 평균이 더 떨어지는 결과를 가져온다. 내가 현재 할 수 있는 것에 집중해야 한다.

✚ 한 번에 하나씩 하라
기계만 사놓고 사람만 뽑는다고 해서 일이 돌아가는 것이 아니다. 인간은 자주 하던 것에 익숙하게 마련이다. 기계를 새로 도입하고 마케팅을 해도 처음에는 환자가 없다. 직원들은 익숙하지도 않은 시술을 드문드문 하면 그때마다 우왕좌왕하게 마련이다. 생각보다 환자가 없으면 기계가 구석이나 창고에서 그냥 놀게 된다. 마케팅이나 고객 관리도 마찬가지다. 이런저런 지시를 한꺼번에 내리는 경우 직원들은 그것을 쫓아가지 못한다. 그러다 보면 성공 확률이 높고 병원에 기여할 부분도 많은 지시가 제대로 실행이 되지 못해서 유야무야된다. 한번 그렇게 되고 나면 다시 시도하게 되지 않는다. 따라서 한 번에 하나씩 해야 한다.

✚ 체크리스트를 만들어 사용하자

나는 기질적으로 많은 직원이 모이는 회의를 싫어한다. 원장으로서는 직원들을 한꺼번에 모아놓고 이런저런 지시를 하고 말도 들으니 편리하다. 일주일에 한 번 회의를 하면 나머지 시간에는 직원을 만날 필요가 없다. 곤란한 얘기가 나오면 시간이 없으니 다음 주제를 논의하자고 하면서 회피하면 된다. 직원을 1대 1로 대하지 않으니 부담이 없다. 주르륵 앉아 있는 직원들을 보면 자신의 권력을 확인한 것 같아 마음이 뿌듯하다. 그러나 직원들 입장에서는 몇 시간씩 회의하면서 자신과 관련 없는 타 부서 이야기를 듣다가 보면 시간만 낭비하는 셈이 된다. 회의를 통해서 타 부서가 어떤 일을 하는지 파악해야 한다고들 하는데 그렇다고 해서 타 부서 일을 대신할 것도 아니다.

그래서 회의 대신 내가 사용하는 것은 체크리스트다. 구매 담당자, 서비스 담당자, 재무 담당자, 시설 담당자와 꼭 확인해야만 하는 필수 사항을 10개 내외로 정해놓고는 1주일에 한 번씩 그것이 시행되었는지를 묻는다. 매번 같은 사항을 확인하기에 나중에는 담당 직원과 만나는 시간이 10분도 채 안 걸린다. 반복해서 확인하지 않으면 원장 입장에서 아무리 중요한 일도 시간이 지나면 제대로 시행되지 않는다. 그러나 반복적으로 점검을 해도 시행이 되지 않는 부분은 포기해야 한다. 실행 불가능한 지시는 서로에게 부담만 되고 감정을 상하게 할 뿐이다. 내가 보기에 아무리 중요하더라도 직원이 할 수 없는 것을 억지로 강요하면 잔소리만 된다. 안 되는 것은 안 되는 것이다. 그런 경우 체크리스트에서 제거하고 새로운 사항을 하나 더 추가한다. 내부에서 이루어지지 않는 부분은 다른 방법으로 대체하든지, 아니면 그것만 전문으로 하는 외부 용역에 일을 맡긴다.

✚ 수요 공급을 일치시키기 위해서 노력하자

병원에는 바쁜 시간과 한가한 시간이 있게 마련이다. 바쁜 시간을 감당하기 위해서 직원을 최대한 채용하면 한가한 시간에 자리만 지키는 이가 너무 많게 된다. 한가한 시간을 기준으로 직원을 채용하면 바쁜 시간에 환자가 마냥 기다리다 그냥 가버린다. 그래서 그 중간을 기준으로 직원도 뽑고, 공간도 확보하기 마련이다. 그러다 보면 바쁠 때는 여전히 직원과 공간이 모자라고 한가할 때는 항상 직원과 공간이 남아돈다. 바쁠 때는 프로세스가 원활하게 진행되지 않는다. 환자들이 몰리는 피크 타임의 고객을 어떻게 해서든 한가한 시간으로 분산해야 한다. 고객이 없는 요일이나 시간에 오면 가격을 싸게 하든지 아니면 추가로 더 나은 서비스를 제공해줘야 한다. 고객이 전화로 문의를 할 때는 한가한 시간에 방문하도록 유도해서 예약을 잡아야 한다.

✚ 무조건 열심히 하라는 것은 아무 소용없다

원장은 직원들에게 항상 더 많은 것을 요구하게 마련이다. 자기 직원들은 진짜 열심히 일한다며 만족하는 원장은 거의 없다. 그런데 무조건 열심히 하라는 것처럼 직원 입장에서 답답한 것이 없다. 열심히 일할 수 있게 우선 필요한 지원을 해야 한다. 마케팅을 담당하는 직원에게는 고객 분석을 위한 전산 프로그램을 제공해줘야 하고, 외래 여직원이 단정하게 보이도록 하기 위해서는 여분의 가운을 사줘야 하고, 환자들이 프로그램에 잘 참여하도록 유도하기 위해서는 프로그램 동안에 먹을 음식이나 음료수를 충분히 제공해야 한다. 직원들은 자신의 일과 관련되어 무언가 지원이 있을 때 자신의 일이라고 생각을 하고 열심히 한다. 환자들이 병원 내에서 이동할 때 우왕좌왕하는 경향이 증가한다면 안내를 더 잘하라고 직원을 독촉하기에 앞서 기존의 안내 표지에 문제가 없는지 확인하고 보강해야 한다. 동선을 확보하기 위해서 필요하다면 리노베이션도 해야 한다. 공간을 확보하기 위해서 증개축을 하지 않으면 문제가 해결되지 않는 때도 있다. 만약에 리노베이션이나 공간을 확보하지 않으면 해결할 수 없는 문제라면 직원에게 더 열심히 해라, 더 잘하라고 하는 말들이 잔소리밖에 되지 않는다.

✚ 베테랑 직원이 한두 명은 있어야 한다

프로세스가 잘 진행되기 위해서는 직원들이 서로 일을 미루지 않고 협조를 해야 한다. 동료의식이 있는 직원들이 오래 일을 함께할 때 팀워크가 이루어져서 프로세스가 잘 진행된다. 어려운 환자가 오거나 긴급한 상황에 놓였을 때는 경험이 없으면 당황하게 된다. 그리고 오래 일한 직원은 굳이 서류상으로 업무분장을 하지 않더라도 암묵적으로 어디까지가 자신의 책임이고 어디부터 원장이 책임져야 할 일인지 안다. 원장이 수술하거나 외부에 있을 때도 직원들이 알아서 프로세스를 진행시킨다. 그런데 외부에서 베테랑 직원을 영입해도 원장과 일을 한 시간이 얼마 안 되면 어디까지 자신의 책임인지를 파악하기가 쉽지 않다. 따라서 원장과 오랫동안 호흡을 맞춘 베테랑 직원이 한두 명은 병원에 있어야 한다.

✚ 잡일하는 직원을 귀하게 여기자

흔히 병·의원의 규모가 어느 정도 커지면 골치 아픈 일을 맡아 줄 중간관리자가 있었으면 한다. 하지만 결국 의료사고가 되었건, 직원 처우에 대한 불만이 되었건 궁극적인 책임은 원장이 지게 된다. 중간관리자를 뽑는다 한들 돈은 돈대로 나가고 결국은 원장이 최종 결정을 하는 경우가 많다. 중간관리자 월급 줄 돈으로 다른 직원들 월급을 더 주고, 중간관리자 줄 돈으로 의료배상 보험을 들어 놓는 게 차라리 도움이 된다.

중간관리자는 남을 시켜서 일하게 할 뿐 자신이 직접 일을 하지 않으려고 한다. 그런 점에서 병원에 꼭 필요한 직원은 이것저것 시키는 대로 다 하는 직원이다. 잡일을 잘 맡아주는 직원이 있어야 한다. 이런 직원 한두 명만 있으면 프로세스가 잘 진행된다. 갑자기 환자가 몰려들 때 타 부서 일을 도와주고, 누구 담당인지 구분이 안 가는 일이 예상치 않게 발생했을 때 해결하고자 노력한다. 잡일을 맡아주는 직원이 있으면 잡일을 떠맡을 때마다 칭찬해줘야 한다. 정해진 업무가 아닌 일을 했을 때는 합당한 수당을 지급해서 보상해야 한다.

✚ 외부 컨설팅이 제공한 매뉴얼을 사용할 때는 주의해야 한다

내가 아는 원장님 한 분이 외부에 병원 서비스에 대한 컨설팅을 맡기고 깜짝 놀랐다. 이것도 엉망, 저것도 엉망이라는 분석을 접하고 나서다. 그래서 그들이 준 매뉴얼대로 허둥지둥 조처를 취했다. 그런데 기존 직원들 처지에서는 매뉴얼의 대부분이 형식적이고 가식적이었다. 원장과 직원의 마찰이 심해졌고 일부 직원은 사표를 냈다. 그런데 새로 온 직원들 역시 매뉴얼에 적응하지 못했다. 병원 서비스 컨설팅 회사는 병원이 엉망이라는 보고서를 원장에게 제출해야 자신들이 일한 값을 한다고 생각을 한다. 아무런 문제도 없다고 보고하면 어느 원장이 컨설팅 회사에 돈을 지불하려 하겠는가? 그래서 일단은 문제가 심각하다는 보고서를 작성하고는 한다. 그리고 만병통치약처럼 제일 잘 나가는 병원에서 시행하는 프로세스를 그대로 따라 만든 매뉴얼대로 시행하도록 권한다. 그런데 제일 잘 나가는 병원의, 최고의 지원을 받는, 높은 급여를 받는 우수한 인력이기에 그런 매뉴얼대로 일을 할 수 있는 것이다. 우리 병원에서 일하는 직원의 능력, 우리 병원의 급여 수준, 우리 병원의 인프라를 고려하면 실행이 불가능하다. 따라서 흠만 잡아내고 불가능한 과제를 던져주는 외부 컨설팅을 굳이 돈 주고 할 필요는 없다고 본다. 동료, 친지의 비공식적인 언급으로도 충분하다. 병·의원을 운영하는 원장들은 남의 병원에 들어서는 순간부터 확 느껴지는 분위기가 있다. 기분 나쁘게 듣지 않고 충고라고 받아들일 수 있다면 원장들의 코멘트만으로도 충분히 도움이 된다. 그리고 그보다 더 중요한 것이 원장이 진료하면서 환자와 그 가족에게 병원의 프로세스에 대해서 물어보는 것이다. 우리 병원의 서비스 프로세스가 궁금하다면 진료 시간에 환자와 그 가족과 더 많은 대화를 나눠라.

그리고 무엇보다 원장부터 부지런히 움직이자. 자기 병원임에도 불구하고 하루 종일 진료실에 틀어박혀 있다가 퇴근하는 분이 대부분이다. 자기 병원임에도 불구하고 직원들은 이미 아침 일찍 출근했는데 항상 진료 시간보다 늦게 출근하는 원장님도 있다. 뭔가 곤란한 일이 생기면 원장이 먼저 진료실 문을 열고 나가 처리하려고 움직이면 직원들은 다 따라 하게 마련이다. 직원 100명 이하의 의료기관에서 프로세스를 원활하게 진행하고자 하면 원장부터 부지런해야 한다. 환자 보는 시간을 제외하면 병·의원을 구석구석 돌아다니면서 살펴야 한다. 환자가 병원 문을 열고 들어오는 순간 원장이 대기실에서부터 먼저 인사하고, 환자가 진료를 끝내면 의사가 일어나서 인사하는 병원은 잘 돌아갈 수밖에 없다.

경쟁력을 강화시키는
4가지 요소

대부분의 개원의는 병원에 환자가 없는 이유를 경기 탓으로 돌린다. 맞다. 경기가 안 좋다 보니까 환자가 없다. 하지만 내가 주식을 산 회사의 실적이 부진해서 주가가 떨어질 때 그 회사의 CEO가 실적이 부진한 이유를 경기 탓으로 돌린다면 어떤 생각이 드는가? 똑같이 경기가 나쁘지만 잘 버티는 회사가 있고 실적이 확 나빠지는 회사가 있다. 주주들은 그나마 잘 버티는 회사와 비교하면서 실적이 나쁜 회사의 CEO를 질책할 것이다. 똑같이 실적이 부진하더라도 회사마다 그 정도가 다르다. 실적이 가장 많이 떨어진 회사의 CEO는 경쟁 회사와 비교를 당하면서 질책을 받을 것이다. 마찬가지다. 원장은 자기 병원의 소유자이며 경영을 책임지는 CEO다. 지금 환자가 없는 것은 경기 탓이다. 하지만 경기만 탓하고 아무것도 하지 않으면 경쟁력은 더욱 떨어지게 된다.

막상 경기가 좋아져도 이미 강력한 경쟁자에게 시장을 빼앗기고 난 후다. 경기 회복에 따른 매출 증가는 기대에 미치지 않는다. 좋아진 경기 덕에 근근이 버티겠지만 다음에 불황이 찾아오면 더 큰 어려움에 처할 수도 있다. 따라서 환자가 없는 이유를 단지 불황에 돌려서는 안 된다. 자신의 경쟁력을 점검한 후 모자란 부분은 강화하고, 잘 되는 부분은 더 향상시켜서 경쟁력을 키워야 한다.

  병원의 경쟁력을 평가하는 데 있어서 내가 생각하는 네 가지 기준은 시설, 기술, 의사, 가격이다. 네 가지 중 어느 것이 가장 결정적인 영향을 주는지는 진료 과목, 병·의원 위치, 경쟁자에 따라 다를 것이다. 요양병원, 재활병원의 경우는 시설이 가장 중요한 경쟁력이 될 것이다. 수술 전문병원은 기술이 가장 중요한 경쟁력이 될 것이기에 남보다 앞서서 우수한 의료기술을 도입해야 할 것이다. 동네 의원은 의사가 가장 강한 경쟁력이다. 처방전을 발행하고 간단한 검사를 시행하는 동네 의원은 의사가 얼마나 설명을 잘하고, 친절한지가 경쟁력이다. 마지막으로 무시할 수 없는 것이 가격이다. 환자들은 의사들이 생각하는 것 이상으로 가격에 민감하다. 환자들은 의료 서비스도 좋고 가격도 낮은 것을 원한다. 설혹 의료 서비스의 질이 높더라도 가격이 비싸면 환자들은 망설인다. 서비스도 좋고 가격도 낮은 곳이 있나 찾아 헤맨다. 치료를 잘하는지 여부는 실제로 치료를 받아보기 전까지는 불확실하다. 하지만 가격이 낮은 것은 확실하다. 환자가 의료 서비스가 좋고 가격이 다소 비싼 것보다는 의료 서비스가 다소 낮고 가격도 낮은 쪽을 선호하는 경우가 적지 않다.

✚ 시설

환자가 오랜 시간 지내야 하는 요양병원, 재활병원의 경우 시설이 나쁘면 환자들이 오래 머무르지 않는다. 따라서 시설이 좋아야 환자가 입원한다. 외래 진료를 주로 하는 경우는 경쟁자보다 비슷하거나 조금만 더 나은 시설을 확보하면 된다. 고급스러운 시설을 꾸며야 높은 가격을 받을 수 있다는 주장도 일리는 있다. 하지만 시설만 고급스럽다고 환자가 비싼 가격을 지불하는 것이 아니다. 시설만으로 경쟁력을 확보하는 데는 한계가 있다. 의료 서비스의 질이 낮고, 의료기술이 떨어지고, 의사도 친절하지 않다면 인테리어만 고급스럽다고 환자들이 높은 가격을 지불하지 않는다. 모든 조건이 갖추어진 상태에서 시설도 좋아야 환자의 신뢰도를 높이고 상대적으로 높은 가격을 받을 수도 있다. 하지만 고급스러운 시설을 만들기 위해서는 상당한 자금이 소요된다. 차라리 경쟁자보다 가격을 낮추는 것이 나을 수도 있다. 내가 더 잘하니까 더 비싸게 받아야 한다는 것이 사람의 심리다. 높은 가격을 받고 싶다는 생각은 일정 부분 심리적인 측면에서 기인한다. 내가 치료도 잘하고 가격도 낮게 받는다면 환자는 늘어나게 마련이고 경쟁자도 가격인하의 압박을 받게 된다. 인테리어에 투자할 돈을 내원 환자수로 나누어서 그 액수만큼 가격을 인하하는 것이 더 현명할 수도 있다. 선택의 문제인 것이다.

✚ 의료기술

죽은 사람을 살리는 치료 방법이 있다면 아무리 건물이 허름하고, 아무리 의사가 불친절해도 사람들은 그 병원을 찾을 수밖에 없다. 부르는 것이 가격이다. 이러한 극단적인 경우까지는 아니더라도 그 지역에 MRI가 없을 때 남들보다 앞서 MRI를 도입하고, 신장투석실을 연 경우도 의료기술을 통해서 경쟁력을 확보한 것이다. 주위의 다른 개원의가 아직 하지 못하는 시술을 익히고, 주위의 다른 병·의원에는 아직 없는 의료기기를 도입하는 것은 경쟁력을 확보하는 방법이다. 하지만 새로운 의료기술을 도입하기 위해서는 노력과 비용이 따르게 마련이다. 남들이 이미 하는 것을 따라 하는 것은 안전하기는 하지만 그 효과 역시 제한적이다. 남들이 다 하니까 어쩔 수 없이 막차를 타는 경우 돈과 노력만 허비하고 오히려 손해를 볼 수도 있다. 따라서 우리 지역에서 남들이 못 하는 의료기술을 먼저 도입할 때 경쟁력이라는 측면에서는 바람직하다. 하지만 새로운 시술을 배우고, 새로운 의료기기를 구입해도 막상 환자가 없을 수 있다. 불확실성이라는 변수를 고려해서 성공 확률이 높은 의료기술을 선택할 수 있는 안목을 키워야 한다.

✚ 의사

병·의원의 원장이 유명한 의사, 친절한 의사, 똑똑한 의사라면 그것 역시 무시할 수 없는 경쟁력이다. 동등한 조건일 때 좋은 의사는 경쟁력을 강화하는 중요한 요소이다. 하지만 친절한 의사와 수술을 잘하는 의사 사이에서 환자들은 누구를 선택할까? 수술을 잘하는 의사를 선택한다. 비급여도 예외는 아니다. 미인을 만들어주는 것으로 평판이 나 있지만 불친절한 의사와 매우 친절하지만 수술은 그저 그렇다는 평판이 있는 의사 사이에서 환자들은 다소 불친절하더라도 미인으로 만들어 줄 것이라고 기대하게 되는 의사를 선택한다. 모든 조건이 동일할 때 좋은 의사라는 점이 경쟁력이 된다.

하지만 의사는 친절하지만 찾아가기 힘들고, 주차하기도 힘든 병원과 의사는 친절하지 않지만 가깝고, 찾기 쉽고, 주차 시설도 잘되어 있는 병원 중에 어디를 선택하겠는가? 만약에 매달 한 번 방문해서 같은 약을 처방받거나, 매주 한 번 방문해서 같은 피부 관리를 받는다면 당연히 후자의 병원이 이길 것이다. 반면 정신과 치료같이 의사의 말 한마디 한마디가 치료에 영향을 주는 경우 환자는 좋은 의사를 선택할 것이다. 동일한 진료가 반복되는 경우 환자들은 조금 덜 친절하더라도 가격이 낮은 경우를 선택한다. 내가 친절하고, 똑똑하고, 유능한 의사라는 이유만으로 나쁜 시설, 변하지 않는 치료기술, 비싼 가격을 환자들이 감수할 것이라는 생각은 위험하다.

➕ 가격

의사들은 환자들이 가격에 의해서 움직인다는 것을 인정하기를 불편해한다. 사람을 치료하는 소중한 일을 한다는 자부심에 상처를 받기 때문이다. 하지만 환자들은 가격의 높고 낮음에 영향을 받는다. 그것도 상당히 많이 영향을 받는다. 주변을 보면 피부과 전문의가 원장인 병원과 비피부과 전문의가 원장인 병원 사이에 경쟁이 치열하다. 피부과 전문의가 원장인 병원 홈페이지에 들어가 보면 하단에 대한피부과의사회 배너가 있으면서 피부과 전문의 식별이라는 글이 실려 있는 경우가 있다. 피부과 전문의가 진료를 하는 것으로 차별화를 하려는 것이다. 하지만 경기가 나빠지면서 피부 미용에 있어서도 무엇보다 가격이 더 중요한 요소가 되고 있다. 라식수술과 같은 경우도 오래전부터 있어온 기존 병원은 자신들은 나름대로 브랜드 가치가 있다고 생각을 하면서 가격을 인하하는 데 인색하다. 가격을 내리느니 라식 기계나 시설에 투자하고 조금이라도 높은 가격을 받으려고 한다. 하지만 소비자는 냉정하다. 브랜드 가치는 애매하고 낮은 가격은 확실하다. 매출은 그대로인데 가격이 내려가면 수익률은 급속히 떨어진다. 하지만 고가의 비급여 진료의 경우 가격을 낮추고 경쟁자보다 낮은 가격을 무기로 마케팅하면 환자는 거의 확실하게 늘어난다. 남들이 가격을 낮춰서 나도 마지못해 낮추는 것보다는 남보다 한발 앞서 가격을 낮추는 쪽이 실속이 있다.

　환자가 없어서 걱정된다면 우리 병원의 시설, 기술, 의사, 가격을 평가해봐야 한다. 경쟁자보다 시설, 기술, 의사, 비용이 못하지 않은데 환자가 적다면 그때는 병원이 알려지지 않아서 환자가 없는 것이다. 적극적으로 마케팅을 해야 한다. 하지만 시설, 기술, 의사 어느 것 하나 주위의 병·의원보다 나을 것이 없다면 경쟁력이 없는 것이 문제다. 뒤떨어진 부분을 보강하지 않는 한 환자는 늘지 않는다.

병·의원을 언제 어떻게
확장할 것인가?

개원해서 어느 정도 자리를 잡게 되면 과연 확장해야 할 것인지 아니면 현상 유지를 해야 할 것인지 선택의 기로에 서게 된다. 확장한다면 규모를 키워야 할 것인지 아니면 병·의원을 추가로 열어야 할 것인지 역시 선택을 해야 한다.

병원은 원칙적으로 의사, 치과의사를 비롯한 의료인만 할 수 있다. 그런데 설혹 의사라도 한 개의 병·의원만을 자기 명의로 하도록 의료법에 규정되어 있다. 의료인이 아닌 이나 집단이 병원을 운영하고자 하는 경우 비영리법인을 설립해야 한다. 대학병원은 학교법인이 하는 비영리병원이다. 서울아산병원은 아산사회복지재단, 삼성병원은 삼성생명공익재단이 각각 운영하는 비영리병원이다. 과거에는 사회복지법인, 사단법인, 생협에게도 병원을 설립하도록 했으나 현재는 허가를 받기가 쉽지 않다. 따라서 현재 비영리병원의 대부분은 의료법인이 운영하고 있다. 흔히 비영리병원이기 때문에 세제 혜택이 있는 것으로 오해하는 이들도 있는데 그것은 사실이 아니다. 의사가 하는 개인병원이나 의원의 경우는 개인사업자에 준해서 세금을 내야 한다. 다만 부가가치세만 면세다. 의료법인의 경우 영리법인과 같은 법인세가 적용된다. 다만 이익의 80%를 고유목적사업준비금 항목으로 비용 처리를 할 수 있다. 그러나 고유목적사업준비금으로 의료사업에 재투자했다는 것을 증명하지 못하면 세금을 다시 국가에 환급해야 한다.

의료법인을 설립하기 위해서는 병원 재산을 공익으로 출연해야 한다. 나중에 병원을 폐업하고 청산을 할 때도 제약이 많이 따른다. 정관에 근거한 급여를 제외한 나머지 형태로 이익을 개인적으로 취해서는 안 된다. 금전적 이익을 취하기 위해서는 다른 명목으로 자금을 조성하던지 지출을 과다계상해야 한다. 당국에 적발되면 비자금 조성, 횡령, 탈세로 처벌받게 된다.

이러한 규제는 진입 장벽을 높여서 경쟁 압박이 낮아지는 효과가 있는 반면에 성공한 병·의원의 확장 역시 막아 의료 서비스 산업의 경쟁력이 전반적으로 저하된다. 단일 병원의 규모를 계속 키우는 경우 지역사회에 거주하는 인구는 제한되어 있기에 병원이 한 장소에서 성장하는 것이 한계에 봉착한다. 그러다 보니 친분이 있는 의사들끼리 다수의 병·의원의 지분을 공동 소유하는 편법을 사용하기도 하지만 '1의사 1병원' 원칙에 어긋나기 때문에 불법의 소지가 있다.

합법적으로 의사가 다수의 병원을 소유하기 위해서는 의료법인을 설립해야 한다. 그런데 대부분 의원은 상가를 임대해 들어가 있다. 의료법인을 세워서 확장하고 싶어도 공익 목적으로 출연할 건물, 토지가 없기에 의료법인을 설립할 수 없다. 그 돌파구로 네트워크 병·의원들이 사용한 경영 기법이 MSO Management Service Organization였다. 병원은 법적으로 각자의 소유이다. 그런데 네트워크 병·의원 경영에 참여하는 이들은 MSO에 일정 금액 투자를 해서 지분을 소유한다. 지주회사는 IT, 마케팅, 노무, 회계 등을 공동으로 집행하고 의료기기를 단체로 구입해서 비용을 낮춘다. 지주회사가 의료 관련된 사업을 운영하기도 한다. 피부과 네트워크의 지주회사가 화장품을 생산해서 유통하기도 하고, 성형외과 네트워크의 지주회사가 보톡스 생산 회사에 투자해서 수익을 배분하기도 한다. 하지만 역으로 지주회사의 사업이 어려워지면서 동업자들 사이에 분쟁이 일어나는 문제가 발생하기도 했다.

결론을 말하자면 나는 하나의 병원을 잘 키우는 것을 권한다. 의원의 경우 아무리 직원이 많아도 30~100명 사이다. 병원의 리더인 원장이 직접 통제가 가능한 인원이다. 병원이 잘되고 안되고는 의사하기 나름인 경우가 많다. 그런데 브랜치를 내는 경우 내가 직접 매일 환자를 진료하고 내가 직원을 매일 체크할 수 없다. 따라서 현재 병원에서의 성공 공식이 다른 병원에도 그대로 적용되기 힘들다. 예를 들면 과거에 '1의사 1개원' 원칙이 법적으로 아직 논쟁의 여지가 있던 때 대표원장이 여러 병원을 옮겨가면서 진료하는 네트워크 피부과가 있었다. 그런데 대표원장이 진료하는 날만 해당 병원의 환자가 많고, 지분이 적은 의사가 진료할 때는 환자가 적은 것이다. 대표원장이 환자를 몰고 다니는 셈이었다. 직원들도 대표원장이 있는 날만 열심히 했다. 결국, 그는 네트워크 내 다른 의원들의 지분을 각 의원의 원장에게 처분하고 자신 명의로 되어 있는 한 개의 의원만을 내실 있게 운영하기로 했다.

아울러 확장을 할 때 가장 중요한 것은 자금이다. 물론 속도와 타이밍도 중요하다. 특정 진료 분야가 막 성장을 할 때 빨리 뛰어들어야 한다. 일단 결정을 했으면 주춤하지 말고 속전속결로 해야 한다. 반면 이미 시장이 포화가 되었는데 혼자만 성장기라고 착각하면 안 된다. 하지만 그보다 중요한 것은 충분한 자금을 확보했느냐다. 나는 병·의원을 운영하는 원장들에게 최소한 1년 운영비는 현금으로 확보해놓도록 권한다. 요양기관 영업 정지를 받더라도 최대 1년이다. 새로운 병원을 열었을 때도 1년만 버티면 어느 정도는 환자가 모이게 마련이다. 충분한 현금을 확보하지 않고 병원을 확장하는 경우 예상치 못한 불행이 닥치면 현금이 없기에 제2금융권이나 사채를 빌리게 되는데 이자 나가면 남는 것이 없다. 그러다 보면 추가로 사소한 불행이 발생해도 눈물을 머금고 병·의원을 헐값에 매도하게 된다. 즉, 충분한 현금이 있을 때 새로운 사업에 진출해야 리스크 관리가 용이하다. 무리한 확장은 유동성 위기를 동반할 수 있다는 것을 유념해야 한다.

따라서 신규 개원의 경우 조금 이자가 비싸더라도 장기 대출을 얻는 것이 유리하고, 결제할 때도 무이자 할부를 적극적으로 활용해야 한다. 아울러 새로운 진료 영역을 위해서 투자할 때는 아직 여력이 남아 있을 때 해야 한다. 현재 진료 분야의 수익률이 점점 낮아져서 미래가 불안하게 느껴지더라도 막상 새로운 진료 분야를 위해서 투자를 하자니 그것도 두렵기 마련이다. 그런데 이러지도 저러지도 못하다가 막판에 몰려 새로운 시도를 하는 경우 한 번 실패하면 그대로 무너질 수 있다. 따라서 기존 진료 분야에서 어느 정도 현금이 유입될 때 새로운 시도를 해야 한다. 그래야 충분한 시간을 버틸 수 있고 설혹 실패하더라도 회복 가능하다.

하지만 충분한 현금이 있더라도 마지막으로 한 번 더 생각해야 할 부분이 있다. 병원이 잘되면 잘되는 대로 안되면 안되는 대로 항상 돈은 모자란다. 따라서 리스크 관리라는 입장에서도 의료사업에 가진 돈을 모두 재투자하는 것보다는 부동산, 주식, 채권 등에 분산 투자하는 것이 바람직하다.

의사가 사업하면
안 되는 이유

사업에 대한 아이디어를 가지고 나에게 연락을 하는 의사 선생님이 종종 있다. MBA를 하고 경영대학원에서 강의도 했기 때문에 그쪽에 내가 관심이 많을 것으로 생각해서이다. 그런데 사실 나는 의사가 사업을 하는 것에 대해서 매우 비판적이다.

첫 번째 이유는 안 해보던 일을 하게 되면 실패할 수밖에 없기 때문이다. 정신과 의사가 심리치료센터를 별도로 개업하거나 정형외과 의사가 운동치료센터를 별도로 개업하는 경우는 그나마 원래 하던 병원과 관련성이 있으니까 실패의 확률이 낮다. 하지만 병원을 운영해서 번 돈으로 병원의 서비스와 관련성이 없는 벤처기업을 창업하는 경우 성공할 확률은 1~2%에 지나지 않는다. 병원은 합리적인 입지를 선정해서, 병원을 찾아오는 환자에게 좋은 서비스를 제공하고, 환자 및 직원에 대한 인적 관리를 충실히 하는 것만으로도 어느 정도 성공하게 되어 있다. 성장을 더욱 빨리하기 위해서 마케팅을 하고, 금융 비용을 줄이기 위해서 정보를 모으고 이용하는 것은 덤이다. 그런데 새로운 상품을 개발해서 판매하는 것은 병원을 운영하는 것과는 전혀 다른 영역이다. 불특정 다수의 고객을 상대해야 한다. 그리고 병원을 운영했을 때는 병원을 찾는 이에게 내가 직접 상품을 판매하면 되었는데, 상품을 파는 경우는 유통 채널을 장악하고 있는 이들을 상대해야 한다. 그런데 처음 사업을 하게 되면 나는 약자고 유통 채널을 쥐고 있는 이들이 강자다. 따라서 실패할 확률이 크다.

두 번째로 경쟁의 차원이 다르다. 주식에 투자할 때 흔히 사람들을 위험선호형과 위험회피형으로 나눈다. 의사들은 전형적인 위험회피형이다. 어릴 적 학교를 빠진 적도 없고 숙제도 밀리지 않고 한다. 이러한 경향은 의과대학을 다니면서 점점 더 강해진다. 원하는 과의 레지던트가 되기 위해서는 좋은 성적이 필요하고 심한 경우 강박적으로 공부를 하게 된다. 인턴, 레지던트 동안에는 계속 잘못했다고 야단맞는 게 일이다. 그러다 보니 조금만 문제가 생겨도 불안하다. 일단 위험한 것을 피하고 본다. 그런데 이런 의사들 사이에서도 상대적으로 위험선호형인 이들이 있다. 남들은 의료사고가 날까 무조건 벌벌 떠는데 위험선호형인 이는 몇 번 수술할 때 몇 번 사고가 나는지, 일단 사고가 나면 얼마나 배상을 해야 하는지 합리적으로 계산을 한다. 행정처분에 의한 과징금도 비용의 일부로 생각한다. 대부분 의사는 힘든 일이 있을 때 부탁하려고 평소에 인맥을 관리하는 등의 행동을 귀찮아하거나 불필요하다고 생각을 한다. 그런데 사람 만나는 것도 마다하지 않는 의사가 있다. 그런 이들은 위험회피형이 주를 이루는 의사 집단에서 단연 두드러지는 위험선호형이다. 그러므로 그런 의사들이 운영하는 병원이 급격히 성장하는 경우가 있다. 그런데 의료업은 접근성에 기초한 서비스업이기 때문에 성장에 한계가 있다. 이때부터 위험선호형 의사들은 사업에 눈을 돌린다. 그런데 사업에 뛰어드는 순간 경쟁 상대의 레벨이 달라진다. 의사 중에서는 제법 위험선호형이던 이들도 사업을 하는 일반인들에 비하면 순둥이다. 수단과 방법을 가리지 않는 사업가들 앞에서는 기를 펴지 못한다.

　세 번째로 의료업보다 수익성이 높으면서 안정적인 사업은 존재하지 않는다. 규모를 제쳐놓고 영업 이익률만 놓고 보면 병·의원의 이익은 삼성전자, 현대차, SK하이닉스보다 전혀 낮지 않다. 타 자영업과 비교를 하게 되면 영세자영업의 경우 영업 이익률이 얼핏 보면 꽤 높은 듯하다. 그런데 세 곳 중 한 곳은 1년 안에 폐업을 하고, 3~4년이 넘어가면 그 매출이 1억 원대에 불과하다. 달리 말하면 그 어떤 사업을 해도 병원을 운영하는 것보다 더 나을 것이 없다. 따라서 다른 사업에 투자할 돈이 있으면 그 돈으로 내가 지금 하는 병원에 투자해서 경쟁력을 강화하는 것이 훨씬 바람직하다.

　마지막으로 완전히 병원을 접고 덤비지 않는 한 죽기 살기로 사업에 매달리게 되지 않는다. 부수입 혹은 노후 대비를 목적으로 한 사업은 거의 100% 돈을 까먹게 마련이다. 상당수 의사는 의식적으로는 돈을 벌고자 사업을 시작하지만, 무의식적으로는 과시, 흥분 같은 것을 추구한다. 우선 의사가 사업을 한다니까 주위에서 다르게 봐준다. 사업을 처음 시작할 때는 의료인을 대상으로 하는 사이트나 신문에서 취재도 온다. 언론에 노출되면서 뭔가 내가 대단한 것 같이 느껴진다. 돈을 벌기 위해 회사를 열었지만 특별한 존재로 취급되는 듯한 분위기에 어느새 도취한다. 회사 사무실도 열고, 직원도 뽑고, 거래처도 대하면서 새로운 삶이 시작되는 것 같다. 주위에서 용기 있다는 말도 듣는다. 하지만 다들 뒤돌아서면 다른 말을 한다는 것을 당사자는 모른다. 처음에 좋은 시절이 지나고 계속 돈을 깎아 먹어도 쉽게 회사를 포기하지 못한다. 그렇다고 이를 악물고 지독하게 경영을 하지도 못한다. 남들이 보기에 그럴듯하고 제대로 된 회사를 해야 하기 때문이다. 그래서 이러지도 못하고 저러지도 못하고 끙끙 앓다가 도저히 빚이 감당이 안 될 때 소리 소문 없이 문을 닫게 마련이다.

따라서 이런 이유로 인해 의사는 사업에 눈을 돌리면 안 된다. 사업에 눈을 돌릴 노력, 시간, 자금이 있다면 지금 하는 병원에 투자하는 것이 더 바람직하다. 손안의 새 한 마리가 숲속의 두 마리보다 낫다는 격언같이 말이다. 만약에 흥분을 원한다면 병원을 색다르게 바꿔보자. 만약에 더 높은 수익을 원한다면 병원에 새로운 성장 엔진을 부착하자. 만약에 뭔가 다른 일을 통해서 삶의 의미를 찾고자 한다면 사업이 아닌 사회활동, 학업, 봉사를 통해서 실현하자. 우리 병원의 환자를 위해서 배려하고, 직원을 위해서 양보하는 것도 나름 의미 있는 족적이라는 것을 잊지 말아야 한다.

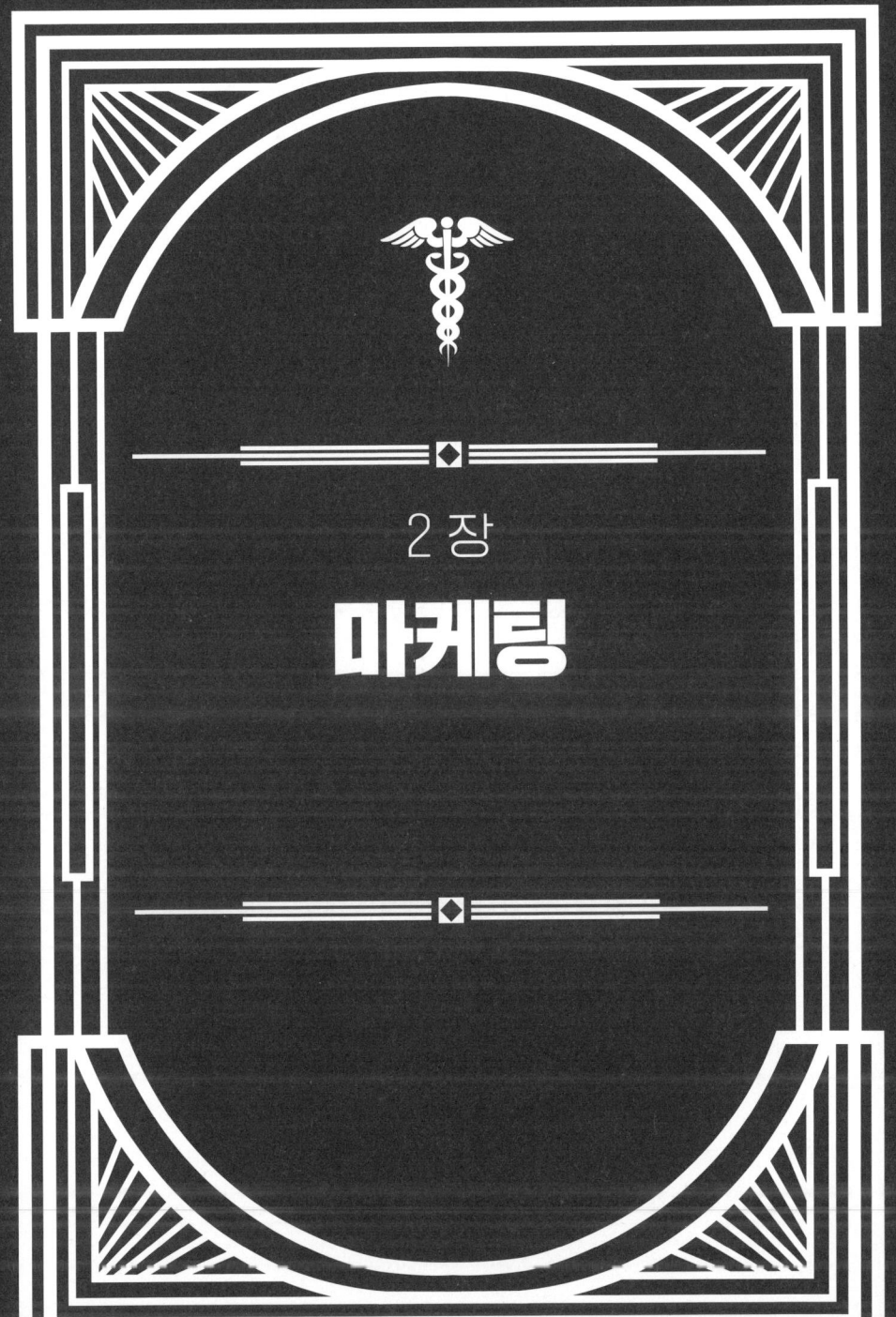
2장
마케팅

마케팅을 해야 할지 말아야 할지 고민입니다

마케팅에 대해서 고민을 하는 의사 선생님들이 적지 않다. 특히 경쟁 병원이 마케팅을 하면 신경이 쓰이게 마련이다. 가까운 지하철역 광고, 마을버스 광고, 전단지 같은 오프라인 광고는 기본이고 네이버 검색광고, 배너광고 같은 온라인 광고까지 모두 다 하는 병원도 적지 않다. 종편이나 케이블의 건강프로에 단골 출연하는 선생님도 계신다.

그런데 마케팅이라는 것이 꼭 효과가 있다는 보장이 없다. 개원 초기에 너무 당해서 마케팅이라면 학을 떼는 경우도 있다. 개원 초에는 마케팅 업체의 권유대로 지하철, 버스, 인터넷 배너 광고 등 안 해본 것이 없이 다 해보게 된다. 하지만 업체에서 권하는 대로 6개월, 1년을 해도 환자는 늘지 않는다. 마케팅을 중단한 다음 오로지 환자 보는 데만 집중하면서 입소문이 나서 도리어 환자가 늘고는 한다. 그런 경험을 한번 하고 나면 다시는 마케팅 따위 하지 않겠다고 다짐을 하게 된다. 이런 분들은 경쟁 병원이 마케팅하는 것을 보면서도 처음에는 별 걱정하지 않는다. 오히려 마음속으로 언제까지 버티나 보자는 생각도 한다. 그런데 생각보다 경쟁 병원의 환자가 가파르게 올라가는 것을 보게 되면 느낌이 달라진다. 하지만 어차피 멀리에서 광고 보는 환자가 늘어나는 것이어서 우리 병원에는 영향을 안 줄 것이라고 생각한다. 그런데 규칙적으로 오던 단골 환자 중에서 올 때가 되었는데 안 오는 이들이 생기고 아무래도 새로 생긴 병원으로 빠져나간 것 같다는 말을 직원에게서 듣다보면 불안해진다. 처음에 한두 번 갔다가 돌아올 것이라고 스스로 위안도 하지만 서서히 위기감을 느끼기 시작한다. 그러면서 마케팅을 할까 말까 점점 고민하게 된다.

마케팅을 해야 할지 주변에서 물어오면 나는 기본적인 마케팅은 하도록 권한다. 과거에 광고했을 때 효과가 없었던 것은 아마도 개업 초기여서 그랬을 것이다. 새로 개원한 병원은 아무래도 어수선하게 마련이다. 그리고 처음 개업한 선생님은 환자를 고객으로 대하는 것이 어색하다. 광고를 보고 온 고객의 만족도 역시 떨어지는 경향이 있다. 아울러 아무래도 고객은 새로 생긴 곳에 가는 것을 두려워한다. 텔레비전이나 냉장고를 살 때도 처음 그 회사 제품을 구매하는 경우 광고만 보고 결정짓는 경우란 거의 없다. 주위에 그 회사 제품을 쓰는 이에게 어떤지 물어보고 결정을 한다. 아무도 그 회사 제품을 사용하는 이가 없으면 불안한 나머지 고민하다 기존에 사용하던 브랜드를 구매하고는 한다. 병원을 선택하는 경우 자신의 몸을 맡기는 것이기 때문에 더욱 신중하다. 광고를 보고 갈까 말까 생각하다가도 주위에 아직 아무도 그 병원에 가본 이가 없는 경우 기존의 병원에 가게 된다. 의사들은 그 병원에 가면 너무 좋다고 입소문이 나는 것을 상상하고는 한다. 하지만 환자 입장에서는 그 병원에 가본 적이 있다 없다 그 자체가 가장 중요한 입소문이다. 그러므로 개원초의 '묻지 마 마케팅'은 대체로 실패한다. 따라서 개업 초에 광고 효과가 없었다고 해서 지금도 효과가 없을 것이라고 속단해서는 안 된다. 사실 마케팅은 어느 정도 병원이 잘 굴러갈 때 효과가 있다. 그동안 마케팅이 없이 잘 해왔다고 생각하지만 만약에 어느 정도 마케팅을 했다면 더 잘될 수도 있었을지도 모른다. 현 상태를 유지하기 위해서는 어느 정도 마케팅은 사용해야 한다.

흔히 마케팅이라고 할 때 떠올리는 것이 지하철역, 버스, 소식지에 하는 광고다. 그런데 광고를 해도 막상 효과가 없는 경우가 비일비재하다. 그 이유는 광고가 인지도를 올리는 효과는 탁월하지만, 구매를 결정하게 하는 효과는 부족하기 때문이다. 아무리 광고를 많이 해서 인지도가 올라가더라도 환자가 병원에 전화하거나 방문을 했을 때 설명을 잘 못해서 환자가 치료를 받지 않고 돌아가면 소용이 없는 것이다.

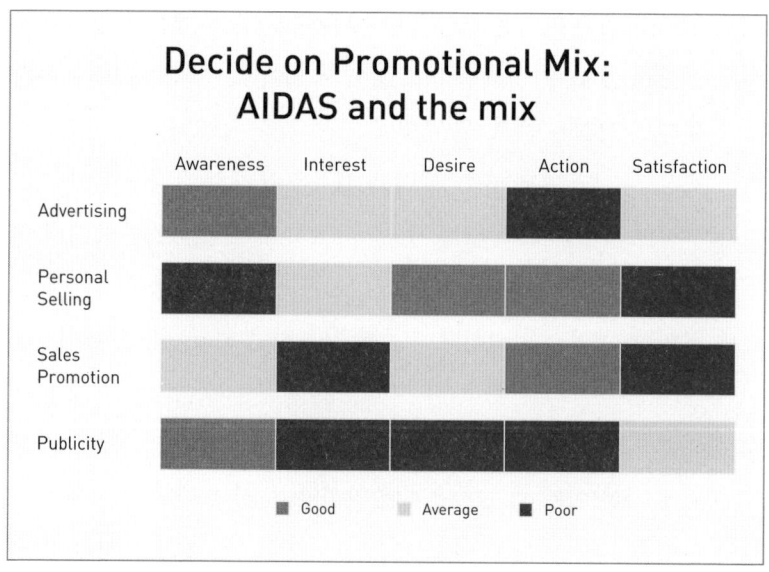

마케팅을 위한 대표적인 네 가지 도구로는 광고 Advertising, 영업 Personal Selling, 판촉 Sales Promotion, 홍보 Publicity가 있다. 소비자가 상품을 구입하기까지는 인식 Awareness, 흥미 Interest, 욕구 Desire, 실행 Action, 만족 Satisfaction의 다섯 단계를 거쳐야 한다. 마케팅의 각각 네 가지 도구는

AIDAS의 매 단계에 각각 강점과 약점이 있다. 따라서 마케팅 도구들을 잘 조합해서 사용할 때 구매의 다섯 단계를 골고루 충족시켜 줄 수 있다.

즉 광고는 인지도를 올리는 데는 효과가 있지만, 환자가 치료를 받기로 결심하게 하는 데 있어서 약하다. 치료를 받게끔 마음을 움직이고 결정하게 만드는 데 있어서 가장 중요한 것은 의사의 설명과 설득이다. 그리고 그에 못지않게 중요한 것이 가격이다. 만약에 병원의 매출을 늘리고자 한다면 광고비 지출을 늘리면서 동시에 가격도 합리적으로 조정을 해야 하고 의사도 확신 있고 명확하게 치료를 받게끔 환자를 납득시켜야 한다. 단지 광고만 늘리는 것으로는 매출을 늘리는 데 한계가 있다. 아울러 환자가 치료에 만족해야 다시 재방문도 하고 누군가에게 소개해주게 되는 것이다.

마케팅 우파 VS 마케팅 좌파

 우리는 하루에도 수없이 많은 광고를 접한다. 하지만 광고만 보고 물건을 고른 적이 있는가? 거의 없을 것이다. 병원 치료는 우리의 몸을 대상으로 한다. 따라서 광고 내용이 그럴듯하다는 이유로 아무 확인도 없이 누군가에게 내 몸을 맡기는 이는 없다. 좋은 서비스를 제공하지 않으면 아무리 광고를 많이 해도 밑 빠진 독에 물 붓기다.

 반면 훌륭한 서비스를 제공해도 병원이 널리 알려져 있지 않으면 환자들은 망설인다. 우리는 인터넷에서 물건을 살 때도 소비자 평점, 판매량을 꼼꼼히 살펴본다. 하물며 약을 먹고 시술을 받아야 하는 상황에서는 알려지지 않은 곳에서 치료를 받는 것을 꺼리게 된다. 그런데 입소문을 통해서 인지도를 쌓아 올리려면 시간이 매우 오래 걸린다. 동네 의원은 병원을 이용하는 환자들이 밀집되어 있어서 입소문이 나는 것이 용이하다. 하지만 환자가 오는 지역의 범위가 넓은 진료 과목의 경우 입소문이 나는데 시간이 오래 걸린다. 그런 점에서 광고는 시간을 절약해준다.

 서비스가 부족한 상태에서 광고만 가지고 무조건 매출을 신장시키려는 태도도 문제이지만, 서비스가 좋으므로 시간이 지나면 환자가 늘어날 것이라고 마냥 기다리는 태도 역시 문제다. 지나치게 마케팅에 의존하는 태도와 지나치게 마케팅을 등한시하는 태도 양자 모두 현명하지 못하다. 그 사이에서 마케팅 운용의 묘를 살리는 원장님들은 별로 없다. 공격적인 마케팅과 노마케팅 No marketing 중 하나의 태도를 고집하는 원장님들이 대부분이다. 그래서 나는 강연을 나가면 마케팅이 모든 것을 좌우한다고 믿는 원장님들을 '마케팅 우파'라고 칭하고 마케팅은 아무 소용이 없다고 믿는 원장님들을 '마케팅 좌파'라고 부르고는 한다.

우선 마케팅 우파를 살펴보기로 하자. 사람은 한 번에 두 가지에 집중을 할 수 없다. 빚이 많아서 중압감이 들게 되면 더 열심히 일해서 한 푼이라도 더 벌어야 한다. 머리로는 알지만, 사람들은 오히려 어디 돈 되는 것이 없나 기웃거리면서 자기 일에 집중하지 못한다. 마찬가지로 경쟁자가 잘되는 이유가 단지 대대적인 마케팅 때문이라는 생각에 사로잡히게 되면 경쟁 병원의 다른 장점이 눈에 보이지 않는다. 경쟁 병원에 가서 일을 해보거나 직접 치료를 받지 않는 이상 내부 사정을 알 수가 없다. 경쟁 병원의 원장이 적극적으로 치료를 하고, 병원의 세세한 점까지도 신경을 써서 병원이 잘 되는 것일 수도 있다. 우리 병원보다 수술을 더 잘할지도 모른다. 인력 관리가 잘 되어서 직원들이 자발적으로 열심히 일하고 있을 수도 있다. 원가를 절감해서 가격 경쟁력이 있을 수도 있다. 이런 내부적인 측면은 외부인이 확인하기 어렵다. 그러니까 그 병원이 광고를 많이 하는 것만 눈에 보이는 것이다. 경쟁 병원에 환자가 몰리는 이유는 광고를 엄청나게 하기 때문이라고 단정을 짓게 된다. 나도 돈이 많아 저렇게 광고를 때려대면 잘할 수 있다는 착각에 사로잡힌다.

그리고 설혹 경쟁 병원의 내부 사정을 알더라도 마케팅을 제외한 다른 측면은 단기간에 격차를 줄일 수 없다. 병원을 단지 돈벌이로 생각하는 사람이 병원의 성장에 내 인생의 모든 것을 거는 사람으로 바뀌지 못한다. 골치 아픈 직원 관리는 사무장에게 맡기고 수술만 하고 싶다는 의사가 때로는 직원을 칭찬도 하고 야단도 치는 적극적인 원장으로 바뀌지 못한다. 한 푼 두 푼도 안 되는 돈에 쪼잔하게 신경 쓰는 것을 귀찮아하는 원장이 물품의 구매 단가 하나하나, 카드결제 한 건 한 건을 살펴보는 꼼꼼한 원장으로 바뀌기도 힘들다. 내 수술 실력이 경쟁자보다 못하고 내가 환자를 보는 방식이 잘못되었다는 것을 인정하는 것은 자존심에 상처를 준다. 이런 경우는 인정하기조차 싫다. 그러다 보니 환자를 늘리고자 할 때 손쉽게 바꿀 수 있는 변수는 마케팅밖에 없다. 인정하기도 싫고, 바뀌기도 힘들고, 바꾸고 싶지 않은 다른 요인에 대해서는 의식적, 무의식적으로 생각이 미치지 않는다. 그러다 보니 경쟁 병원이 잘 되는 이유가 마케팅 때문이라고 합리화하게 되는 것이다. 하지만 마케팅도 많이 하는 병원이 환자도 많은 것이지, 마케팅만 많이 하는 병원이 환자가 많은 것이 아니다.

　이번에는 마케팅 좌파를 한번 살펴보자. 답답할 정도로 마케팅을 안 하는 병원이 있다. 그런 병원 원장님은 광고 하나 하지 않는데 환자가 알아서 온다고 자랑을 하고는 한다. 누군가 마케팅에 대해서 말을 꺼내려 들면 마케팅은 실력이 떨어지는 병원이나 하는 것이라고 하면서 말도 못 꺼내게 면박을 주기도 한다. 그러면서 광고로 환자를 끌려는 경쟁 병원에 대해서 경멸하듯이 비난을 한다. 하지만 세상은 경쟁이다. 뭔가 나름대로 잘하는 측면이 있어서 지금은 경쟁력이 있다. 그러나 내가 하는 것을 남들은 할 수 없다는 오만한 마음을 가지다 보면 어느새 경쟁자들에게 둘러싸여 있는 자신을 발견하게 될 것이다.

　지금은 SNS나 유튜브 마케팅이 대세다. 과거에 키워드 광고가 최고의 마케팅 도구였을 때 성형외과 병원 중에 피크 타임 온라인 키워드 광고에 천문학적인 비용을 쏟아 붓는 곳이 있었다. 대한민국 여성은 모두 다 이름을 알만한 유명한 병원인데 단지 인지도를 올리는 온라인 키워드 광고에 왜 그렇게 많은 돈을 쓰는지 마케팅 담당자에게 물어보았다. 그러자 그는 광고하는 가장 중요한 목적이 남들이 그 시간에 광고를 못 하게 하기 위해서라고 했다. 신규 개원한 병원이나 상대적으로 자금력이 딸리는 경쟁자들은 피크 타임에 가장 인기 있는 키워드를 그 가격에 구매할 엄두도 못 냈다. 그러므로 피크 타임에 가장 인기 있는 키워드를 최고가에 구매하면 잠재적 경쟁자들이 검색 광고를 통해 이름을 알리는 것을 원천 차단해버릴 수 있었다. 만약에 그 병원이 키워드를 구매하지 않았다면 그때는 경쟁자가 그 시간대에 그 키워드로 검색 광고를 할 수도 있는데 그 기회 자체를 주지 않기 위해서 계속 광고를 한다는 것이었다.

지하철역 벽 한 면을 거의 다 차지하는 광고도 마찬가지다. 이미 그 병원의 위치를 모르는 이는 없다. 하지만 그 자리에서 해당 병원이 광고를 빼는 순간 경쟁자가 그 자리를 차지할 것이다. 그것을 막기 위해 매년 광고비를 올려주면서 광고를 빼지 않는다. 잘될 때 적극적으로 마케팅을 해서 공격적 방어를 해야지 조금만 틈새를 주면 경쟁자들이 치고 올라온다는 것이다. 처음에는 실력 차이가 워낙 크기 때문에 신경 쓸 필요가 없는 것처럼 여겨진다. 하지만 내가 할 수 있는 것은 남도 다 할 수 있다. 내가 잘되는 것을 보면 남들도 그 분야에 뛰어들면서 경쟁이 치열해지게 마련이다. 소비자들은 얼마나 치료를 잘하는 것인가에 못지않게 가격에도 신경을 쓴다. 어느 순간 경쟁자와의 치료 실력의 차이가 줄어들고 가격이 점점 중요한 변수로 작용을 한다. 그때부터는 마케팅이 승부를 결정짓는다. 잘될 때 더 확실히 해놔야 한다. 그래서 경쟁자들이 치고 들어오지 못하게 견고한 진입 장벽을 만들어야 한다.

마케팅은 그러한 진입 장벽을 쌓아 올리고 유지하는 유효한 도구 중 하나다.

마지막으로 환자도 없는데 마케팅을 등한시하는 마케팅 좌파를 살펴보겠다. 흔히 병원이 안 되면 어떻게 해서든 환자를 늘리기 위해서 노력을 해야 할 것 같은데 사실 사람의 마음은 반대로 움직인다. 잘될 때는 지나치게 열심히 하고 안 될 때는 무기력해진다. 처음에 새 차를 뽑으면 열심히 닦고 관리를 한다. 하지만 흠집도 생기고 사고도 나게 되면 점점 차에 대해 소홀해진다. 관리가 필요 없는 신차였을 때는 필요 이상으로 관리를 하다가 진짜 관리를 잘해야 오래 사용할 수 있는 시점에서는 정이 가지 않는 것이다. 관리를 게을리 하고 고장이 나면 중고차로 팔 생각만 한다.

장사하는 사람들도 마찬가지다. 개업을 하고 처음 손님이 많을 때는 열심히 한다. 하지만 손님이 줄면 하루 종일 컴퓨터 모니터만 쳐다보며 자리만 지킨다. 새로운 메뉴를 개발하건, 가격을 낮추건, 주인이 식당 앞에서 직접 전단지를 돌리건 더 잘되게끔 노력해야 하지만 대부분의 자영업자는 그러지 않는다. 장사가 안되어 기가 꺾이면 광고비가 제일 아깝다. 사장이 이렇게 무기력한 상태에서는 광고해도 소용이 없다. 광고해도 소용이 없다는 사장의 판단은 결과론적으로는 맞다.

병원도 마찬가지다. 처음 개원을 해서는 의욕적이다. 하지만 개원 초기는 원장이 환자를 대하는 것도 갈팡질팡이고, 새로 하는 시술도 낯설고, 직원도 자주 바뀐다. 그런데 처음 개원할 때 대부분 광고도 적극적으로 한다. 그러나 환자는 없다. 환자가 없는 이유는 광고가 무용지물이어서가 아니라 병원의 의료 서비스 수준이 고객의 기대에 한참 모자라기 때문이다. 그렇게 몇 달 그리고 1년을 버티면서 원장은 점점 무기력해진다. 더 이상 뭘 더 해보고 싶은 마음이 싹 사라진다. 환자가 조금씩 늘기는 하는데 1년 동안 들어간 비용을 생각하면 이래서는 본전도 뽑지 못한다. 심기일전해서 환자도 더 열심히 보고 마케팅도 다시 적극적으로 해야 하는 시점이다. 그런데 이런 상황에 처한 원장님들은 백이면 백 이렇게 말한다. "마케팅이요? 이것저것 다 해봤는데 소용없어요." 마케팅 좌파가 되어서 너무나 상업적이라며 경쟁자들을 비난하고 "내가 왜 개원을 했지?"라고 어려움을 하소연할 뿐이다.

마케팅은 너무 지나쳐도 안 되고 너무 등한시해도 안 된다. 각자가 처한 상황에 따라 마케팅 전략은 달라져야 한다. 공격을 위해서 마케팅을 해야 할 때도 있고 수비를 위해서 마케팅을 해야 할 때도 있다. 아무리 마케팅을 해도 소용이 없는 타이밍도 있고 조금만 투자를 하면 큰 효과를 얻을 수 있는 시기도 있다. 최악의 마케팅은 밑 빠진 독에 물 붓기 식의 마케팅이다. 반면 경쟁자가 나를 따라오지 못할 것이라는 오만, 한번 내게 온 환자는 다른 병원에 절대로 한눈 팔지 않을 것이라는 자만으로 인해 노마케팅으로 일관하는 것 역시 피해야 한다.

돈 안 버리는
마케팅을 위한 7가지 요령

마케팅은 그 효과가 있을지 없을지 예측하기가 쉽지 않다. 대기업도 막대한 마케팅 비용을 퍼붓고 실패하기 일쑤다. 광고가 처음 방송을 타는 날 소비자들은 한 번만 보고도 그 광고가 뜰지 안 뜰지 직감으로 알아챈다. 엄청난 돈을 퍼부은 광고주와 마케팅 담당자들은 방송 전날까지도 틀림없이 광고가 성공할 것이라고 확신한다. 그러다 소비자에게 외면당하면 어리둥절하기가 일쑤다. 그리고 광고가 성공적이라고 해서 그것이 꼭 매출의 증가로 이어지는 것도 아니다. 광고는 기억하는데 제품을 기억 못 하는 일도 있다. 이런 마케팅의 불확실성을 고려할 때 마케팅은 어떤 점에서 성공할 확률보다 실패할 확률이 더 높다. 따라서 효과에 대한 분명한 확신이 없다면 하지 않는 것이 더 낫다. 그러나 안 할 수도 없는 노릇이기에 사람을 힘들게 한다. 그런 점에서 돈 안 버리는 마케팅을 위한 7가지 요령을 소개하고자 한다.

+ 목적에 부합하지 않는 마케팅은 하지 말라

과거에 지방에서 제일 처음 내과를 개원하거나, 정형외과를 개원한 경우 이름만 알리면 그것만으로도 충분한 마케팅이었다. 이제 근처에도 전문의가 있다는 것을 안 주민들은 먼 도시로 가는 대신 가까운 병원을 찾게 마련이었다. 서울의 강북 역세권에 처음으로 성형외과를 개원했다고 가정하자. 그 역시 병원이 있다는 것을 알리는 것이 제일 중요하다. 그러면서 압구정동에 못지않게 잘한다는 것을 알려야 할 것이다. 그런데 내가 압구정동에 성형외과를 개원했다고 가정하자. 이름 알리는 것만으로는 아무 소용 없다. 압구정동에 있는 수많은 성형외과에 하나를 더했을 뿐이다. 다른 병원과는 뭔가 다르다는 것을 표현해야 한다.

흔히 사람들의 구매행동은 ① 상품의 존재를 인식하고, ② 흥미를 느끼고, ③ 소유 혹은 사용하고자 하는 욕망을 느끼고, ④ 실제로 구매를 한 다음, ⑤ 만족 혹은 불만족을 느끼는 5단계로 이루어진다.

병원 이름을 알리는 광고만 백날 해도 그것은 인지도만을 증가시킬 뿐이다. 반면 실제 구매 결정을 하는 데는 상담이 제일 중요하다. 많은 경우 마케팅하면 광고만을 생각하는데 광고를 보고 병원을 방문한 환자가 고급 치료를 받게끔 잘 설득하지 않으면 광고를 아무리 많이 해도 효과가 떨어진다. 따라서 내 병원의 매출을 올리기 위해서는 환자의 구매 단계 중 어느 단계를 공략해야 할지를 파악한 후 목적에 부합하는 마케팅 수단을 써야 한다.

✚ 개원 초기의 마케팅은 거의 소용없다

개원하게 되면 그때는 모든 것이 미숙하다. 따라서 고객들이 광고를 보고 방문해 막상 치료를 받고 나서는 실망을 하는 경우가 많다. 개원 초기 광고를 보고 방문한 손님이 별로라는 느낌을 받고 그렇게 소문을 내는 것이다. 다른 손님이 오려다가 그런 소문을 접하고 안 오게 되면 마케팅의 역효과가 발생했다고 한다. 아울러 광고 한 번만 보고 그 병원에서 치료받기로 결정하는 환자는 거의 없다. SNS 광고, 유튜브 광고,

인터넷 광고, 지하철 광고, 전단지, 왔다 갔다 하면서 보는 병원 간판 등 병원에 대한 정보를 수없이 많이 접하고 나서 비로소 선택한다. 그런데 새로 개원한 병원의 문제는 그 병원에 가본 사람이 없다는 것이다. "그 병원 어때?"라고 주위에 물었는데 아무도 가본 사람이 없으면 나 역시 안 가보게 된다. 따라서 개원 초기의 '묻지 마 물량 마케팅'은 대체로 효과가 없다. 차라리 그 돈을 아껴놨다가 입소문이 나는 시점에서 광고를 늘려야 한다.

✚ 남들이 안 하는 홍보 수단을 개발하라

대한민국 최초로 병원 홈페이지를 만들었던 사람들은 괜찮은 공짜 마케팅 수단을 개발한 것이다. 제일 처음으로 버스 광고를 한 사람 역시 남들이 하지 않는 홍보 수단을 생각한 것이다. 제일 처음으로 병원을 알리기 위한 유튜브 동영상을 촬영한 원장님 역시 남들이 하지 않는 홍보 수단을 생각한 것이다.

남들이 다 하는 마케팅이 아닌 나만의 마케팅을 생각해야 한다. 병원이 새로 개원을 하면 무작정 아파트에 전단지를 뿌리고는 한다. 하지만 그곳이 어디가 되었든 환자들이 많이 모여 있는 곳, 혹은 몰려다니는 곳을 파악한 후에 어떻게 해서든지 그곳에 가서 의사와 병원을 알리는 것이 마케팅의 기본이다.

✚ 입소문 거리를 만들어야 한다

만약에 어떤 의사 선생님이 출가해서 스님이 되셔서 머리를 밀고 승복을 입고 진료를 하는 일이 생긴다면 어떨까? 언론에 노출이 되는 것은 시간문제일 것이다. 홍보를 하는 데 있어서 홍보거리가 있으면 편하다. 반면 홍보거리가 없으면 아무리 많은 돈을 마케팅에 투자해도 광고 효과가 없다. 그 홍보거리라는 것이 꼭 의학과 관련이 있을 필요는 없다. 사람들이 나에 대해서 쉽게 기억할 수 있는 그 무엇이면 되는 것이다.

➕ 실력 있는 병원이 마케팅도 먹힌다

광고를 보고 환자가 왔을 때 치료를 받고 만족을 해야 다시 오게 된다. 만약에 환자가 만족하지 않는다면 다시는 오지 않는다. 병원에 환자가 오지 않으면 일단 광고를 할 생각부터 한다. 하지만 병원이 잘 돌아가면 어느 정도 입소문이 난다. 그때 입소문을 강화하는 것이 광고의 역할이다. 따라서 너무 광고만 생각하지 말고 괜찮은 병원을 만들 방법부터 생각하는 것이 옳다. 병원과 치료에 대한 만족도가 없이 물량 광고를 하는 경우 밑 빠진 독에 물 붓기가 된다.

➕ 잘될 때 마케팅 비용을 줄이면 안 된다

개원 초기에 무리한 마케팅을 하는 경우 광고비라고 하면 치가 떨리게 되는 수가 있다. 그래서 병원이 좀 잘 돌아가면 마케팅 비용부터 줄이고 싶은 생각에 사로잡힌다. 그런데 오히려 병원이 잘 돌아가는 시점이 마케팅 비용을 확 늘려야 할 때다. 세상은 경쟁이다. 내가 잘나갈 때 마케팅 비용을 늘려서 동네 환자를 확 다 내 병원으로 끌어와야지 남들이 옆에 개원하려고 했다가도 엄두가 안 나서 그만두게 된다. 그리고 광고는 변화가 있을 때 눈에 더 잘 띄는 법이다. 만약에 지하철역에 광고하다가 중단했다고 가정하자. 그러면 내 병원 광고가 있던 자리에 경쟁자가 광고를 낼 것이다. 사람들이란 뭔가 바뀌면 더 관심을 기울이는 법이기에 경쟁 병원은 더 쉽게 각인된다. 따라서 경쟁에서 이기기 위해서는 잘 나갈 때 광고비를 더욱 늘려야 한다.

✚ 최종 결과와 지불 비용을 꼼꼼히 따져보라

소위 마케팅 전문가들은 실패에 대한 책임을 회피하고 빠져나갈 생각만 한다. 그들은 마케팅이 잘못되면 제품 탓을 한다. 미국에서 MBA를 할 때 아이스하키팀의 마케팅 담당자가 와서 강의한 적이 있다. 팀의 성적이 오르면 자연스럽게 관중은 늘어난다. 팀 성적은 엉망인데 관중이 없다면서 구단주가 독촉하는데 처음에는 너무 화가 났다고 했다. 구단주가 좋은 선수를 영입해서 성적을 올리면 되는데 애꿎은 자신에게 관중이 없는 것에 대해서 화풀이하는 것 같았다. 하지만 시간이 지나면서 그는 팀 성적과 관계없이 어떻게든 관중을 늘리는 것이 자신의 존재 목적이라는 것을 깨달았다. 좋건 나쁘건 지금의 팀 성적을 가지고 남이 마케팅을 담당했을 때보다 더 많은 관중을 오게 하는 것이 자신의 임무라고 생각하기로 마음먹었다는 것이다. 소위 마케팅 전문가 중에는 환자가 없으면 병원의 치료가 제대로 되지 않아서라고 핑계를 대는 이들이 있다. 하지만 마케팅의 최종 목적은 환자가 늘고, 매출이 늘고, 순이익이 증가하는 것이다. 병원의 서비스에 부족함이 있다면 그것을 개선하도록 도움을 주는 것까지가 그들의 역할이다. 따라서 환자의 증가, 매출의 증가, 순이익의 증가와 마케팅 비용 지불을 연계시켜야 한다.

마케팅에 돈을 쓴 만치 환자가 늘지 안 늘지는 항상 불확실하다. 따라서 가장 중요한 것은 마케팅을 할까 말까 여부를 결정하는 것이다. 이 마케팅에 조금이라도 회의감이 들면 안 하는 것이 최고다. 매출을 늘릴 수 있다고 확신이 설 때만 해야 한다. 병원에 환자가 없는 이유를 분석하고, 그 부분을 개선할 수 있는 마케팅 수단을 써야 한다. 개원 초기보다는 병원이 궤도에 올라섰을 때 마케팅 비용을 늘려야 한다. 아울러 이왕이면 마케팅의 좋은 소재가 될 수 있는 실력도 있으면서 인간적인 의사, 빈틈없으면서도 즐거운 병원이 되기 위해 노력하자.

마케팅
플라시보 효과

얼마 전 병원 마케팅 회사를 운영하는 지인이 이런 얘기를 했다. 가끔씩 본인이 생각해도 별로 한 것도 없는데 환자가 확 늘어나는 경우가 있다는 것이다. 오랫동안 마케팅을 해왔기 때문에 마케팅에 대해서 이 정도 반응이 있으면 환자가 이만큼 늘어난다는 것이 감으로 와 닿는다고 한다. 그런데 열 개 병원 중 두 개쯤은 마케팅 효과에 비해서 환자가 엄청나게 늘어나는 경우가 있다는 것이다. 그 얘기를 듣고 나는 환자가 위약(플라시보)을 먹고도 증상이 호전되듯이 마케팅을 시작했다는 것 그 자체가 계기가 되어서 원장도 진료를 열심히 보고, 직원도 의욕적으로 일을 하면서 환자가 늘어나는 마케팅 플라시보 효과가 있다는 생각이 들었다.

 반대의 경우 역시 존재한다. 별로 인지도가 없는 병원인데 빠른 속도로 성장을 하게 되면 그 병원의 마케팅을 맡은 회사 역시 실력이 있다고 소문이 나게 마련이다. 우리 병원도 저 병원처럼 잘 되게 해달라고 여기저기서 의뢰가 들어와서 일을 맡게 되는데 어느 한 병원에서 성공을 한 마케팅 회사가 다른 병원을 맡았을 때 그 성공 확률은 크지 않다. 하지만 일단 마케팅에 대한 요령이 생기고 탄력이 붙은 병원은 마케팅 회사가 바뀌어도 꾸준히 환자가 유입된다.

앞서 마케팅 플라시보 효과에서는 마케팅이 채 효과를 발휘하기 전이더라도 원장이 환자를 대하는 태도가 바뀌는 것, 원장이 직원을 대하는 태도가 바뀌는 것 자체만으로도 환자가 늘어났다. 그런 서비스의 변화가 마케팅을 통해서 알려지면 탄력을 받으면서 환자가 계속 증가한다. 대체적으로 마케팅을 잘 이용하는 병원은 마케팅 프로세스가 잘 이루어져 있다. 구슬이 서말이어도 꿰어야 보배라는 말처럼 의료 상품, 가격, 광고, 고객 관리, 판촉, 입지, 인테리어, 원장의 치료 기술, 직원 서비스 같은 요소들이 잘 짜여지고 융통성 있는 마케팅 프로세스를 통해서 통합되어서 실행이 되는 것이다. 그런 점에서 좋은 마케팅 프로세스를 구축하기 위한 6가지 원칙을 제시하고자 한다.

✚ 항상 관찰하라

마케팅 회사의 직원들은 직접 고객을 대하는 이들이 아니다. 말로는 모르는 것이 없지만 직접 환자를 대하지 않기 때문에 환자에 대한 그들의 지식은 고객인 의사들을 통해서 들은 간접 지식이다. 환자와 그 가족을 직접 대할 수 있는 이는 의사와 병원의 직원들이다. 따라서 환자들이 무엇을 좋아하는지, 무엇을 싫어하는지를 잘 관찰해야 한다. 환자들이 어떤 내용에 관심을 가지는지, 어떤 매체를 주로 접하는지를 관찰해서 그것을 마케팅 프로세스에 이용을 해야 한다.

✚ 항상 새로운 수단을 생각하라

의사들이 레지던트 때부터 익숙한 치료법이나 약을 선호하듯이 마케팅 회사도 본인들이 시행해서 한번 효과를 본 방식에 집착한다. 방송 홍보를 해서 재미를 본 마케팅 회사는 계속 방송에 출연해야 환자가 늘어난다고 하고, 키워드 광고를 통해서 재미를 본 마케팅 회사는 키워드 광고가 제일 중요하다고 한다. 수술 전후 사진을 통해서 성장을 한 마케팅 회사는 수술 전후 사진이 가장 중요하다고 하고, 환자가 수술을 하는 과정을 동영상으로 제작을 해서 재미를 본 마케팅 회사는 리얼 스토리 마케팅에 집착을 한다. 대체적으로 마케팅 회사들은 한번 맞들인 성공 공식을 바꾸려고 하지 않는다. 따라서 생각을 해야 하는 것은 원장과 직원들이다. 항상 새로운 수단이 있나 생각을 해야 한다.

✚ 작게 그러나 자주 실험을 하라

아무리 좋은 아이디어라도 실제로 해보지 않으면 반응이 어떨지 알 수 없다. 따라서 처음에는 실험해야 한다. 새로운 아이디어라는 것이 효과가 있을 확률보다는 효과가 없을 확률이 더 크다. 따라서 큰 거 한 방, 대단한 센세이션을 처음부터 기대하기 보다는 여러 아이디어를 자그마하게 자주 실험을 해야 한다. 그래서 새로운 마케팅 아이디어가 일정 레벨 이상 성공을 거두면 그에 대한 투자를 늘려야 한다.

✚ 항상 의심하라

마케팅은 과학이 아니다. 정해진 진리가 없다. 고객의 마음은 항상 이랬다저랬다 한다. 그래서 어제까지는 잘 들어맞던 것이 오늘은 잘 들어맞지 않는다. 한 때는 고급화가 유행이었지만 지금은 가격 경쟁이 대세다. 한 때는 네트워크가 대세였지만 지금은 네트워크가 주춤하는 추세다. 그런데 이러한 추세도 언젠가는 다시 한 번 바뀌게 되어 있다. 남과 다른 마케팅을 효과적으로 하기 위해서는 남들이 당연하다고 여기는 전제를 항상 의심하고 또 의심해야 한다.

+ 약점을 보완하라

키워드 마케팅으로 환자가 유입되는 병원은 어떻게 해서든지 검색 순위 상위권을 유지하고자 한다. 연예인 마케팅으로 히트 친 병원은 또 다른 연예인을 섭외해서 마케팅을 할 생각만 한다. 키워드 마케팅을 주로 하는 병원은 입소문이 어떻게 나는지에 대해서는 생각하지 않는다. 연예인 마케팅으로 히트를 친 병원은 남들이 안 하는 새로운 기술을 먼저 도입해서 이슈를 만들어 홍보할 생각은 안 한다. 광고를 주로 하는 병원은 치료에 대한 환자 만족도가 떨어지는 것이 문제라는 생각은 안 한다. 가격으로만 경쟁을 하는 병원은 상담 직원들이 고객에게 신뢰를 주지 못하는 것이 문제라는 생각은 안 한다. 약점을 파악해서 보완을 하는 것도 강점을 밀어붙이는 것에 못지않게 중요하다.

+ 아니라고 생각이 들면 중단하라

새로 수술 기계를 도입했는데 아무리 노력을 해도 환자가 없다. 남들이 볼 때는 가망이 없어서 그나마 조금이라도 가격을 받을 수 있을 때 파는 것이 나을 것 같은데, 본인은 투자한 돈이 아까워서 포기하지 못한다. 그럴 때 경영학에서는 매몰비용 Sunk cost이라고 표현을 한다. 마케팅도 마찬가지다. 일정 기간 기다렸는데 효과를 보지 못하면 그동안 투자한 비용을 포기하고 중단해야 한다. 이왕 한 것이 아깝다는 생각에 조금만 더 조금만 더 하다 보면 손해만 더 커진다.

가격 결정할 때
고려해야 하는 7가지

병원 서비스는 건강보험 적용을 받는 급여 항목과 적용을 받지 않는 비급여 항목으로 나뉜다. 급여의 경우는 의료기관이 가격을 결정할 수 없다. 본인 부담금을 받지 않거나 감면하는 것도 안 된다. 본인 부담금을 감면하면 진료 건수가 늘어나 공단 청구액이 늘어나 예산이 많이 지출되기에 정부가 규제하는 것이다. 급여 항목은 환자의 건강보험 자격이 상실되거나, 환자의 요구로 인해 일반으로 진료를 해도 정부가 정한 가격 이상으로 진료비로 받아서는 안 된다. 그러다 보니 의료기관의 가장 큰 불만이 낮은 의료보험 수가다. 하지만 만약에 건강보험이 없고 병·의원이 알아서 수가를 결정하게 되었다면 지난 매년 간 모든 임상 수기의 수가가 꾸준히 오르기만 했을까?

1970년대 초만 해도 궤양성 위출혈로 인한 위절제술이 일반외과의 주된 수술 중 하나였다. 하지만 시메티딘Cimetidine을 시작으로 위궤양 치료제가 나오면서 궤양성 위출혈이 급속히 줄어들어 위절제술의 필요성 역시 감소했다. 이런 상황에서 위절제술의 시장가격은 과연 올랐을까 떨어졌을까? 정부가 의료의 가격을 결정한다는 것은 잘하는 병·의원의 입장에서는 최악의 규제다. 하지만 가격 규제가 없다면 수요 공급에 따라서 가격이 급등락한다. 가격 규제는 시장을 안정시키기에 평균 혹은 그 이하에 해당하는 병원에게는 이익이다. 특정 의료행위의 가격이 원가 이하일 때 의료기관은 가격 규제로 인해 손해를 본다. 하지만 갑자기 너무 많은 의료기관이 의료시장에 진입해서 특정 의료행위에 대한 공급이 수요를 초과해도 가격이 급락하지 않는다. 물론 의료보험 수가 역시 길게 보면 일정 부분 시장의 법칙을 반영한다. 특정 진료행위를 하는 병·의원이 증가해서 해당 의료행위에 대한 총 청구액이 증가하면 정부는 수가를 낮추고자 한다. 요양병원이 점점 증가하니까 정액제를 도입하고 가산에 대해 청구하면 조정을 하는 것이 한 예다. 반면 특정 진료 행위를 하는 병·의원이 줄어들면 수가를 높여서 해당 의료기관의 수를 늘리고자 한다. 최근 들어서 분만 수가를 인상하는 것이 그 예다.

　최근에 가격이 급락한 라식수술과 임플란트가 건강보험을 적용받는다고 가정해보자. 정부가 정한 수가는 병·의원의 입장에서 마음에 들지 않을 것이다. 하지만 시장이 포화되어 너도나도 가격을 인하하고 싶어도 인하할 수가 없다. 따라서 정부가 정한 가격이 시장가격보다 높게된다. 만약에 정부의 수가 조정 기능이 없었다면 경쟁으로 인해서 가격이 널뛰기했을 것이다. 병원은 고정비의 비중이 큰 사업이어서 갑작스러운 가격 폭락은 도산으로 이어질 수 있다. 따라서 정부가 가격을 결정하기에 사업이 안정되는 측면도 무시할 수 없다. 가격을 결정할 수 없는 급여 항목 위주로 병·의원을 운영하는 분들은 환자로부터 직접 높은 가격을 받아내는 비급여 의료기관을 부러워하고는 한다. 하지만 곰곰이 생각해보면 부러워하기만 할 것도 아니다. 가격을 결정할 수 있다고 해서 원하는 가격을 꼭 받는다는 보장은 없기 때문이다.

　성형수술이나 레이저 피부 시술 같은 완전 비급여 항목의 경우 의료기관이 가격을 결정할 수 있다. 내과, 일반외과 등 급여 항목이 많은 진료과도 새로운 비급여 기술을 도입하면서 완전 비급여 항목이 추가로 발생하면 병원이 해당 의료행위에 대한 가격을 결정할 수 있다. 과거에 척추 전문병원들은 척추수술 자체에 대해서는 비급여 항목에 해당하는 신기술을 사용하고 입원비, 식대 등 급여 항목은 건강보험공단에 청구해서 수입을 극대화했다. 병원이 자체적으로 새로운 의료기술을 개발해서 환자에게 시술하고 비급여로 진료비를 받았다. 그러나 지금은 그럴 수 없다. 새로운 기술을 개발해도 신의료기술평가위원회를 통과해야 환자에게 진료비를 받을 수 있다. 임상실험을 하는 동안 환자로부터 어떠한 형태로도 비용을 받아서는 안 된다. 막상 어렵게 새로운 의료기술을 개발하더라도 신의료기술평가위원회가 그 효과와 필요성을 인정하지 않으면 허사로 돌아간다. 그래서 중소 병원이나 개인 의원이 자체적으로 새로운 의료기술을 개발한다는 것이 실질적으로는 원천 봉쇄된 현실이다. 그러므로 현재 인정받는 완전 비급여 항목은 병·의원이 가격을 결정할 수 있는 유일한 부분이다. 그런데 대다수 원장은 주위의 병·의원이 얼마 받는지 알아보고 거기에 맞춰서 대략 가격을 책정하고 환자에 따라서 할인을 해주는 식으로 가격을 결정한다. 원칙이 없기에 일관성도 없다. 누구는 깎아주고 누구는 안 깎아주다가 환자들의 원성을 사기도 한다. 그래서 가격을 결정할 때 고려해야 할 7가지 원칙을 다음과 같이 정리해보고자 한다.

✚ 급여 진료가 우수해야 비급여 진료도 제 가격을 받는다

옛날에 어떤 치과의사 선생님이 보철 환자가 없다고 투덜댔다. 그 선생님은 아이들은 울기만 하고, 시간만 잡아먹고, 돈은 안 된다는 생각을 하고 있었다. 아이들의 치아를 발치할 때는 마취에 신경을 쓰지 않았다.

그러다 보니 동네에 아픈 치과로 소문이 났고 어른들도 보철을 하러 오지 않았다. 돈 안 되는 환자는 대강 보고 돈 되는 환자만 볼 생각을 했는데 뜻대로 안 된 것이다. 성형외과나 피부과와 같이 비급여만 진료하는 경우도 있으나, 대부분 병·의원은 급여 진료와 비급여 진료가 섞여 있다. 돈이 되지 않는 급여 부분에서 친절하고, 성실하고, 실력 있게 진료해도 환자들로부터는 정해진 진료비 이상을 받을 수 없다. 하지만 일단 환자들이 만족해서 정해진 진료비 이상을 낼 마음이 들도록 해야 한다. 그래야 급여에서 양질의 진료를 하고도 받지 못해 병원이 입은 손해를 병원이 가격을 정할 수 있는 비급여 항목을 통해서 금전적으로 보상을 받을 수 있다. 비급여 의료기술을 단지 치료의 한 방법으로만 인식해서는 안 된다. 보험 급여 항목에서 양질의 의료를 행하고도 받지 못해 손해를 본 부분을 금전적으로 보상받는 수단이 비급여 치료인 것이다. 급여 진료에서 양질의 서비스를 제공해야 비급여에서 제대로 가격을 받을 수 있다. 급여 진료에서 고객을 만족시키지 못하면 고객은 비싼 비급여 진료를 그 병·의원에서 받지 않으려 하기에 결과적으로 가격을 결정할 수 있는 비급여 항목에서도 더욱 손해를 보게 된다.

✚ 가격 변동 시 매출과 순이익 양자를 모두 고려해야 한다

가격을 낮추면 순 이익률이 떨어진다. 하지만 가격을 낮춰서 매출이 늘면 이익 규모가 커진다. 가격을 올리면 순 이익률이 올라간다. 하지만 가격을 올렸을 때 매출이 예상보다 많이 줄면 이익의 규모가 오히려 줄어들 수도 있다. 그런데 가격을 낮추고 이익도 늘리기 위해서는 비용 구조가 받쳐줘야 한다. 낮은 가격에서도 남과 같이 이윤을 낼 수 있는 원가 경쟁력을 지녀야 한다. 비용을 줄인 상태에서 전략적으로 가격을 낮추는 이가 시장에서 승리한다. 그런데 대부분 병·의원은 환자가 줄어들고, 매출이 줄고, 이익까지 줄면 그때 가서야 어쩔 수 없이 가격을 낮춘다. 비용을 줄이지 않은 상태에서 남들이 가격을 낮췄기에 나도 그에 맞춰 가격을 낮추다 보면 이익은 줄고 경영은 점점 어려워진다.

+ 의사, 기술, 시설이 어우러질 때 비싼 가격을 받을 수 있다

똑같은 레이저 시술도 병원에 따라서 가격이 제각각 다르다. 지방에 개원한 원장님 중에는 똑같은 시술을 하고도 수도권에 개원한 동료가 더 비싸게 받는 것을 보면서 부러워하는 분이 종종 있다. 강북에서 개원한 이는 강남에서 개원한 동료가 같은 치료를 하고도 더 비싸게 받는 것을 보고 부러워한다. 똑같은 치료를 하고도 남들이 더 비싼 가격을 받는 것을 보게 되면, 남들은 편하게 돈을 버는 것 같고 자신은 뼈 빠지게 일만 하는 싸구려 의사가 된 것 같다. 그러다 보면 강남에 개원해야 제대로 가격을 받을 수 있다는 환상에 빠지기도 한다. 강남에 고급스럽게 차려놓으면 비싼 가격을 받을 수 있다고 기대한다. 하지만 시설은 가격을 구성하는 요소 중 일부에 불과하다. 비싼 가격을 받기 위해서는 환자들이 신뢰하는 의사가, 보다 나은 기술로, 좋은 시설에서 진료해야 한다. 그런데 삼박자가 맞기란 쉽지 않다. 시설이야 돈만 있으면 갖출 수 있으나 좋은 의사가 되는 것, 치료를 잘하는 것은 돈만으로 되는 것이 아니다. 따라서 자신의 실력과 인지도를 고려해서 가격을 결정해야 한다. 그렇게 하지 않으면 높은 가격만 고집하다가 결국 병원 문을 닫게 될 수도 있다. 한때 날리던 명품 브랜드도 유행을 따라가지 못하면 인기도 떨어지고 따라서 가격도 다운된다. 이런 불경기에 높은 가격이 좋은 품질을 보장한다고 믿는 소비자를 찾기란 쉽지 않다.

✚ 높은 가격 책정 및 할인 VS 낮은 가격 책정 및 추가 구매 유도

높은 가격을 책정하고 할인하면서 이런 기회가 다시 오지 않을 것처럼 홍보하면 환자로서는 솔깃하다. 고가 재료를 이용했을 때와 저가 재료를 이용했을 때 가격이 차이 나게 만들고 환자가 저가 재료를 선택하면 고가 재료를 할인해주면서 차라리 고가 재료를 선택하도록 유도하기도 한다. 가격을 높게 책정하고 할인해주는 전략이다. 그런데 이 경우 비싸다는 소문이 나면 소비자가 애초에 치료를 받을 엄두를 내지 못해 가격이 낮은 병원으로 발길을 돌릴 가능성도 있다. 또한 일관성 없이 가격을 할인해주다 보면 환자가 실제로 지불하는 평균 가격이 얼마인지 원장 본인도 파악하지 못하는 수도 있다.

반면 낮은 가격을 책정하는 경우는 일단 마케팅을 하기가 용이하다. 타 병원에 비해서 월등하게 낮은 가격은 그것만으로도 소비자의 관심을 끌게 마련이고 환자도 늘게 마련이다. 기본적인 진료 항목의 가격은 낮게 책정했지만, 막상 환자가 병원을 방문하면 이런저런 서비스를 추가로 시행해서 이익을 꾀한다. 결과적으로 환자로부터 취할 부분을 다 취하게 된다. 하지만 이 경우 환자가 막상 결제한 다음에 왠지 속았다는 느낌이 들어서 불만을 품게 된다. 남은 치료를 취소하면서 환불을 요구하는 경우가 종종 있다. 그리고 치료 결과가 안 좋으면 싼 게 비지떡이라면서 불만을 가지면서 문제를 제기할 수도 있다.

높은 가격 책정, 낮은 가격 책정 각각의 장단점이 있다. 따라서 상황에 맞게 잘 이용할 필요가 있다.

✚ 어떻게 가격 패키지를 구성할 것인가?

치료하기 위해서는 검사를 시행해서 진단을 내려야 한다. 수술하기 위해서도 해당 부위의 상태를 파악해야 한다. 그런데 검사 비용이 너무

비싸면 환자들은 검사 비용 때문에 치료를 포기할 수 있다. 그래서 검사 비용을 낮게 책정해서 환자를 오게 한 후 수술이나 치료를 통해서 이익을 꾀하기도 한다.

2022년 척추 MRI 급여화가 진행 중이다. 하지만 척추 MRI 급여화 이전에는 추간판탈출증이나 척추협착의 경우 MRI 검사가 보험대상이 아니었다. MRI 비용을 타 병원보다 낮게 받는 경우 검사에서는 손해이지만 수술로 이어지면 이득이 되었다. 그래서 척추질환에 대해서 MRI를 찍을 때 원가만 받는 병원도 있었다.

반면 완치가 어려운 만성질환은 검사에서 제대로 비용을 받는 쪽이 유리하다. 환자가 계속 치료를 받을지도 불확실하고 검사 비용을 낮게 받고 치료 비용을 높게 받는 경우 치료 경과가 안 좋으면 불만의 가능성이 커지기 때문이다.

검사와 치료를 별개의 의료행위가 아닌 패키지 관점에서 접근할 필요가 있다. 그래야지 검사를 비싸게 하고 치료를 싸게 할지, 검사를 싸게 하고 치료를 비싸게 할지 합리적으로 판단할 수 있다.

피부 관리같이 반복적인 치료를 하는 경우 가격을 매번 받을 것인가, 아니면 5회기, 10회기 식으로 끊어서 결제하게 할 것인가를 결정하는 것도 중요하다. 만약에 5회기, 10회기로 끊어서 결제하는 경우 1회 결제할 때보다 할인을 해줄지도 정해야 한다. 만약에 할인을 한다면 그 폭도 결정해야 한다. 20회기, 30회기 같이 많은 횟수를 선결제하게 하면서 낮은 가격을 제시하기도 한다. 20회 사용 쿠폰, 30회 사용 쿠폰을 구입하는 셈이다. 그런데 확률상 환자들이 구입한 치료 횟수를 다 채우지 못한다고 계산하여 원가 이하로 가격을 책정하기도 한다. 문제는 환자가 이용하지 못한 부분에 대해서 환불을 요구하는 경우다. 약관을 근거로 환불을 거부했는데 환자가 민원을 제기하는 경우 분쟁의 소지가 있다. 따라서 환자가 구매한 치료 횟수를 다 채우지 못할 것이라는 가정 아래에 원가 이하의 파격적인 가격을 제시할 때는 신중하게 판단해야 한다.

✚ 가치 사슬을 파악해야 한다

진료 외 분야에서 수익을 창출할 가능성이 큰 병원이 진료 자체에서 손해를 감수하는 경우가 종종 있다. 중환자실이야말로 종합병원에서 보틀넥이다. 중환자실 병실이 없어서 응급실에서 환자가 대기하고, 힘든 수술을 미루게 되는 경우가 허다하다. 하지만 중환자실은 규모를 늘리면 늘릴수록 적자가 누적될 수밖에 없게끔 수가가 책정되어 있어 대부분 병원은 늘릴 엄두를 내지 못한다. 하지만 호텔 수준의 최고급 영안실을 갖춘 대형 병원은 중환자실을 늘리기가 훨씬 용이하다. 환자의 상당수가 중환자실에서 사망하고, 중환자실 적자를 장례식장에서 수입보전 할 수 있기 때문이다. 서울아산병원, 삼성병원을 비롯한 대형 병원이 중환자실에 집중 투자하면서 적자를 감수하는 것은 공익의 목적도 있지만, 영안실에서 이익을 창출할 수 있기 때문이다. 타 병원에 비해서 4인실 이상 다인실 비중이 높더라도 환자 보호자가 병원 내 식당, 미장원, 은행을 많이 이용하면 상가 임대료에서 이익을 얻어서 병실료에서 본 손해를 보상받을 수 있다. 산부인과와 산후조리원의 관계 역시 유사하다. 진료 부분에서 손해를 보더라도 진료 외 부분에서 이익을 볼 수 있다면 진료 부분이 일종의 미끼 상품의 역할을 하도록 가격을 결정하는 것도 고려해봐야 한다. 병·의원에서는 양질의 진료를 합리적인 가격에 제공해 고객을 확보하고 이익은 관련 시설에서 취하는 것이다.

✚ 환자의 눈으로 바라봐야 한다

병·의원의 입장에서는 잘하면 잘하는 만큼 더 비싼 가격을 받고 싶다. 언젠가 간이식, 심장이식 수술 가격이 병원마다 제각각이라는 보도가 방송된 적이 있다. 대체로 가격이 비싼 병원은 장기이식을 많이 시술하고 성공률도 높은 병원이었다. 그 방송을 본 동료 의사 한 분이 비급여 항목이 많은 장기이식 수술은 병원마다 가격 차이가 크게 날 수밖에 없는 데 문제 삼는 언론이 이해가 가지 않는다고 불만을 토로했다.

그런데 얼마 후 방송에서 동물병원에서 반려동물을 치료하는 경우 X-ray 촬영비, 수술비가 지역별, 병원별로 제각각이라는 보도가 나왔다. 장기이식수술에 대한 보도에 대해 괜한 트집을 잡는다고 말했던 동료 의사는 동물병원 비용이 다른 것에 대해서는 완전히 다른 태도를 보였다. 자신이 키우던 반려동물이 동물병원에서 수술받은 얘기를 하면서 정부가 표준 가격을 정하든지 해야지 동물병원마다 가격이 천차만별인 것은 말도 안 된다고 했다. 병·의원에 대한 보도를 접할 때는 의사의 눈으로 방송을 본 데 반해 동물병원에 대한 보도를 접할 때는 환자의 눈으로 방송을 본 것이다. 그렇기에 본질은 유사한 사안인데도 불구하고 반응이 다르게 된 것이다.

원장으로서는 우리 병원이 비싸다고 생각이 들면 다른 병원에 가면 되지 우리 병원의 가격을 문제 삼는 환자가 이해가 가지 않는다. 하지만 환자의 입장은 다르다. 자신의 몸처럼 소중한 것이 없다. 그러므로 가급적 잘하는 병원에서 치료를 받고 싶다. 더군다나 목숨이 걸린 중증 질환의 경우 누구나 최고의 병원에서 치료를 받고 싶다. 돈이 없다는 이유로 원하는 병원에서 치료를 받지 못하는 것처럼 서러운 일이 없다. 따라서 가격을 정할 때는 그런 환자의 마음을 고려해야만 한다. 그렇지 않으면 나중에 공정성 시비에 휘말리는 경우가 발생한다.

가격 앞에는
장사(壯士)가 없다

라식수술의 가격이 처음보다 급격하게 낮아졌다. 브랜드를 키워서 남보다 높은 가격을 받겠다고 시작을 했던 일부 라식수술 클리닉도 버티지 못하고 가격을 다운한지 오래다. 병원에 따라서 차이는 있지만, 환자가 많은 유명 클리닉의 경우 가격을 인하하는 이벤트를 수시로 벌인다. 인터넷 오픈마켓에서 할인 이벤트를 하기도 했다. 오픈마켓 홈페이지 대문의 배너 광고를 이용하기 때문에 엄밀히 말하면 라식수술을 판매한 것이 아닐 수도 있다. 하지만 그것은 법적인 논쟁일 뿐 소비자들은 오픈마켓에서 라식수술도 판다고 생각을 했다. 이벤트의 내용은 두말할 것 없이 최저가 보장이었다. SNS에서도 가장 많이 접하게 되는 광고가 성형수술, 라식수술, 임플란트를 비롯한 비급여 의료기관 광고다.

과거에는 마케팅의 제1원칙 중 하나가 가격을 가급적 낮추지 말라는 것이었다. 가격으로 경쟁하다 보면 차별성이 없어지고 업계 전체의 수익률이 떨어지기 때문이다. 특정 의료 서비스가 처음 도입이 되어 가격이 높게 형성되어 있고, 경기도 좋은 경우는 가격으로 경쟁하지 말라는 말이 맞다. 하지만 도입기, 성장기, 성숙기를 거쳐서 쇠퇴기에 들어선 경우 가격이 아닌 가치로 경쟁한다는 것이 사실상 불가능하다. 라식수술이 되었건, 임플란트가 되었건, 레이저 피부 시술이 되었건 소비자도 익숙해질 대로 익숙해지면 의사의 정보력과 소비자의 정보력이 큰 차이가 없다. 소비자가 잘 모를 때는 가격에 못지않게 의사와 병원이 믿을 만한지, 치료를 잘하는지가 중요하다. 잘 모르기 때문에 두려운 마음이 든다. 하지만 너도 나도 하는 분위기라면 치료를 받는데 두려움이 없어진다. 의사가 굳이 열심히 설명하지 않아도 인터넷을 통해서 이미 준박사가 되어서 병원을 방문한다. 따라서 어떤 시술이 널리 알려져서 소비자가 시술에 익숙해져 버리면, 그 때는 어느 병원에서 치료를 받는가를 결정할 때 가격이 유일한 변수가 되어 버리기도 한다. 값이 싸다는 것은 눈으로 보이지만 서비스가 좋다는 것은 눈에 보이지 않기 때문이다.

예를 들어서 치과 분야에서는 임플란트 전문 네트워크 치과와 일반 치과 개원의들 사이에 첨예한 대립이 일어났었다. 일반 치과 개원의들은 임플란트 전문 네트워크 치과가 가격은 싸지만 안 좋은 재료를 쓰고, 짧은 시간에 치료를 하느라 꼼꼼하게 진료를 하지 않는다고 주장을 한다. 그러면서 임플란트 전문 네트워크에 비해서 개인 치과가 가격이 비싼 이유가 양질의 진료 때문이라고 주장했다. 하지만 양질의 진료를 하고 있다고 말을 하는 것만으로는 소비자는 납득하지 못한다. 소비자가 원하는 것은 양질의 진료를 비싼 가격에 받는 것이 아니라, 양질의 진료를 싼 가격에 받는 것이기 때문이다. 그렇기 때문에 양질의 진료를 시행하고 있다면 그것을 소비자가 납득할 수 있게 눈에 보이는 형태로 보여줘야 한다.

제조업에서 그럴 때 가장 많이 사용하는 것이 무상 수리다. 대부분 가전제품은 무상 수리 기간이 1년이다. 우리 회사 제품이 튼튼하다는 것을 소비자에게 납득시키려면 남들이 1년 무상 수리를 보장할 때 2년을 보장하고, 남들이 2년을 보장할 때 5년을 보장해야 한다. 현대차가 미국에서 품질을 의심하는 소비자들을 설득하기 위해서 내세운 것이 10년 10만 마일 무상 수리 보증이었다. 안 아프고 오래 쓸 수 있을 때 좋은 임플란트다. 임플란트의 수명에 대해서는 치과의사도 정확하게 알 수 없다. 어떻게 사용하느냐에 따라서 수명은 천차만별이다. 하지만 자동차 역시 마찬가지다. 어떻게 사용하느냐에 따라서 그 수명은 천차만별이다. 만약에 치료를 시작하면서 임플란트에 대해서 10년 무상 수리 혹은 20년 무상 수리를 보장하는 보증서를 환자와 작성한다면 그 때 환자는 양질의 진료라는 개인 치과의 말에 신뢰를 가질 것이다. 만약에 그걸 할 수 없다면 가격으로 경쟁할 수밖에 없다.

그런데 가격 경쟁에도 전략이 필요하다. 우선 가격을 낮추고도 남들만큼 이익을 내기 위한 비용 구조를 갖춰야 한다. 흔히 가격을 낮춰서 일정 수 이상 환자가 더 유입되면 어느 정도 이익이 난다는 계산에 기초해서 가격을 인하하고는 한다. 하지만 가격은 낮췄는데 환자가 늘어나는 속도가 기대에 미치지 못하면 적자가 발생한다. 따라서 환자가 설혹 늘지 않더라도 그 가격에서 최소한도 손해는 보지 않게끔 비용을 줄이고 나서 가격 인하를 시작해야 한다.

이왕 가격을 낮추기로 결심을 했으면 남보다 가격을 먼저 낮춰야 한다. 인근의 병·의원이 가격을 낮춘 후 어쩔 수 없이 가격을 낮추면 그 때는 이미 환자를 다 빼앗긴 후다. 만약에 병원의 컨셉트를 낮은 가격으로 승부를 보는 저가 병원으로 정했다면 경쟁자의 가격을 항상 점검하면서 그보다는 더 낮은 가격을 유지할 수 있게끔 원가 구조를 갖춰야 한다. 병원은 임대료, 기계 리스 비용, 직원 임금 등의 고정비가 많이 발생하기 때문에 환자가 얼마나 많은 지가 원가 구조를 결정하는데 있어서 가장 중요하다.

흔히 환자가 없을 때만 반짝 이벤트로 가격을 다운하는 경우가 있다. 그런 경우 소비자들은 가격이 낮아진 이벤트 기간에만 그 병원을 이용하게 된다. 심한 경우는 이벤트를 기대하면서 치료를 늦추기도 한다. 따라서 처음 가격을 다운할 때는 이벤트 등을 사용해서 광고를 하지만 그 이후에도 낮은 가격을 유지한다고 생각하는 것이 옳다. 미국에서 월마트와 K마트가 대형마트 시장을 놓고 경쟁을 했을 때 월마트는 'Everyday low price(매일 최저가)'라는 전략을 사용한 데 반해서 K마트는 특정 품목의 매출이 감소하면 즉석 할인 행사나 이벤트를 통해서 가격을 인하하는 전략을 사용했다. 고객들은 보통 때는 월마트를 이용하다가 특정 품목의 가격이 낮을 때만 K마트를 이용했다. 항상 손해를 보고 물건을 판셈이 된 K마트는 월마트와의 경쟁에서 점점 뒤쳐지게 되었다.

마케팅에 돈을 투자할 것인가, 가격을 인하할 것인가는 항상 갈등이다. 마케팅은 소비자에게 일정 임계점 이상 노출이 되었을 때 비로소 효과가 있다. 비급여의 경우 한 달에 천만 원 이하로 마케팅에 투자를 하느니 안 하는 것이 더 낫다고 주장하는 마케팅 전문가도 있다. 그 이하의 금액으로는 하나 안 하나 차이가 없는 것이다. 어떤 병원의 한 달 매출이 1억 원이라고 가정을 하자. 현재 환자를 유지하기 위해서 천만 원을 더 마케팅에 쓰게 되면 이익이 천만 원 줄어든다. 환자를 유지하기 위해서 가격을 10% 낮춰서 매출이 10% 줄어도 이익이 천만 원 줄기는 마찬가지다. 가격이 낮아지게 되면 안 오던 환자도 오게 되고, 기존의 환자도 더 자주 와서 매출이 늘어나게 된다. 치료는 똑같이 하면서 가격이 낮아지는 것처럼 입소문이 잘 나는 경우가 없다. 사실 광고를 할 때도 가장 효과가 큰 것이 최저가를 보장하는 광고다. 치료를 잘 한다고 백날 광고를 해도 소비자들은 그런 광고를 믿지 않는다. 하지만 치료도 잘하고 가격도 싸다고 광고를 하면 어느 소비자나 솔깃하게 마련이다.

  병원 경영에 있어서는 각각의 병원이 경쟁으로 인해 가격을 인하하는 것에 못지않게 정부의 가격 정책이 결정적인 변수로 작용한다. 2006년도에 식대가 급여가 되면서 대학병원들은 식대로 받던 본인 부담금이 줄어들어 경영이 어려워졌지만, 장기 입원 환자가 많은 요양병원의 환자는 늘었다. 척추수술병원, 관절전문병원에서 수술을 받는 환자의 상당수는 정액형 혹은 실손형 민영 의료보험에서 치료비를 지급받기 때문에 본인 부담금이 거의 없다. 본인 부담금이 없기 때문에 환자들의 수술은 늘어나고 건강보험 청구액은 늘어난다. 그래서 금융감독원은 판매되는 실손형 민영 의료보험의 자기부담금을 20%로 늘리는 방안도 검토했었다. 전국에 기하급수적으로 암병동이 늘어났지만 현재 정도로 유지가 되는 이유는 2007년 이후 암환자의 건강보험 급여 항목 본인 부담금이 5%에 불과하기 때문이다. 비급여의 상당 부분도 민영 의료보험인 암보험에서 지급이 된다. 시민단체의 주장처럼 무상 의료가 시행이 되어 본인 부담금이 0이 된다면 정부 재정 악화로 인해서 건당 수가는 낮아지겠지만 고액의 진료가 발생하는 수술이나 장기 입원에 대한 수요가 급격히 늘어날 수도 있다.

고객만족에 대해서
다시 생각해보자

인간이 무언가 물건을 살 때는 만족을 위해서 구매한다. 명품을 사는 이들은 명품을 소유하면 남들이 자신을 우러러 봐 줄 것이라고 생각을 한다. 고급 승용차를 사는 이들 역시 구매와 소유에서 만족을 얻는다. 욕망을 충족시켜주기에 기대치도 높고 구매 당시 만족도 역시 올라간다. 그런데 피부 미용·비만·성형 같은 일부 욕망 충족과 관련된 경우를 제외하고는 사람들은 뭔가 불행이 닥쳐서 병원에 간다. 대체적으로 통증이 있는 상태에서 병원에 가기 때문에 병원에 갈 때 인간의 감정은 최악의 상태이다. 따라서 사소한 일에도 불만이 폭발한다. 환자가 치료를 받고 만족을 하는 경우도 병원의 서비스 때문에 만족을 한 것이 아니라 치료를 받고 고통이 없어졌다는 것 때문에 만족을 하는 것이다.

필자는 의사들을 상대로 병원 경영 강의를 할 때마다 치료에 만족을 해서 고마워하는 의사가 생각나면 손을 들라고 질문을 한다. 막상 의사들 중에서도 고마워서 기억나는 의사가 있다고 손을 드는 이들이 없다. 반면에 의사에 대한 나쁜 기억에 대해서 물어보면 대부분 손을 들고 한마디씩 하기 시작한다. 전문적인 지식이 있기 때문에 의사들에 대한 비판의 강도 역시 더욱 강하다. 의사들이 이러한데 하물며 환자들은 어떻겠는가?

　환자들이 병원에 대해서 불만족하는 데는 개별 병원의 서비스 차이도 일부분 작용하겠지만 의료 소비자는 애초에 만족시키는 것이 불가능한 고객 집단이기 때문이기도 하다. 국내의 의료 컨설턴트나 의료서비스 관련 교수님 중에는 메이오 클리닉Mayo Clinic을 비롯한 미국의 병원을 거론하며 감성 마케팅 운운하는 분이 적지 않다. 그러나 그것은 실제와 괴리가 있다. 사람들이 메이오 클리닉에 가는 이유는 치료진이 우수하기 때문이다. 미국의 언론매체 〈US & News〉에서는 미국 내 모든 병원의 임상과 랭킹을 각각 매긴다. 그런데 메이오 클리닉은 다수의 임상과가 10위권 이내 상위권에 위치해 있다. 미국 환자들은 진료 성적이 좋기 때문에 메이오 클리닉에 가는 것이다. 메이오 클리닉이 고객을 어떻게 대하는가는 그들의 선택이다. 하지만 그것이 메이오 클리닉의 성공의 원인이라고 추정하는 것은 원인과 결과를 잘못 판단하는 것이다.

　고객 집단으로서 환자 집단의 또 다른 특징은 본인이 지불하는 금액에 상관없이 최고의 서비스를 받고자 한다는 것이다. 저가 일상생활 용품을 구매할 때는 기대치가 낮다. 품질이 떨어지더라도 가격이 낮다는 것에 만족을 한다. 저가의 상품을 구입하면서 최고가의 상품을 구입했을 때의 품질을 기대하는 이는 없다. 하지만 자신의 몸이 관여되면 판단의 기준이 달라진다. 의사나 병원에 지불하는 비용이 크건 작건 무조건 최고의 진료를 원한다. 물건을 구매할 때는 가격에 따라서 품질의 차이가 있다는 것을 상식선에서 납득하는 소비자도 병원에서 치료를 받고자 할 때는 지불하는 금액에 따라서 서비스의 차이가 있는 경우 납득할 수 없다. 차이가 아니라 차별이라고 주장하면서 평등하게 서비스를 제공받을 권리를 주장한다.

소위 Big 4라 불리는 서울아산병원, 삼성병원, 서울대병원, 연세대 세브란스병원은 대기 환자로 인해서 병실이 모자라다. 따라서 상급 병실료를 지불하고 1인실, 2인실로 입원해야 한다. 지금은 폐지되었지만 과거에는 특진비도 부담했다. 대학병원이 아닌 일반 종합병원은 병실이 남아돌기에 입원하자마자 6인실로 입원을 한다. 특진비가 있었던 시절에도 환자가 원치 않으면 특진을 강요하지도 못했다. 환자들이 상급 병실료를 내고, 특진비를 내면서까지 Big 4에 입원하는 이유는 뭔가 더 낫다고 믿기 때문이다. 하지만 의료는 병원에 지불하는 금액에 상관없이 전 국민이 모두 평등하게 받아야 한다고 생각한다. 특정 병원이 더 잘한다는 이유로 돈을 더 내는 것은 부당하다고 생각한다.

반면에 낮은 비용에 일반 종합병원에 입원하더라도 환자는 항상 Big4와 비교를 하면서 조금만 부족함이 있어도 불만을 표시한다. 자신이 지불한 의료비의 차이만큼 서비스도 차이가 발생한다는 것을 받아들일 수 없다. 원래 소비자는 최고의 서비스를 최저의 가격에 제공받고자 하는 마음을 가지게 마련이지만, 의료산업의 고객인 환자와 보호자는 또 다르다. 의료에 있어서 차이는 곧 차별이다.

최근 수년간 많은 병원이 고객만족을 모토로 고객의 주관적 불만을 해소하는 것에 중점을 두었다. 그러면서 병원은 평균에 해당되는 대부분 환자들이 원하는 것이 무엇인지를 놓쳤다. 환자는 서비스를 받기 위해서 병원에 오는 것이 아니라 몸의 고통을 덜기 위해서 온다. 기본적으로 신뢰할 수 있는 진료를 제공받을 수 있다면 나머지 부분은 크게 개의치 않는다. 그리고 한두 명의 불만고객을 줄인다고 해서 그것이 평균의 만족을 올리는 것도 아니다. 인력이 되었건, 비용이 되었건, 실행력이 되었건 병원의 자원은 제한되어 있다. 과도한 기대치를 가지고 불가능한 것을 요구하는 불만고객을 만족시키는데 주의를 기울이다 보면 사소한 불만이 있어도 얘기하지 않는 평균고객을 놓치게 된다. 과도한 기대치를 지닌 일부 불만고객의 주관적 불만을 없애도록 직원을 다그치다 보면 환자들이 가장 중요시하는 의료의 질을 유지하지 못할 수도 있다. 즉 의료사고가 안 나고, 가격이 합리적이며, 기다리지 않는 의료기관이 되어야 한다. 그래야 환자들이 요구하지도 않은 고급서비스를 제공하고, 가격이 비싸고, 많이 기다리는 병원을 앞서나갈 수 있다. 환자는 기다리는 동안에 최고의 부가 서비스를 제공해주는 병원보다는 기다리지 않는 병원을 선택한다. 그러한 의료 소비자로서의 환자의 기본적 욕구를 충족시키는 일련의 병원들이 성공하게 마련이다.

의료 서비스 산업은 회사에 대한 고객의 평가가 주관적으로 이루어진다. 그렇기 때문에 마케터들과 학자들은 고객의 주관적 기대를 100% 만족시켜야 하고 때로는 고객의 기대치를 넘는 감동을 제공해야 한다면서 현란한 수사를 동원해서 원장들을 현혹한다. 불경기가 진행이 되고 소득이 감소하면서 우리 사회 전반적으로 최고의 서비스를 모두에게 평등하게 최대한 낮은 가격에 제공해주기를 요구하는 목소리가 커지고 있다. 소비자에게 가치를 퍼주는 병원이 성공을 한다는 믿기지 않는 외국 사례를 제시하는 학자도 늘어날 것이다. 하지만 의료 서비스 시장을 보면 일부 소비자의 무한 기대치를 만족시키는 것보다는 대다수 평균 소비자의 기대치를 만족시키는 것이 중요하다는 것을 누구나 상식적으로 알 수 있다. 그리고 의료 서비스의 모든 측면을 무리해서 향상시키려 하기보다는 사람이라면 누구나 화를 낼 수밖에 없는 불량케이스를 줄이는 것이 중요하다는 것 역시 누구나 알 수 있다. 직원들에게 환자들이 뭐라고 해도 방긋방긋 웃으라고 하는 대신 의료 사고가 발생하지 않도록 하는 것이 우선이다. 환자가 기대하고 의료진이 환자에게 약속한 치료 결과가 이루어지도록 노력하는 것이 우선이다.

그리고도 여유가 된다면 환자를 기다리지 않게끔 노력해야 한다. 환자를 지체하게 하고 그 시간에 고급스러운 부가 서비스를 제공하는 것처럼 아이러니가 없다. 애초에 환자가 기다리지 않게 하는 것이 가장 큰 친절이다. 환자가 병원에서 오래 머물면 머물수록 자꾸 안 좋은 것이 눈에 띄게 마련이다. 직원들이 잡담을 하는 것, 스마트폰을 만지작거리는 것이 눈에 띄게 된다. 기다리면서 병원을 이러 저리 보다 보면 페인트칠이 벗겨진 것도 보이게 된다. 계속 TV에서 나오는 원장의 방송 출연 동영상도 짜증난다. 환자가 오자마자 치료받고, 치료받자마자 병원 문을 나서게 하는 것이 최고의 서비스다. 고객을 만족시키려 하지 말고 고객이 원하는 것을 하는 것이 우선이다.

병원의 평판을
올리는 법

'인터넷 광고에 관한 심사지침'은 과장된 사실을 광고하는 것은 물론, 경제적 대가를 받고 이용 후기를 작성하는 행위, 부작용, 후유증 등 불리한 이용 후기 삭제, 사진 보정으로 수술 전과 수술 후 효과를 지나치게 과장하는 경우 등을 모두 부당 광고로 규정하고 있다. 과거에는 후기 작성에 병원 내 관계자는 파워블로거나 연예인, 혹은 '후기 작성 전문 회사'까지 동원되었지만 지침이 생긴 후 현저히 감소했다. 지침이 아니더라도 이러한 광고가 과연 병원에 얼마나 기여를 하는 지에 대해서 나는 과거부터 의문을 가져왔다.

 엄청난 광고를 해서 매출을 일으키더라도 만약에 경쟁자가 그보다 더 물량공세를 펼치면 환자는 경쟁 병원으로 쏠릴 수밖에 없다. 결국 지하철 광고, 키워드 광고, 라디오 광고, 케이블 방송 출연 등 모든 광고는 돈을 더 많이 내는 이에게 기회가 돌아간다. 특정 상품 혹은 서비스의 판매와 관련이 되어 있는 대표 카페나 파워블로그는 이미 광고 회사나 이해당사자가 소유하거나 혹은 지분을 가지고 있는 경우가 대부분이다. 그래서 더 많은 대가를 지불하는 이에게 유리한 내용이 실리게 된다. 오프라인 혹은 온라인 언론 홍보 역시 마찬가지다. 이런 상황에서 광고가 좋은 평판으로 이어지지 않는다면 광고에 얼마나 많이 투자하나에 따라서 매출이 급격히 늘었다 줄었다 하게 된다. 병원이 잘 되기 위해서 광고를 하는 것인지, 광고를 하기 위해서 병원이 있는 것인지 구분이 안 가게 되는 경우도 있다.

급여의 경우 비급여에 비해 마케팅 의존도는 현저히 낮다. 의원급의 경우는 매출 규모 자체가 작고 수익률도 낮기 때문에 많은 마케팅 비용은 감당할 수 없다. 병원급의 경우는 매출은 어느 정도 되더라도 마케팅 효과에 대해서는 회의적이거나 혹은 거부감을 지닌다. 피부·비만·성형의 경우 그 치료 목적이 욕망 충족에 있다. 따라서 수술 시기를 본인이 결정할 수 있기에 병원들의 광고를 보면서 비교할 여유가 있다. 척추, 관절수술 전문병원의 경우 응급수술이 아니어서 비교가 가능하기에 마케팅을 많이 한다. 하지만 종합병원이나 중소병원의 경우는 응급수술이나 입원이 상당수를 차지하기에 어차피 올 환자는 온다는 생각으로 마케팅에 투자를 많이 하지 않는다. 일단 아프게 되고 병원에 가야만 하는 경우 환자와 그 가족은 짧은 순간에 어느 병원에 갈지 결정을 해야 한다. 그때는 평소에 치료를 잘하고 양심적이라는 평판이 나 있는 병원으로 자동으로 향하게 마련이다.

그런데 그렇게 마케팅에 대해서는 합리적으로 대하던 종합병원과 중소병원 경영진도 지나칠 정도로 노력, 인력, 자금을 투자하는 부분이 있는데 그것이 바로 병원 평가 및 인증이다. 지금은 수그러들었지만 한때 대형 병원 사이에서 JCI $^{Joint\ Commission\ International}$ 인증 열풍이 불었다. 건강보험심사평가원 병원 평가에서 지방 병원이 의외로 좋은 평가를 받아서 화제가 되기도 했다. 그런데 이런 평가가 병원의 평판에 미치는 영향은 실상 제한적이다. 이런 평가는 병원의 시설이 어떠한지, 병원의 인력이 어떠한지, 병원의 행정절차가 어떠한 지를 주로 평가한다.

환자의 안전 관리, 감염 관리, 개인정보 관리 등도 의료기관 인증에서 중요하게 다루어진다. 하지만 이러한 소위 객관적인 평가 항목은 환자의 경험과 관계된 주관적인 면을 다루지 못하고 있다. 이러한 평가에서는 의사는 모두 똑같은 의사로 취급받고, 간호사는 모두 똑같은 간호사로 취급받는다.

이러한 정부의 평가 작업에는 평가 혹은 인증을 통해 수치화해서 병원의 상황을 공개하지 않으면 환자들은 눈에 보이는 것, 혹은 낮은 가격만 중요시하고 정작 중요한 부분은 경시하게 된다는 전제가 깔려있다. 그러다 보니 실제 병원에서 중요하다고 생각하지 않던 것들이 평가에서는 중요시된다. 평가에서 높은 점수, 높은 등급을 받고 그것을 홍보하면 환자들이 병원을 높게 평가해서 올 것이라는 생각을 하고 일부 중소병원들도 평가와 인증에 많은 비용과 인력을 투자한다. 그런데 막상 높은 점수, 높은 평가를 받거나 혹은 공신력 있는 단체에서 인증을 받더라도 그것이 환자 증가로 이어지지 않는다. 환자들이 중요하게 여기지 않는 부분에 투자를 해서 평가를 잘 받더라도 환자들은 여전히 평판이 좋은 경쟁 병원으로 가기 때문이다. 만약에 이미 높은 평판을 구축했다면 평가와 인증에 투자를 하는 비용으로 환자들이 중요하다고 생각하는 부분에 재투자를 하는 것이 더 나았을 것이다.

즉, 좋은 평판은 단지 마케팅에 의해서 혹은 단지 높은 병원 평가 점수나 병원 인증에 의해서 만들어지는 것이 아니다. 인프라, 의료진, 친절 모든 항목이 다 관여되지만 그렇다고 어느 한 쪽만 잘 한다고 평판이 좋아지지는 않는다. 그런 점에서 평판은 소문과도 다르다. 평판에는 주관적인 부분이 많이 관여를 하는데 반해 소문에는 객관적인 부분도 상당 부분 관여를 한다. 시설이 좋다는 것이 소문이 나는 것은 가능하다. 막상 와서 시설이 좋은지 아닌지 눈으로 보면 확인이 된다. 따라서 시설이 별로인데 시설이 좋다는 소문이 나는 것은 애초에 불가능하다. 하지만 시설이 좋다는 소문을 얼마나 빨리 얼마나 많이 퍼뜨리는 가는 노력과 역량에 따라 다르다. 가격이 비싼데 싸다고 소문이 나는 것은 불가능하다. 그런 점에 있어서 소문은 상당 부분 객관적이다. 병원평가에서 높은 점수를 받았다는 사실이 소문이 날 수는 있으나, 그 한 가지 소문이 좋은 병원이라도 평판으로 이어지는 것은 아니다. 여러 소문이 오랜 세월 모여서 평판이 만들어지는 것이다.

병원은 "치료를 잘 한다."와 "양심적이다."라는 평판을 얻을 때 환자가 늘어난다. 원장들은 열심히 하면 치료를 잘하고 있다는 것을 환자들이 저절로 깨닫게 될 것이라고 생각을 하지만 그렇지 않다. 의료진을 통해서 설명을 듣지 않는 한 환자는 알지 못한다. 따라서 의료진이 환자와 의사소통을 잘하는 것이 그 무엇보다 중요하다. 치료가 뜻대로 진행이 안 되었을 때도 그에 대해서 치료진이 잘 설명을 할 수 있어야 한다. 환자와 의사소통을 잘하는 치료진이 필요하다. 반복적인 설명을 통해서 환자를 학습시키기 위해서는 치료진이 자주 바뀌지 말아야 한다. 아울러 의료사고가 생겼을 때는 그 사고에 대해서 병원의 과실 여부를 객관적으로 빨리 판단해야 한다. 한 번의 사고로 병원의 평판이 깎이지는 않는다. 하지만 반복되는 사고는 병원의 치료에 대한 평판을 깎아 내린다. 따라서 만약에 병원의 과실이라고 생각이 되면 되도록 빨리 합리적인 보상을 통해 해결하는 것이 바람직하다. 마찬가지로 오진을 줄이기 위해서도 노력해야 한다.

양심적이라는 평판을 얻는데 있어서 가장 중요한 것은 가격이다. 가격이 비싸면 평판이 나빠지게 마련이다. 우리 병원에서는 수술을 하거나 입원을 해야 한다고 했는데 타 병원에서는 수술이나 입원을 할 필요가 없다고 하는 경우 역시 병원이 비양심적이라는 오명을 뒤집어쓰게 된다. 상식의 선에서 움직여야 한다. 흔히 양심적이라는 평판을 얻기 위해서 지역사회 봉사를 하기도 하는데 그 효과는 제한적이다. 만약에 양심적이라는 평판을 얻고자 한다면 합리적인 가격에 교과서적인 치료를 제공해야 한다.

  마케팅이건, 전문병원 인증이건, 병원 평가건 그 모든 행위의 최종 목적은 병원에 대한 좋은 평판을 만들어가는 것이다. 그런데 좋은 평판이 쌓이기까지는 시간이 많이 소요된다. 서서히 시간이 흐르면서 쌓여 나가는 것이 평판의 특징이다. 좋은 평판은 한 번의 악재로 무너지지도 않지만 한 번의 호재로 단번에 만들어지지도 않는다. 끈기와 일관성을 가지고 병원을 경영하다 보면 좋은 평판이 쌓이게 마련이다. 좋은 평판을 유지하고 알리기 위해서는 일정부분 마케팅도 필요하다. 하지만 마케팅이 좋은 평판을 만들지는 못한다. 한 때 병원에도 브랜드 경영을 도입해야 한다며 CI Corporate Identity 작업이라는 명목으로 일부러 돈을 주고 로고를 만들고 멀쩡한 병원 간판을 갈아치우는 것이 유행했다. 하지만 그렇게 만들어진 네트워크 병원 대부분은 소리 소문 없이 사라지거나 유명무실하게 간판만 유지하고 있다. 브랜드 인지도와 좋은 평판을 착각했던 것이다. 중소병원이나 의원은 제한된 자원을 우선순위를 정해 배분해야하기에 병원 평가, 병원 인증의 모든 항목을 충족시키기에는 여력이 모자랄 수밖에 없다. 어떤 항목을 충족시키고 어떤 항목은 낮은 점수를 감수할 지 결정해야 한다. 좋은 점수를 받기 위해서 환자를 귀찮게 해야 하는 평가 항목의 경우, 평가는 높게 받지만 평판이 떨어지는 역효과를 가져오기도 한다. 그런 항목에 집중을 하는 것은 일종의 난센스다. 좋은 평판을 얻기 위해서는 환자들이 중요하다고 생각하는 항목에 집중해야 한다.

온라인 마케팅
어떻게 해야 하나

 마케팅은 참 알 수 없다. 자신의 실력을 과대평가하고 엄청난 돈을 마케팅에 퍼부었다가 망하는 이가 있는가 하면, 실력은 좋지만 인지도가 없어서 자리 잡는데 몇 년이 걸리는 이도 있다. 전자는 의료 및 병원 서비스는 등한시하고 마케팅만 하다가 실패한 케이스다. 후자는 마케팅을 이용했더라면 시간을 훨씬 절약할 수 있었던 케이스다. 만약에 충분히 실력을 갖춘 병·의원의 경우 적절하게 마케팅을 하면 병원이 성장하는데 드는 시간을 단축할 수 있다. 동네에서만 오던 환자들이 다른 지역에서도 올 수 있다. 단 광고를 보고 오는 환자는 기대치가 높기 때문에 양질의 서비스를 제공해주지 않으면 마케팅의 역효과가 나타난다.

 마케팅을 크게 분류하면 온라인 마케팅과 오프라인 마케팅으로 나눌 수 있다. 온라인 마케팅은 유튜브 동영상, SNS(페이스북, 인스타그램), 배너 광고, 카페 및 블로그 마케팅, 키워드 광고, 온라인 언론 홍보가 포함된다. 스팸메일은 온라인 마케팅에 포함할 수 있다. 받는 사람들은 누가 스팸메일을 확인할까 하지만 스팸메일은 인류가 만든 마케팅 수단 중 비용 대비 효과가 최고 우수한 것 중 하나다. 스팸문자나 짜증나게 걸려오는 광고 전화도 굳이 따지자면 온라인 마케팅의 사촌쯤에 해당한다. 그러나 정보 취득 과정이 불법인 경우가 많다. 따라서 아무리 효과적이더라도 병원에서 사용할 수는 없다.

유튜브 동영상, SNS(페이스북, 인스타그램), 배너 광고, 카페 및 블로그 마케팅, 키워드 광고, 온라인 언론 홍보는 각각의 장단점이 있다. 유튜브 동영상은 현재 가장 핫^{Hot}한 광고 수단이다. 눈으로 보는 것처럼 확실한 것이 없다. 성형외과, 피부과와 같이 눈에 보이는 것이 분명한 진료과의 경우 유튜브 동영상은 강력한 마케팅 수단이다. 진료과를 불문하고 수술이나 시술에 대한 설명이 유튜브 동영상이라는 시각매체에 담기면 환자로서는 흥미 있는 자료가 된다. 자신이 실제로 어떻게 치료를 받게 되는지 동영상을 보면서 알 수 있다. 환자 입장에서는 본인을 진료하는 병원의 진료진, 시설을 확인할 수 있다. 불안한 마음이 줄어든다. 하지만 유튜브 동영상이 효과적이려면 무엇보다 의사의 전달력이 좋아야 한다. 외모도 신뢰가 가고, 목소리도 안정감을 줄 때 유튜브 동영상은 효과적이다. 아울러 유튜브 동영상 마케팅은 동영상의 주인공이 되는 의사가 방송을 통해서 널리 알려진 경우 더욱 효과적이다.

의사가 직접 동영상을 촬영하고 편집하면 전혀 돈이 들지 않는다. 하지만 동영상을 편집하는 데는 적지 않은 시간이 소요되기에 직접 하는 것은 쉽지 않다. 의료와 관련된 유튜브 동영상이 엄청나게 늘어나면서 자막, 음향, 배경화면이 수준 미달이면 보는 사람이 없다. 환자가 자료로서 참고하기 위해서 봤더라도 유튜브 동영상이 너무 허접하면 병원에 가서 진료받을 생각이 나지 않는다. 그래서 막상 외부에 촬영 및 편집을 맡기려면 비용이 만만치 않다. 그래서 망설이게 된다. 그럴 때는 우선 촬영은 내부에서 하고 편집을 외부에 맡기되 반응을 보면서 한 단계씩 동영상의 퀄리티를 업그레이드하는 것도 방법이다.

SNS(페이스북, 인스타그램) 홍보는 의사가 직접 SNS를 하는 경우와 타인의 SNS에 병원이 노출되는 경우로 구분해서 생각해볼 수 있다. 동영상은 의사가 치료에 대해서 설명을 하는 것이 가능하다. 하지만 SNS를 통해서 의사가 본인의 치료를 설명하는 것은 쉽지 않다. SNS나 페이스북에 영상을 올려도 보는 사람이 무엇이 어떻게 이루어지는지 파악하는 것이 어렵기 때문이다. 인스타그램, 페이스북, 틱톡을 비롯한 SNS는 짧지만 강렬한 인상을 남길 때 성공적인 마케팅 수단이 될 수 있다. SNS를 이용하는 유저들 역시 짧고 흥미로운 내용을 기대한다. 따라서 SNS에 치료 방법에 대한 동영상을 올려도 효과는 제한적이다.

외모가 출중하건, 특이한 행동을 연출하건, 튀는 언행을 하건, 엄청난 사치를 해서 페이스북이나 인스타그램을 통해 의료인이 SNS 스타가 되어서 유명해지더라도 그것이 진료에 대한 신뢰로 이어지지는 않는다. 물론 유명한 것이 유명하지 않은 것보다는 도움이 된다. 의료인이 SNS 노출을 즐기다보니 저절로 유명해지는 것은 나쁘지 않다. 하지만 억지로 노력한다고 해서 SNS 스타가 되는 것은 아니다. 따라서 병원 홍보를 위해서 억지로 SNS 스타가 되려고 노력한다는 것은 되기도 어렵고 효과도 미지수다.

SNS 스타를 통해서 병원을 노출하는 것도 하나의 전략일 수 있다. 하지만 대가를 지불하고 SNS 스타의 페이스북이나 인스타그램에 노출되는 것은 일종의 뒷광고다. '인터넷 광고에 관한 심사지침'에 저촉된다. 설혹 노출이 된다 하더라도 그 효과는 진료 과목마다 편차가 크다. 성형외과, 피부과, 비만클리닉 같이 치료가 되는 것이 눈으로 보이는 진료과목은 SNS 스타가 본인의 변화된 모습을 페이스북이나 인스타그램으로 노출할 때마다 그것을 보는 사람들도 치료를 하는 의료인이나 치료가 행해지는 병·의원에 관심을 가지게 된다. 하지만 시각적으로 노출 효과가 적은 진료 과목은 인스타그램이나 페이스북에 노출되어도 마케팅 효과는 미지수다.

　배너 광고는 홈페이지의 상단이나 우측에 위치하고 있다. 네이버와 다음에서 눈에 확 띄는 대문에 위치한 배너 광고비가 매우 비싸다. 배너를 클릭해서 홈페이지로 들어오지 않더라도 사람들의 눈에 띄는 효과가 있어서 브랜드 인지도를 올릴 수 있다. 하지만 인터넷 뉴스를 검색했을 때 사이트 좌측, 우측을 도배한 배너 광고는 브랜드 인지도를 올리는 데는 거의 쓸모가 없다. 하지만 눈에 확 띄는 사진, 문구, 동영상을 사용하면 클릭을 하는 사람들이 적지 않다. 인터넷 뉴스나 블로그 사이트에는 상하좌우에 성형외과, 피부과, 지방흡입, 임플란트, 남성의학 병·의원의 배너가 깔려 있다. 병원 이름을 알리는 경우는 거의 없고 사진, 가격, 자극적인 문구로 흥미를 자극한다. 배너 광고는 키워드 광고에 비해서 비용은 저렴하지만 고객으로 전환되는 확률은 다소 낮다. 키워드 광고는 뭔가를 알아보기 위해서 검색을 하는 것이기에 홈페이지에 접속을 한 후 병원을 방문할 확률이 늘지만 배너 광고는 호기심으로 클릭하기 때문에 병원을 방문할 확률이 그보다 낮다.

　병원의 경우 검색하는 유저의 입장에서 가장 짜증이 나는 팝업 형태의 배너는 피하는 것이 낫다. 주로 인터넷 기사 중간에 위치해 있는데 지우려고 해도 쉽지 않다. 구석에 보이지도 않을 정도로 자그마하게 지우는 표시가 있다. 지우려고 하다가 실수로 클릭을 해서 광고 홈페이지로 가는 수가 많다. 특히 스마트폰으로 기사를 보는 경우 배너 광고처럼 방해되는 것도 없다. PC 화면에서는 마우스를 가져가면 특정 모션으로 이어지는 형태의 배너도 있다. 마우스를 움직이다 실수로 건드리면 모니터 화면에 커다랗게 광고 동영상이 등장을 한다. 이런 형태의 광고는 고객들을 화나게 만든다. 만약에 브랜드 인지도를 높이고자 한다면 상당한 비용을 감수하더라도 포털 사이트 메인에 배너 광고를 실어야 하고, 흥미로 고객이 배너를 클릭하게 하려고 해도 최소한도 상하좌우에 위치해야 한다. 내용을 보는데 방해가 되는 형태의 배너는 그 효과가 매우 작다.

회원이 많은 인터넷 카페의 경우 마케팅 파워를 무시할 수 없다. 카페 회원들은 나름대로 결속력이 강하고 정기적으로 카페를 방문하기 때문이다. 마케팅을 통해서 카페에서 병원에 대해서 호의적인 내용의 글이 실리게 하는 경우도 있고 배너 광고를 싣는 경우도 있다. 건강 의료 관련 카페에서 특정 병원이 도맡아 상담을 하는 경우도 있다. 인터넷 카페가 생기던 초창기에는 의사가 자발적으로 활동을 하면서 스스로 홍보하는 경우도 있었다.

회원 수가 많은 카페의 경우 은밀하게 거래가 이루어져서 카페 자체가 통으로 마케팅 회사에 매각이 되기도 한다. 뷰티 카페, 다이어트 카페의 경우 한 마케팅 회사가 십여 개 이상의 카페를 운영하는 수도 있다. 마케팅 회사에서 카페를 소유하고 있는 경우. 마케팅 회사에 홍보비를 지불하면 카페에 병원에 대한 호의적인 내용이 나가고 상담 칸도 생긴다. 그러다 마케팅 계약이 종료가 되면 병원에 관계된 내용이 다 빠지게 된다. 그런데 마케팅 회사가 병원에 대한 호의적인 글을 카페 회원의 이름을 빌려서 올리는 것은 '인터넷 광고에 관한 심사지침'에 따라 위반이라는 것을 유념해야 한다. 키워드 마케팅 가격이 너무 올라가다 보니까 블로그 마케팅이 한때 유행했었다. 원장이나 병원 이름으로 블로그를 만든 다음에 특정 키워드를 검색하면 블로그가 검색이 되게끔 해 원장과 병원을 홍보하는 것이다. 그런데 블로그가 자주 검색이 되게 하려면 좋은 콘텐츠가 있어야 한다. 만약에 병·의원의 의사가 직접 만든 콘텐츠라면 고객들에게 일관된 메시지를 전달할 수도 있다. 하지만 문제는 양질의 콘텐츠를 계속 병·의원이 만들어낸다는 것이 쉽지 않다는데 있다. 그래서 블로그 마케팅을 전문으로 하는 마케터들은 해당 병·의원의 진료와 관련된 남의 글을 퍼가지고 와서 블로그에 싣는 경우가 많다. 남의 글로 채운 블로그는 방문하는 이들은 많을지 몰라도, 블로그를 방문한 이가 실제로 병원을 방문할 확률이 매우 떨어진다.

키워드 광고는 포털에 특정 단어를 검색하면 병원 이름과 홈페이지, 주소가 파워링크, 프리미엄링크 등의 이름으로 포털 홈페이지 상단에 뜨게 하는 광고다. 클릭을 할 때마다 광고 비용이 발생하는 클릭 당 부가제와 일정 기간 노출에 일정 금액을 지불하는 정액제가 있다. 키워드 광고는 클릭을 해서 소비자가 홈페이지를 방문했을 때 나중에 병원에 상담 전화를 하거나 직접 방문하게 될 확률이 가장 높다. 그렇기 때문에 그 비용 역시 만만치 않다. 네이버라는 절대강자가 온라인에 존재하기 때문에 가격 협상력에 있어서 군소 광고주인 병원이 절대 불리하다. 한때 그 효과가 강력했다. 하지만 PC로 인터넷을 하는 이가 급격히 감소하면서 지금은 그 효과가 과거 같지 않다. 스마트폰으로 동영상을 보는 시간이 포털로 검색하는 시간보다 압도적으로 많다. PC로 인터넷을 할 때는 화면이 크고 키보드 조작이 용이하기에 파워링크를 참고했다. 스마트폰으로 인터넷을 할 때는 파워링크는 그냥 넘겨버린다. 파워링크를 클릭해서 의료기관을 검색하는 이는 줄어드는 추세다. 하지만 마케팅은 가격의 문제다. 이용자수가 줄어들다보면 키워드 가격도 내려간다. 키워드 가격이 합리적 수준까지 낮아지면 해볼 만하다.

온라인 언론 홍보도 한 때 각광을 받았다. 개인적인 친분을 통해서건, 배너 광고를 싣는 것을 조건으로 하건, 아니면 언론 홍보사를 통하건 병원 홍보 기사가 온라인 신문을 통해서 유포되게끔 하는 것이다. 고객들이 인터넷으로 특정 질환, 특정 치료를 검색하면 뉴스가 검색이 되면서 뉴스 내용 중에 노출된 병원 이름과 의사 이름이 알려지게 된다. 키워드 광고 가격이 올라가면서 대타로 관심이 커졌다. 기자의 이름으로 기사가 나가야 고객들이 최소한의 신뢰를 한다. 기사가 네이버나 다음의 메인에 떠서 고객의 흥미를 유발하는 경우 상담이나 방문수가 증가하기도 한다. 하지만 뉴스를 보게 되는 경우 사람들이 주로 관심을 가지는 것은 기사의 내용이다. 그 안에 있는 병원 이름을 기억해서 연락을 취하는 경우는 많지 않다. 그리고 온라인 언론 홍보는 최근 몇 년간 그 비용이 많이 비싸졌다. 과거에는 메이저 언론사가 아닌 경우 병원 홍보 기사를 인터넷을 통해서 발행하는 비용이 키워드 마케팅에 비해서 낮았다. 그런데 점점 그 비용이 올라갔다. 그리고 한 때는 대부분 온라인 언론사들의 기사가 다 네이버에서 검색이 되었다. 뉴스 사이트의 활성화를 위한 네이버의 개방 전략 때문이었다. 이제는 온라인 언론 홍보가 키워드 마케팅의 경쟁자라는 것을 인식하고 네이버가 기사가 검색되는 온라인 언론사를 점점 줄이고 있는 추세다.

현재 내 병원이 업계 1등 병원이고 충분한 자금이 있다면 유튜브 동영상, 포탈 메인의 배너 광고, 카페 및 블로그 마케팅, 키워드 마케팅, 온라인 언론 홍보를 모두 다 하는 게 맞다. 어느 정도 자금은 있으나 모두 다 할 정도는 아니라면 하나를 선택해야 한다.

배너 광고나 키워드 마케팅을 통해서 성공하기 위해서는 홈페이지가 잘 만들어져 있어야 한다. 관리도 잘 이루어져야 한다. 거의 매일 새로운 내용이 홈페이지에 실려야 한다. 시류에 뒤떨어지지 않게 수시로 업데이트 되어야 한다. 충분한 자금력으로 상단에 위치해야지, 소비자의 눈에 뜨이지 않는 하단에 위치할 바에는 애초에 배너 광고나 키워드 마케팅은 시작도 하지 않는 것이 낫다. 배너 광고나 키워드 마케팅을 했는데 효과가 없었다고 말하는 분들의 경우 어중간하게 마케팅을 한 경우가 많다. 네이버 파워링크도 한줄 씩 밀릴 때마다 광고 효과는 뚝뚝

떨어지고 비즈사이트로 넘어가면 그 효과는 더욱 미비하다. 차라리 다음에서 가장 노출이 잘 되는 곳을 사는 것이 낫다.

모든 온라인 광고 매체의 가격은 서로 연동이 되어 있다. 더군다나 네이버, 다음의 키워드 광고와 배너 광고는 일종의 입찰제다. 그렇기 때문에 시장의 변동에 따라서 광고 가격이 수시로 변한다. 키워드 광고 가격이 너무 올라가면 사람들은 배너 광고에 관심을 기울인다. 카페와 파워블로거를 끼고 마케팅을 하는 업자도 알아본다. 나름대로 강점이 있다고 생각하는 이는 유튜브 동영상을 제작해서 올린다. 이렇게 사람들이 다른 광고 수단으로 빠져나가다 보면 키워드 가격과 배너 광고 가격이 떨어진다. 대신 다른 수단의 가격은 올라간다. 그러다 보면 사람들은 그래도 키워드 광고나 배너 광고가 제일 확실하다고 하면서 포털을 통한 광고로 돌아선다. 결국은 모든 온라인 광고 수단의 가격은 시장의 변동에 따라서 오르락내리락 하게 마련이다. 따라서 유행에 따라서 광고 수단을 너무 자주 바꾸는 것은 좋지 않다. 온라인 광고는 얼마나 많은 수가 접속을 했는지, 그 중에서 몇 명이 병원에 상담 전화를 했는지, 그 중에서 몇 명이 실제로 방문을 했는지 측정이 가능하다. 따라서 효과가 있다고 판단되면 이랬다저랬다 하지 말고 꾸준히 유지하면서 다른 광고 수단을 덧붙이는 것이 올바른 온라인 광고 전략이다.

홈페이지 제작 시
고려할 점 9가지

✚ 홈페이지를 만들기에 앞서 온라인 마케팅 전략부터 세워라

홈페이지는 고객 편의를 위해서 있어야 하기도 하지만 그 가장 주된 목적은 마케팅일 것이다. 그런데 막상 홈페이지를 만들면서도 온라인 광고 전략에 대해서는 생각하지 않는 원장님들이 종종 있다. 홈페이지를 만들기에 앞서 키워드 검색 광고, 배너 광고, 유튜브 동영상, SNS(페이스북, 인스타그램), 온라인 언론 홍보를 어떤 비중으로 어떻게 사용할지를 고민한 후 그에 맞는 홈페이지를 만들어야 하는데 무조건 홈페이지부터 만들고 보는 것이다. 더군다나 외부에 마케팅을 맡기면 마케팅 회사의 온라인 광고 담당 직원이 공장에서 찍어내듯이 홈페이지를 만들고는 한다. 그 역시 바람직하지 않다. 마케팅 회사와 계약이 끝나게 되면 홈페이지를 이용한 마케팅이 중단되는 경우가 대부분이기 때문이다. 새로운 마케팅 회사와 계약을 하면 마케팅 회사들은 기존의 홈페이지가 별로여서 그것부터 바꿔야 한다면서 홈페이지부터 새로 만들면서 비용을 청구하는 경우가 대부분이다. 마케팅 회사를 제대로 다루기 위해서는 원장도 최소한의 마케팅 개념은 지니고 있어야 한다. 그러지 않으면 휘둘리게 된다.

✚ 아는 사람이 아닌 잘하는 사람에게 맡겨라

흔히 아는 사람을 통해서 소개받으면 홈페이지를 싸게 만들 수 있다고들 생각을 한다. 하지만 알음알음 소문으로 일을 하는 사람들은 대체적으로 영세한 개인사업자다. 그런 홈페이지 제작사는 홈페이지를 만들기 위한 소프트웨어도 각자 구입해야 하고 이미지 파일도 각자 얻어야 한다. 대규모 제작사보다 아무래도 가격 경쟁력이 떨어진다. 홈페이지 제작 회사에서 일하다가 독립한 이들이 개인적으로 일을 하는 경우가 대부분인데 일정 기간 일을 하다가 경영이 안 좋아지면 회사를 문 닫는 경우가 비일비재하다. 홈페이지 유지 및 관리 계약이 이루어지지 않고 그렇다고 망한 사람을 찾아가 돈을 돌려받기도 쉽지 않다. 따라서 다양한 홈페이지를 많이 만들어 본 일정 규모 이상의 제작사가 싼 비용에 잘 만들고 유지보수도 잘한다. 네이버에 들어가서 병원 홈페이지 제작이라고 검색을 하면 병원 홈페이지를 만드는 회사들이 수도 없이 많다. 그 중에서 포트폴리오도 많고 직원도 많고 상담도 잘해주는 곳 서너 군데를 고른 후에 가급적 회사를 방문해서 둘러본 후 결정을 하자.

✚ 너무 고가의 홈페이지는 피하자

요새 홈페이지 제작 가격은 매우 낮다. 병원이 아닌 인터넷 쇼핑몰의 경우 삼사십 만원으로 제작을 하는 곳이 많다. 그런데 일단 병원 홈페이지라는 이름이 붙으면 가격이 뛴다. 그런데 자세히 보면 병원 홈페이지나 일반 기업 홈페이지나 별 차이가 없다. 병원의 경우 가격을 지불할 수 있는 여력이 있으니 비싼 가격을 부르고 보는 것이다. 그런데 홈페이지는 아무래도 고객의 기호와 유행에 맞춰서 자주 바꿔야 한다. IT쪽은 기술의 발전 속도가 워낙 빨라서 이삼 년만 지나도 새로운 기능을 사용하기 위해서 홈페이지를 거의 통으로 바꿔야 하는 경우가 많다. 자동차나 가전제품은 튼튼한 메이커 제품을 사서 오래 쓰는 것이 득일 수 있지만 홈페이지는 그렇지 않다. 한 번에 고가의 비용을 쓰기보다 차라리 1~2년마다 바꾼다고 생각을 하고 남들에 비해서 너무 후져 보이지만 않게 만드는 것이 바람직하다.

✚ 너무 많은 것을 담지 말라

인터넷 도입 초창기에는 환자들이 질병에 대한 정보를 얻기 위해서 검색을 하다가 병원 홈페이지를 방문하게 되고, 그것이 결국 병원 방문으로 이어지고는 했다. 그래서 홈페이지의 주된 내용이 질병에 대한 설명이었다. 하지만 지금은 워낙 많은 정보가 인터넷에 있기 때문에 홈페이지에 자세한 설명을 실어도 검색으로 이어지지 않는다. 포털에 검색을 해보면 블로그, 지식인, 카페, 뉴스를 통해서 대부분의 정보를 얻을 수 있다. 유튜브 동영상을 통해서 실제 치료가 어떻게 이루어지는지도 실감나게 볼 수 있다. 환자들은 다양한 경로를 통해서 질병과 치료에 대해서 확인하고 최종적으로 병원을 고를 때 홈페이지로 들어온다. 홈페이지를 통해서 고객의 감성에 호소한다는 것은 말만 번지르르하지 거의 불가능하다. 입장을 바꿔서 홈페이지 때문에 어떤 회사나 가게에 대한 나의 호감지수가 상승한 경우가 있었는가? 거의 없었을 것이다. 고급스런 이미지를 만든답시고 그래픽에 비용을 들여도 고객은 그 차이를 알아차리지도 못하고 비용만 더 들어간다.

원장들은 환자들이 한번 홈페이지를 방문하면 꼼꼼히 살펴볼 것이라고 기대를 한다. 하지만 원장들도 남의 가게나 회사 홈페이지에 들어가면 대충 살펴본 후 약도를 확인하고 전화번호를 받아 적는다. 예약을 하는 경우도 있지만 의원급의 경우 대게 전화로 한다. 홈페이지가 있느냐 없느냐가 제일 중요하다. 전자제품에 복잡한 기능이 있어도 이용을 안 하는 이들이 대부분이듯 홈페이지에 자세한 내용을 담아도 열어보는 이는 극소수다. 페이지 수가 많아질수록 제작비만 올라간다.

✚ 나만의 콘텐츠를 확보하라

홈페이지 이미지가 확 튀어서 병원을 차별화한다는 것은 어렵다. 만약에 방문하는 환자에게 메시지를 주고자 한다면 나만의 콘텐츠가 있어야 한다. 방송 출연 동영상이 되었건, 질병 설명 동영상이 되었건, 본인이 저술한 책이 되었건 말이다. 홈페이지에 블로그를 만들고 본인이 쓴 글을 꾸준히 올리는 것도 한 방법이다. 홈페이지를 아무리 따뜻한 톤의 색으로 꾸며도 컴퓨터 모니터나 스마트폰 액정 속의 영상에 불과하다. 환자의 마음에 다가가기 위해서는 확실히 잘 된 수술 전후 사진, 치료 사례, 봉사를 하는 모습이 필요하다. 홈페이지와 원장의 개인 블로그를 연결하는 것도 한 방법이다.

✚ 질의응답 게시판을 만들 때는 신중해야 한다

인터넷으로 진료 상담을 하는 경우 환자가 주는 정보가 제한되어 있기 때문에 병원 측의 답변 역시 속 시원하지 않다. 게시판 관리도 만만치 않은 일이다. 엄청나게 많은 광고성 글들이 게시판에 올라오기 때문에 그것을 삭제하는 것도 일이다. 제때 삭제하지 않으면 방문자들은 이 병원은 홈페이지 관리가 엉망이라는 느낌을 받게 된다. 악성 댓글이 올라오는 경우도 문제다. 삭제하면 또 올리고 삭제하면 또 올리기를 반복한다. 자신의 의견을 삭제했다고 항의를 하기도 한다. 따라서 게시판은 가급적 만들지 않는 것이 낫다. 필요하다면 환자들이 많이 방문하는 카페에 회원으로 가입해서 활동을 하는 것이 더 효과적일 것이다.

✚ 제작보다 중요한 것이 업데이트다

강의 준비를 위해서 이 병원 저 병원 홈페이지에 들어가다 보면 병원의 활동상이 홈페이지를 통해 확연히 드러날 때가 있다. 게시판에 광고성 글이 삭제되어 있지 않다는 것은 병원이 제대로 관리되고 있지 않다는 신호다. 홈페이지에 실린 홍보 방송이나 홍보 기사가 1년 전 내용이 마지막이고 그 다음에 새로 올라온 것이 없는 경우도 있다. 의사 칼럼이 연재되다가 중단된 경우도 허다하다. Q&A 건수가 일정 시기부터 확 줄어 있으면 환자도 그 때부터 줄지 않았나 하는 생각을 하게 된다. 신규 의료기기 도입, 의료인의 보직 변경, 병원 행사가 업데이트 되지 않아서 몇 달 전 것이 마지막인 경우도 보기에 좋지 않다. 업데이트할 자신이 없다면 업데이트해야 할 공간을 애초에 홈페이지에 포함시키지 않는 것도 한 방법이다.

✚ 개인정보는 애초에 수집하지 말자

한때는 병원 홈페이지의 주된 목적 중 하나가 고객 자료 수집이었다. 이벤트 등을 통해서 고객이 홈페이지에 회원가입을 하도록 유도했다. 그렇게 취득한 개인 자료를 CRM Customer Relationship Management 으로 관리해서 고객을 지속적으로 접촉하려 했다. 하지만 고객의 정보가 직원을 통해서나 해킹 때문에 외부로 유출하는 경우가 발생하기도 한다. 개인정보가 유출되면 그에 대해서 민형사상의 책임을 져야 한다. 따라서 지금은 중소병원이나 의원의 경우 홈페이지를 통해서 개인정보를 수집하지 않는다. 포털에 카페를 만들어서 회원을 가입하게 하고 쪽지나 메일을 단체로 보내는 것이 대안이 될 수 있다.

✚ 장애인을 위한 웹 접근성 보장 의무에 대비해야 한다

장애인차별금지법이 발효되면서 장애인이 홈페이지 이용 중에 차별을 느꼈다고 생각이 들면 인권위원회에 진정할 수 있게 되었다. 인권위원회가 조사결과 차별 내용이 적발될 경우 시정을 공고·명령을 하게 되고 이를 따르지 않을 시 3000만 원 이하 과태료를 부과하게 된다. 병·의원은 장애인차별금지법에 따른 웹 접근성 준수 의무 적용 대상이다. 청각장애인, 시각장애인, 손을 못 쓰는 신체 장애인이 홈페이지를 방문했을 때 불편함이 없이 이용을 할 수 있어야 하는데 웹 접근성이 가능하도록 홈페이지를 구축하는 데는 상당한 비용이 들어간다. 홈페이지로 인한 마케팅 효과는 거의 없는데 행정조처를 받으면 배보다 배꼽이 더 크다. 그런 경우는 차라리 병원 홈페이지는 폐쇄하고 카페, 블로그를 이용하는 것이 효과적이다.

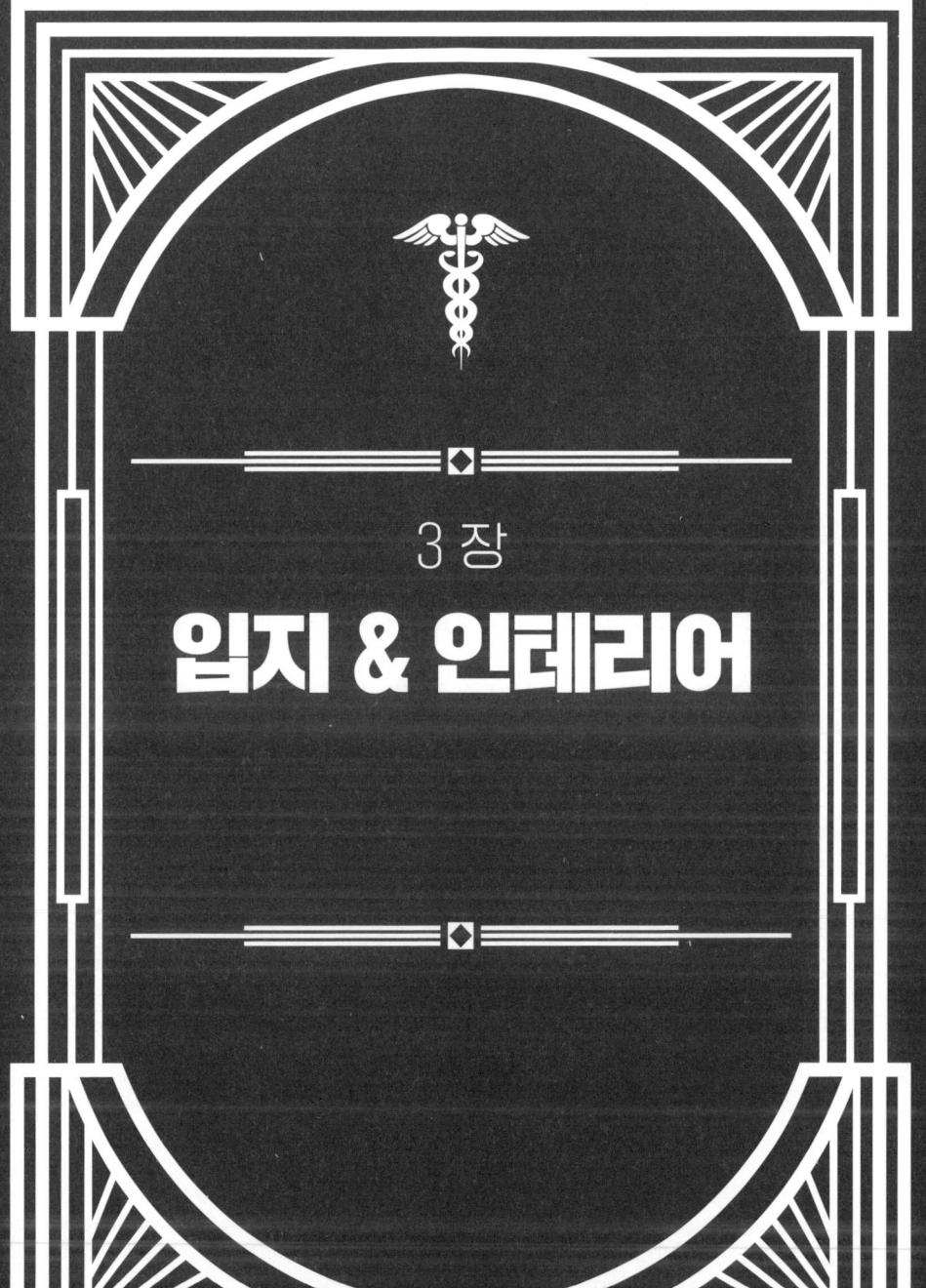
3장
입지 & 인테리어

가깝고 대기 시간이 짧은 병원이 성공한다

2011년 1월 3일 의협신문 신년특집에는 아주 재미있는 기사가 실렸다. 〈의협신문〉에서 의사와 국민 각각 500명씩 총 1000명을 대상으로 '환자가 선호하는 동네 의원'의 조건을 조사한 것이다.

환자들이 동네 의원을 선택할 때 가장 중요하게 선택하는 기준은 1위 의료기관까지의 거리(27.9%), 2위 입소문(13.7%), 3위 진료 대기 시간(11.4%), 4위 의사의 친절도(8.9%), 5위 진료 가능 시간(8.8%)이다.

의사들이 생각하기에 환자들이 동네 의원을 선택할 때 중요하게 선택하는 기준은 1위 입소문(28.7%), 의사의 친절도(19.2%), 의료기관까지의 거리(13.1%), 직원의 친절도(11.4%), 진료 비용(6.5%)이다.

일단 환자들이 가장 중요하게 여기는 의료기관까지의 거리에 대해서 의사들은 별 것 아닌 것으로 경시하고 있었다. 진료 대기 시간은 거의 신경을 쓰지 않는다. 진료 가능 시간도 크게 중요시하지 않는다. 환자들이 병원을 선택할 때 중요시하는 기준에서 2위를 차지한 입소문도 어떤 점에서는 입지와 진료 대기 시간과 밀접한 관련이 있다. 흔히들 입소문이 잘 나려면 친절하거나 뭔가 다른 게 있어야 한다고 생각을 한다. 하지만 입소문이 나려면 일단 환자들이 많이 와야 한다. 입지가 안 좋아서 접근성이 떨어지면 친절하고 특별한 것이 있어도 소문이 날 수가 없다. 그리고 환자들이 생각하는 입소문과 의사가 생각하는 입소문도 어쩌면 다를 수 있다. 의사들이 생각하는 입소문은 "그 병원 가니까 참 좋아."다. 하지만 어떤 환자가 병원에 가기 전에 주위에 "그 병원 가 봤어?" 하고 물었는데 아무도 가본 사람이 없다고 하면 두려운 마음에 갈 수가 없다. "절대로 그 병원 가지 마."라는 말을 듣지 않는 이상 한번 남들이 가본 병원에 가보게 된다. 그렇게 보면 입소문은 상당 부분 의료기관까지의 거리와 관련이 있다. 가까워야 사람들이 많이 갈 것이 아닌가? 그리고 진료 대기 시간도 관련이 있다. 대기 시간이 짧아야지 많은 환자를 진료할 수 있다.

의사가 중요하다고 생각한 1순위는 입소문이다. 의사들은 친절하고 특별한 점이 있으면 입소문이 나서 불리한 입지를 극복할 수 있다고 생각을 한다. 하지만 앞서 말했듯이 입지가 안 좋으면 입소문이 나기도 어렵다. 그러고 나서는 의사와 직원의 친절도가 중요하다고 생각을 한다. 그런데 진정한 친절은 상당 부분 타고나는 성격과 관련이 있다. 의사 본인은 친절하다고 생각하지만, 환자는 그렇게 받아들이지 못하는 경우가 많다. 어디 가게에 가거나 은행에 가서 친절하다는 것에 진정 고마움을 느껴본 적이 의사 자신도 과연 몇 번이나 있었겠는가? 환자는 병원에 와서 무료로 진료를 받는 것이 아니다. 돈을 낸다. 자신이 받은 치료에 대해서 돈을 지불하는 상황에서는 친절에 대해서 감동받기 어렵다. 어지간한 친절에 대해서는 당연하다고 생각한다. 더군다나 의사가 친절해야 직원도 친절하다. 그것은 단지 의사가 모범이 된다는 의미가 아니다. 비슷한 사람들끼리 모이게 마련이다. 친절한 의사에게는 친절한 직원, 친절한 환자가 끌리게 마련이다. 따라서 친절로 상대방을 감동시킨다는 것은 대다수 보통 사람들에게는 달성하기 어려운 목표다.

다만 불친절하지 않은 것을 목표로 삼으면 된다.

의사도 별로 중요하다고 생각하지 않고 환자도 별로 중요하지 않다고 생각을 하는데 병원이 엄청난 돈을 투자하는 부분이 있다. 그것은 바로 인테리어, 의료장비 등 병원 시설이다. 〈의협신문〉 조사에서 인테리어, 의료장비 등 병원 시설에 대해서 환자들의 5.0%, 의사들의 6.4%만이 중요하다고 여기고 있었다. 병원의 규모 역시 마찬가지다. 환자들의 3.7%, 의사들의 4.8%가 중요하다고 여기고 있다. 어차피 종합병원이 아닌 바에는 의원은 의원인 것이다. 하지만 요새 환자들의 눈높이가 높다고 하면서 큰 비용을 들여서 인테리어를 하는 경우가 적지 않다. 병원의 규모를 키우고자 하는데, 지금의 입지는 보증금과 임대료가 높다고 하면서 상대적으로 접근성이 떨어진 곳으로 옮기기도 한다. 하지만 환자가 늘어서 병원을 넓혀야 하겠다고 하면서 접근성이 떨어지는 위치로 옮기는 것은 바람직하지 않다. 환자들의 접근도가 떨어지면서 환자가 줄어들게 될 수도 있다. 더군다나 내가 과거에 진료하던 자리에는 틀림없이 경쟁자가 들어온다. 따라서 보증금과 임대료를 더 주더라도 현재 진료하는 곳에서 확장하는 것이 바람직하다. 만약에 환자를 더 보기 위해서 확장 이전한다면 접근성과 가시성이 더 좋은 곳으로 옮겨야 한다. 보증금과 임대료가 더 많이 나가는 것이 부담된다면 인테리어 비용을 확 낮춰라. 창고같이 인테리어를 하면 환자들이 오히려 더 참신하다고 여길지도 모른다.

〈의협신문〉 조사에서 눈에 뜨이는 부분 중 하나는 의사의 전문의 또는 세부 전문의 자격 소지 여부다. 의사들도 5.1%로 중요성이 떨어진다고 여기고, 환자들도 6.1%로 낮게 평가하고 있었다. 최근의 진료 영역 파괴와 관련이 있다. 한때 맛집 신화가 유행했다. 음식이 한 가지만 맛이 있으면 불친절하더라도 성공한다는 것이다. 하지만 막상 주말에 맛집에 찾아가면 그 맛이라는 것이 대단하지 않다. 강북의 본점보다 강남의 분점이 더 맛있기도 하다. 그런데도 맛집에 줄이 늘어서는 이유는 무엇일까? 그 가장 큰 이유는 상대적으로 음식점이 모자라기 때문이다. 광화문에서 종로1가로 이어지는 강북의 골목길에는 맛집이 몰려있다. 대기업 본사, 외국기업 사무실이 몰려있는데 사무실에 비해서 음식점이 모자라기 때문에 조금만 맛이 있으면 점심시간에 줄을 서서 기다리게 된다. 그리고 유동인구가 많아서 단일 메뉴로도 장사가 유지된다. 그러나 사람이 매일 낙지볶음만 먹고 살 수는 없다. 한 달에 한 번 정도 먹게 된다. 낙지볶음 전문점을 운영하기 위해서는 낙지볶음을 한 달에 한 번 먹는 이로도 유지되는 소비시장이 있어야 한다. 그런데 동네에서는 어떤가? 소비시장이 작아서 동네 분식점은 많은 메뉴를 소화해야 한다. 병원도 마찬가지다. 전문화, 전문화 하지만 동네 의원은 오히려 진료 영역을 계속 넓혀야 한다. 환자들은 치료만 잘한다면 굳이 전문의가 아니더라도 입지도 좋고, 불친절하지 않고, 안 기다리는 곳에서 진료를 받기 원할 것이다.

   그렇다고 해서 내과 전문의가 자궁암 검진을 하고, 산부인과 전문의가 위내시경을 하자고 하는 것은 아니다. 고령화가 이루어지면서 노인 환자들이 병원에 주로 오는 이유는 고혈압, 고지혈증, 전립선비대증, 당뇨병, 불면증 등에 만성질환에 대한 치료를 위해서다. 그렇게 약을 타기 위해서 꾸준히 병원에 오다가 보면 그중에서 고가의 비급여 치료를 받는 사람도 늘어나기 마련이다. 어르신들의 경우 기존의 하던 방식대로, 기존의 병원에서, 기존의 의사들이 계속해주는 것을 선호한다. 나이가 들수록 조금만 걸어도 다리가 아프고, 허리가 아프다. 가까운 곳을 찾아가게 마련이다. 따라서 고령화되는 의료 시장에서는 지속적으로 처방을 위해서 병원에 오는 환자를 잡아야만 한다. 물론 환자가 소변을 보는 것이 힘들어진다고 했을 때 비뇨기과에서 1차적으로 암이 아닌지 검진은 해야 할 것이다. 환자가 불면증이 있다고 했을 때 우울증인지 정신과에서 1차적으로 면담을 해야 할 것이다. 하지만 일단 진단과 평가가 이루어진 다음에는 그 환자가 내 병원에서 꾸준히 약물을 치료받도록 유지해야 한다.

입지가 좋고, 환자가 기다리지 않는다면, 불친절하지만 않다면 당연히 입소문이 난다. 따라서 인테리어에 쓸 비용을 줄이고 좋은 입지를 잡는데 투자하는 것이 옳다. 만약에 병원이 잘 되어서 확장 이전을 할 때는 지금보다 더 나은 입지로 가야지 더 불리한 입지로 가서는 절대로 안 된다.

병·의원 입지를 정할 때 고려해야 하는 10가지

상권이라고 함은 강남역 상권, 압구정동 상권, 신촌역 상권과 같이 권역을 의미한다. 아파트 단지 앞 상가에 위치한 가정의학과의원은 배후 아파트 단지라는 작은 상권을 대상으로 하고, 강남역에 위치한 성형외과는 강남대로를 모두 포함하는 거대한 상권을 대상으로 한다. 입지는 상권과는 또 다른 의미다. 압구정동이라는 거대 상권에 위치하더라도 지하철에서 가깝고 대로변에 위치한 좋은 자리가 있는 반면 지하철역에서 멀고 골목에 있어서 눈에도 띄지 않는 나쁜 자리가 있다. 아파트 단지 상가 중에서도 대중교통으로 접근이 가능하고 대로변에 있어 눈에 잘 띄는 곳이 있고, 대중교통으로 접근이 어렵고 골목길에 있어서 눈에 안 띄는 곳이 있다. 얼마나 눈에 잘 띄는지를 가시성이라고 하고, 고객이 찾아가는데 얼마나 시간이 걸리는지를 접근성이라고 한다. 흔히 접근성과 가시성이 전부 뛰어나면 A급지라고 한다. 접근성은 떨어지지만 가시성이 좋거나, 가시성은 나쁘지만 접근성은 좋은 경우는 B급지라고 한다. 접근성과 가시성이 둘 다 나쁘면 C급지라고 한다.

외래에서 보험 환자를 주로 보는 내과, 소아과, 가정의학과는 간판이나 현수막이 중요한 마케팅 수단이 되기 때문에 가급적 주택가 상권의

A급지에 들어가야 한다. 성형외과, 비만 클리닉을 개원하는 경우는 온라인 마케팅 비중이 크다면 거대 상권의 B급지도 괜찮다. 하지만 입소문에 의존하고자 하면 A급지에 개원해야 한다. 서울 시내의 일부 지역은 간판을 자유롭게 붙이기 위해서는 3층 이하에 위치해야 한다. 건물의 전면이 넓어야 창문에 선탠을 이용해서 병원 이름을 노출할 수 있다.

✚ 안 좋은 입지를 피하는 것이 우선

병원 자리를 알아보다 보면 유난히 싸게 나오는 곳이 있게 마련이다. 그래서 가보면 부동산 업자가 별거 아닌 것처럼 휙 지나가는 말로 안 좋은 점을 한두 가지 얘기한다. 오르막길 맨 끝에 있어서 경사가 심하다거나, 건물 전면에 주차장이 있다 보니까 주위 건물보다 들어가 있어 노출이 덜 된다거나, 입구가 정면이 아닌 옆에 있어서 찾기 힘들다거나, 건물 바로 옆에 고가도로가 있다든가 하는 문제다. 그 동네에 개원은 하고 싶은데 가지고 있는 돈은 적으면 그러한 단점을 별거 아닌 것으로 치부하게 된다. 그럴 때는 부동산 업자에게 앞서 개원한 이들이 얼마나 오래 임대를 했는지 물어보자. 부동산 업자가 모두 다 잘되서 나갔다고 얘기하면 그것은 입지가 안 좋으므로 재계약을 한 사람이 없다는 것을 돌려서 말한 것이다. 그럴 때는 차라리 다른 동네의 좋은 입지를 알아보거나 그 동네에서 합리적인 가격의 좋은 입지가 나오기를 시간을 가지고 기다려야 한다.

✚ 20평대, 30평대 아파트를 노려라

대형 평수 아파트 주민들의 경우 소아과를 제외하면 집 앞의 의원을 잘 이용 안 한다. 보험 진료의 경우 자신이 잘 아는 의사가 있는 대학병원으로 간다. 비급여의 경우 오래전부터 진료받아 오던 유명한 곳으로 간다. 20평 이하의 소형 평수로 이루어진 단지의 경우 소득수준이 낮아서 단돈 천 원에도 환자들이 신경을 쓴다. 비급여를 권해도 돈이 없어 치료받는 이가 없다. 비급여 매출을 일으킬 수 없기에 수익률이 떨어진다. 오피스텔 빌딩은 주민들이 늦게 퇴근해서 잠만 자기 때문에 환자가 없다. 따라서 20평대, 30평대 아파트로 이루어진 단지의 주민들이 동네 의원을 가장 많이 이용하고 소득수준도 어느 정도 되어서 병원의 수익이 확보된다.

✚ 신도시는 환자가 모이는 데 시간이 오래 걸린다

옛날에 장마 때면 물난리가 나서 시장이 물에 잠기고는 했다. 하지만 매년 물난리를 겪는다는 이유로 높은 곳으로 가게를 옮기는 시장 상인은 보지 못했다. 물은 높은 곳에서 흘러내려 낮은 곳에 고이기 마련이다. 사람 역시 낮은 곳에서 높은 곳으로 억지로 걸어 올라가는 것은 싫어한다. 물이 모이는 곳이 사람도 모이는 곳이고 그게 바로 시장이었다. 이렇게 지형지물이 적당히 있을 때 사람이 몰리고 상권이 형성된다. 그런데 신도시는 자연 지물을 모두 밀어버린 상태에서 개발이 이루어진다. 높낮이가 거의 똑같은 평지다. 6차선 이상의 도로가 바둑판처럼 단지를 분리한다. 차를 몰지 않고 길을 건너가려면 한참 걸린다. 주거 여건을 좋게 하려고 녹지 등을 조성했기에 인구밀도 역시 과밀하지 않다. 넓게 퍼져서 주민들이 거주하다 보니 한곳으로 모이기가 쉽지 않다. 더군다나 최근에 개발된 신도시는 과거 아파트 단지에 비해서 상가를 비롯한 상업용지 비율이 높다. 상가건물이 지나치게 많다 보니 경쟁이 치열하다. 신도시가 개발되자마자 상가에 입주하는 경우 환자들이 균등하게 여러 의료기관으로 분산되기 때문에 병원 하나하나에 오는 환자 수가 적다. 공공기관이나 대기업 사옥 같은 랜드마크 건물 옆에 위치한 빌딩의 경우 그나마 사람이 좀 모인다. 시간이 흘러 어느 병·의원이 잘한다고 입소문이 나면 그제야 환자가 몰리게 된다. 잘되는 의원이 위치한 곳으로 다른 병원들도 옮겨오면서 드디어 잘 되는 병원이 모여 있는 빌딩이 생겨난다. 내가 월등한 실력을 갖추거나 대단한 인지도가 있지 않은 이상 이렇게 되기까지는 수년의 시간이 소요된다.

✚ 새로 생긴 클리닉 빌딩은 장점보다 단점이 많다

병·의원이 잘 되기 위해서는 가급적 많은 시간 병·의원이 노출되고 사람들이 상가에 들락날락해야 한다. 지하에는 마트와 식당들, 1층에는 스타벅스, 은행, 2층에는 미장원을 비롯한 서비스샵. 4층과 5층에는 학원이 있는 건물의 2층이나 3층에 병원이 위치하면 최적격이다. 상가 시설을 사용하는 사람들에게 아침 일찍부터 밤늦게까지 노출된다. 그런데 클리닉 빌딩은 그 안에 있는 병·의원이 같은 시간에 문을 열어 같은 시간에 문을 닫기에 노출 효과가 적다. 외래환자가 많은 기존 내과, 소아과, 이비인후, 정형외과가 신규 클리닉 빌딩으로 이전해온다면 신규 개원의가 그 덕을 볼 수 있다. 하지만 신규 개원으로만 채워진 클리닉 빌딩에는 환자를 끌어당기는 병·의원이 없다. 더군다나 내원 환자 수가 적은 피부, 비만 같은 고가 비급여 진료 과목이 많이 자리 잡은 클리닉 빌딩은 활성화되기가 더욱 어렵다. 아울러 환자들은 가장 치료를 잘하는 의사에게 진료받기를 원한다. 잘하는 내과가 있어서 클리닉 빌딩에 왔다가 단지 그 옆에 있다는 이유로 잘 알지도 못하는 피부과에 가서 고가의 시술을 받지는 않는다. 관절 질환으로 인해 움직이는 것이 불편한 어르신들의 경우 한 건물에서 여러 과를 진료받는 것이 편리할 수 있다. 통증 치료를 받으러 정형외과나 통증의학과에 왔다가 옆의 내과나 가정의학과에 들려서 만성질환에 대한 처방전을 발행받는 경우가 적지 않다. 단 이 경우 어르신들을 끌어들이는 가장 주된 치료과는 통증을 관리하는 임상과다. 만약에 잘한다고 소문이 난 통증의학과가 클리닉 빌딩에 위치한다면 그 때는 그 옆이나 밑에 어르신 환자가 많은 다른 과 의원이 들어가서 덕을 볼 수도 있다.

✚ 비급여 진료의 경우 지역 최초는 피해야 한다

워낙 임대료가 비싸기 때문에 강남에서 개원하다가 다른 동네로 옮겨가는 경우가 종종 있다. 내가 아는 선배 한 분도 강남역에서 성형외과를 하다가 이전했다. 명함에 방배동으로 되어 있어서 찾아갔는데 실제로는 이수역에 위치하고 있었다. 행정구역상으로는 서초구 방배동이지만 관악구 사당동에 더 근접한 곳이었다. 강남역에서 개원 할 때 모인 환자도 있고 강남으로 대분류되는 서초구에 위치해 있기에 환자들도 강남이라고 생각을 하고 병원을 방문한다. 이전 후 임대료는 낮아지고 환자는 늘어났다.

최근에는 강북의 큰 상권이나 수도권 도시에도 성형외과가 늘었다. 성형외과, 피부과, 비만클리닉의 경우 경쟁자가 없는 동네에 신규 개원을 하는 경우가 증가했다. 하지만 동네 최초는 가급적 피하는 것이 낫다. 과연 환자가 얼마나 올지 불확실하다. 동네의 인구 구성, 소득수준을 고려해서 타당성을 확인한 후 개원을 하더라도 소비자의 행동을 예상하기란 여전히 어렵다. 동네에 새로 생긴 비급여 병원이 강남 혹은 인근 번화가에 위치한 곳만큼 수술과 시술을 잘할지 소비자는 처음에 확신이 안 선다. 방문한 환자들 한명 한명의 결과가 좋을 때 비로소 소문이 나게 마련이어서 신뢰가 쌓이기 까지는 시간이 걸린다. 비급여 진료과가 동네에 신규 개원을 하는 경우 거대 상권의 수많은 보이지 않는 유명 병원과 경쟁을 하게 된다. 따라서 누군가 개원을 해서 성공한 것을 확인한 후 두 번째나 세 번째로 해당 지역에 진출하는 것이 바람직하다.

✚ 주워 먹기도 전략의 하나

미투전략me too strategy라는 용어가 있다. 과거에 피부과 프랜차이즈가 막 확장하던 때 1등 브랜드를 그대로 따라 하던 피부과 네트워크가 있다. 1등이 피부과 프랜차이즈 중 최초로 특정 지역에 진출하면 바로 옆이나 맞은편 건물을 임대한다. 1등이 인테리어를 중간 정도 진행하면 유사하게 인테리어 공사를 시작한다. 1등이 개원해서 환자를 진료하기 시작하면 개원 예정이라는 현수막을 내건다. 두세 달 뒤 1등 브랜드보다 다소 낮은 가격에 진료를 시작한다. 1등 브랜드만큼 잘 되지는 않지만 망할 리는 없다.

서울대학교병원 인근 H방사선과 의원에서 MRI를 찍는 환자들의 상당수는 서울대학교병원 외래에서 의뢰된 환자다. MRI 촬영이 너무 밀리는 경우 제일 가까운 방사선과 의원으로 촬영을 의뢰하는 것이다. 서울아산병원이나 삼성병원 인근에는 지방 환자들을 위한 되의뢰 의원들이 있다. 서울아산병원이나 삼성병원에서 수술을 받고 항암치료를 받은 후 집에 가는 것도 불안하고, 매주 외래에 오는 것도 번거롭기 때문에 인근의 의원에 입원을 했다가 스케줄에 맞춰서 서울아산병원이나 삼성병원 외래를 방문하거나 단기 입원을 하는 것이다. 그게 아니라도 대학병원 인근에 개원하면 대학병원 외래에서 흘러나오는 환자를 진료할 수 있다. 유명한 관절수술전문병원 맞은편에 통증의학과를 개원하면 유명 병원을 방문했다가 나오는 환자들을 상대로 마케팅을 할 수 있다.

✚ 임대료가 너무 부담되는 곳은 포기하자

병원이 잘 되어 확장 이전을 하면서 임대료가 올라가는 것은 자연스럽다. 매출과 이익이 임대료를 감당할 수 있기 때문이다. 하지만 신규 개원을 하면서 무조건 최고 상권의 최고 입지를 고집하는 것은 바람직하지 않다. 의사들은 자신들의 실력이 다 똑같다고 생각을 한다. 하지만 의사의 실력은 다 다르다. 개원하기 전까지는 자신이 얼마나 실력 있는 의사인지 알 수 없다. 환자를 대하는 태도도 의사마다 다르다. 개원하기 전까지는 자신이 환자에게 호감을 주는 타입인지 비호감 타입인지 알 수 없다. 직원을 잘 이끄는 의사가 있는가 하면 직원들끼리 싸우도록 만드는 의사도 있다. 자신이 얼마나 인력 관리를 잘하는 의사인지도 개원하기 전까지 알 수 없다. 아무리 좋은 상권의 최고 입지에 개원하더라도 치료를 잘 못하고, 환자의 말을 귀담아 듣지 않고, 요령 있게 설명을 못하고, 직원들이 수시로 그만둔다면 병원이 잘될 리 없다. 하지만 임대료는 한 번 계약을 하면 매달 또박또박 지급해야 한다. 최악의 입지에서는 그 누구도 잘 해낼 수 없다. 안 좋은 입지에서 최고의 입지만큼 매출을 올리기는 어렵다. 하지만 최고의 입지는 아니더라도 일정 수준 이상의 입지를 선택한 후 그 차이를 실력으로 메울 수는 있다. 남보다 조금 못한 입지에서도 실력이 좋으면 남 정도는 해낼 수 있다. 보증금과 임대료가 너무 비싸면 초기에 이자 비용과 임대료로 인해 적자가 누적된다. 그것 때문에 마음이 급해지다 보면 병원 진료에 신경을 못 쓰게 된다. 따라서 자신의 재정 상태가 감당할 수 있는 입지에서 병·의원을 시작한 후 조금씩 더 좋은 자리로 이동하는 것이 합리적이다.

✚ 오피스와 주택가의 접점을 노려라

오피스가 밀집되어 있는 곳은 유동인구가 많다. 임대료도 비싸다. 유동

인구가 많기 때문에 광고를 하면 즉시 효과를 본다. 하지만 환자가 피크타임에 집중되는 경향이 있다. 점심시간과 퇴근 직후에 대부분의 환자가 몰려든다. 직장을 그만두거나 옮기면 환자들이 더 이상 병원을 방문하지 않게 되어 어렵게 만든 단골 환자를 잃게 된다. 환자수가 들쑥날쑥하고 많은 비용을 들여 마케팅을 계속 시행해야 환자수가 유지된다. 그런데 대로변에는 오피스들이 밀집되어 있지만 배후에 대규모 아파트 단지가 있으면 유동인구에 따른 불확실성을 주택가에서 규칙적으로 오는 단골 환자들이 상쇄해준다. 주부인 환자들은 아이들이 학교에 간 후 오전이 제일 한가하다. 사무실에서 일하는 환자들과 병원 피크타임이 겹치지 않는다. 주택가 환자들은 한번 단골이 되면 계속 방문한다. 특별히 마케팅을 하지 않아도 입소문이 난다. 따라서 오피스와 주택가의 접점에 위치한 경우 환자 수급이 안정적일뿐더러 필요시에는 마케팅을 통해서 환자를 늘리기에도 용이하다.

✚ 교통이 좋은 곳은 이중성을 지닌다

흔히 교통이 좋은 곳에 개원을 하면 인근에서 환자들이 오는 것만 생각을 한다. 하지만 교통이 좋은 곳에는 외부에서 유입되는 사람만큼 유출되는 사람도 많다. 급행철도가 개통되면서 강남으로 가는 시간이 줄어들게 되면 해당 지역의 비급여 의료기관들이 걱정이 많아진다. 고가의 성형수술, 피부 시술, 임플란트를 강남에서 받는 주민들이 점점 늘어날 것이라는 우려 때문이다. 과거에는 일찍 퇴근을 해서 해당 지역의 병·의원을 이용하던 이들이 강남의 직장 근처에서 치료를 받은 후 해당 지역으로 귀가한다. 돈이 별로 안 되는 간단한 치료는 해당 지역에서 받고, 돈이 많이 드는 고가의 비급여 시술은 강남에서 받기 때문에 이제는 병·의원을 유지하기도 어려울 것이라고 걱정하게 된다. 이렇게 교통이 좋아지면서 상대적으로 작은 규모의 상권의 고객이 거대 상권에 흡수되는 현상을 빨대효과라고 한다.

그 정도는 아니더라도 도로가 재정비되면서 교통이 편리해지면 그것만으로도 동네 의원들의 매출은 아무래도 줄어들게 마련이다. 길이 막히게 되어서 정체가 되면 운전자들은 도로변의 병·의원들의 간판을 한 번이라도 더 보게 된다. 길이 막히는 것이 짜증이 나서 중간에 주차를 하고 인근의 병·의원을 이용하기도 한다. 하지만 길이 뻥뻥 뚫리게 되면 운전에 집중을 할 뿐 주위를 쳐다보지 않는다. 동네 의원이 가격이 확실히 낮다면 모를까 그게 아니라면 어차피 차를 몰고 나온 김에 조금 더 가서 인근 거대 상권의 의료기관을 이용한다. 따라서 재개발이 되어서 도로가 재정비되는 경우 교통이 좋아지면서 병·의원을 이용하는 환자가 도리어 줄어들 수도 있다.

✚ 교육열이 높은 동네에서는 대박을 기대하지 말자

교육정책에 따라서 대치동 아파트 값은 오르락내리락 한다. 대치동에 사는 전세 주민들은 자식 교육 때문에 이사를 한 사람들이 상당수다. 아이가 대학에 들어가기까지는 다른 데 신경 쓸 여유가 없다. 압구정동이나 반포에 비해서 부모 자신의 건강과 아름다움을 위해서 쓰는 돈이 적다. 목동, 중계동을 비롯해서 학군이 좋다고 소문이 난 곳에 개원을 하면 기대에 미치지 않는 경우가 많다. 아이들의 성장, 공부와 관련된 진료과만 성공한다.

병원을 노출시키는 방법이 간판 밖에 없었던 시절이 있었다. 우연히 방송이나 신문에 병원이 소개되지 않는 이상 간판과 입소문이 모든 것을 좌우했다. 지금은 다양한 온라인 광고, 오프라인 광고 방법이 있다.

마케팅이라는 의미에서 자리의 중요성은 과거보다 덜해졌다. 하지만 고객이 찾아오기 편한 곳에 병원이 자리 잡는 것은 여전히 중요하다. 그런 점에서 좋은 입지를 잡기 위해서 가장 중요한 것은 나쁜 자리를 피하는 것이다. 병원 자리를 정할 때 나름대로의 배제 리스트를 만들어야 잘못된 판단을 피할 수 있다. 아무리 마음에 들더라도 배제 리스트에 해당되는 면이 있으면 포기를 해야 한다. 그 다음으로는 내게 맞는 자리를 잡는 지혜가 필요하다. 주 진료 과목, 현재 확보한 현금, 주로 보고자 하는 환자들의 특성, 마케팅 전략 등을 고려해서 병원 자리를 잡아야 한다.

  마지막으로 고객의 입장에서 생각을 해야 한다. 내가 아는 어떤 이는 강남에 신축한 대기업 사옥에 들어갈까 말까 고민하다가 필자에게 상담을 해왔다. 나는 만약에 선생님이 환자라면 대기업 사옥에 병원이 있다는 이유로 병원을 더 신뢰하거나 더 높은 가격을 지불하겠냐고 물었다. 그 선생님은 자신이 환자라도 그러지는 않을 것 같다고 대답했다. 선생님의 대답을 들은 후 특급 호텔에 들어갔다가 실패한 비급여 의원의 사례를 말해주었다. 내가 아는 어떤 이는 돈은 없는데 강남에 개원하고 싶었다. 그런데 주차 시설도 빈약한 허름한 건물이 싼 가격에 나왔다. 강남에서 그렇게 싼 가격에 병원 자리를 얻는 것은 불가능했다. 하지만 지하철역 사이 딱 중간에 위치한 그 건물에 과연 병원을 개원해야 하는지 망설여졌다. 나는 휴대폰으로 그 건물의 사진을 찍은 다음 선생님께 보여드리면서 만약에 선생님이 환자라면 진료를 받기 위해 왔다가 건물을 보는 순간 마음이 어떻겠냐고 물었다. 그 선생님은 자신이 환자라도 편치 않을 것 같다고 대답을 했다. 그 선생님은 강남을 포기하고 다른 역세권에 병원을 개원했다. 그 곳에서 자리를 잡은 후에 강남에 브랜치를 열어서 지금 성공적으로 운영하고 있다.

입지의 불리함을 이겨낼 수 있는 실력 있는 의료인은 많지 않다. 반대로 입지의 유리함을 살리는 센스 있는 의료인도 많지 않다. 병원이 안되는 이유가 오로지 입지 때문이라고 생각하는 선생님은 입지 이외의 다른 측면에서 우리 병원이 보강해야할 것이 무엇인지도 고민해 봐야 한다. 반대로 입소문만 나면 고객은 아무리 외진 곳도 찾아온다고 생각하는 선생님은 현재 병·의원의 입지가 적절한지에 대해서 곰곰이 따져봐야 한다.

병원 자리가
안 좋은 것 같아요

개원을 했는데 환자들이 없으면 후회하게 된다. 원래 개원하고 싶었던 곳에 하지 못하고 차선책으로 다른 지역에 개원했는데 환자가 없으면 더욱 속이 상한다. 과거에는 너도나도 강남에 개원하고 싶어 했을 때가 있었다. 강남에 가야 비급여 진료를 하면서 제대로 돈을 받을 수 있을 것 같아서다. 그런데 임대료가 너무 비싸서 포기하고는 한다. 그러고 나면 강북, 강서, 동작, 관악, 구로, 영등포 등 서울 곳곳을 돌아보게 된다. 그런데 이미 개원을 한 선배나 동료들은 서울은 기존 의원이 너무 많아 포화상태이고 환자들이 가격에도 민감하다며 말리고는 한다.

그래서 선배들은 신규로 개원하면 노력에 비해 수입이 너무 낮다며 기존 의원을 인수하기를 권하고는 한다. 그런데 막상 기존 의원을 인수할 기회가 와도 잡지 못하는 경우가 적지 않다. 원로 의사 선생님이 개인적인 사정이 있어서 병원을 접으려고 하는 경우 서울 외곽이나 수도권 도시의 구도심에 위치한 경우가 많다. 막상 방문해보면 병원이 너무 낡은 것부터 새로 개원하려는 선생님의 입장에서는 탐탁지 않다. 환자도 연세 드신 할아버지, 할머니인 경우가 많다. 여기에서 개원하면 왠지 너무 답답할 것만 같다. 권리금도 적지 않고 성장 가능성도 없을 것 같다.

그러다 보니 젊은 선생님들이 주로 개원을 하는 곳은 신도시다. 부동산에서 연락이 와서 가보면 새 건물이어서 너무 깨끗하고 좋다고 느낀다. 하지만 신도시에 개원하게 되면 시간이 지나도 환자가 늘지 않는 경우가 대부분이다. 막상 환자가 없어서 고생하게 되면 권리금을 지불하더라도 기존 의원을 인수하는 편이 나았을 것 같다고 후회하게 마련이다. 하지만 이미 버스는 지나간 다음이다.

신도시는 원래 처음에 고전하는 법이다. 보통 상권과 입지는 지형지물에 의해서 이루어진다. 아울러 신도시에 새로 생긴 병·의원이 낯설다 보니 어딘가 몸이 아파서 돈이 많이 들어가는 치료를 받을 때는 여기저기 전화해서 서울을 비롯한 다른 도시의 기존 병·의원으로 찾아가고는 한다. 더군다나 신도시 주민의 평균연령은 낮다. 평균연령이 낮다는 것은 그만큼 건강하다는 것을 의미한다. 따라서 소아과 환자를 제외하면 환자가 없다.

하지만 언젠가 신도시에도 상권이 형성되게 마련이다. 어느 빌딩에 소아과가 잘 된다. 그런데 시간이 지난 후 그 빌딩에 있는 내과에도 환자가 몰린다. 그러다 보니 근처에서 어느 정도 잘 되던 정형외과가 그 빌딩으로 옮겨온다. 이런 식으로 잘되는 식당, 잘되는 병원, 잘되는 학원이 몰려 있는 빌딩이 생기게 마련이다. 그리고 세월이 흐르면 그 옆의 빌딩도 어느 정도 잘되게 마련이다. 그렇게 해서 신도시에도 좋은 입지와 안 좋은 입지가 형성되게 마련이다. 그렇게 시간이 흐르다 보면 신도시의 평균연령이 증가하면서 과에 상관없이 병원들이 다 잘되게 마련이다. 반대로 지금 잘되는 병원들이 위치한 타도시의 고령화 지역은 점점 평균연령이 올라간다. 나중에는 초고령화로 인해서 인구는 줄고 소득은 감소한다. 지금 환자가 많은 곳에 개원한 분은 시간이 지날수록 환자가 줄어서 걱정하게 될 것이고, 지금은 환자가 없는 곳도 버티다 보면 환자가 점점 더 늘어나게 마련이다. 포기하지 않고 버틸 돈만 있다면, 친절하고 실력도 있다면 어디에 개원을 하건 열심히만 하면 언젠가는 잘 되게 마련이다.

그렇다면 이제부터 병원 입지에 대해서 한번 전반적으로 살펴보자. 환자 입장에서는 가깝고 안 기다리는 병원이 최우선이다. 의사들도 식사를 위해서 식당에 갈 때나, 필요한 물건이 있어서 가게에 갈 때나, 머리를 자르기 위해서 미용실에 갈 때는 이왕이면 가까운 곳에 가게 마련이다. 병원도 마찬가지다. 따라서 개원은 일단 사람들이 많은 곳에 해야 한다. 그런데 사람들이 많다는 것에도 두 가지 의미가 있다. 강남역, 역삼, 선릉, 삼성, 신천, 잠실까지 이어지는 2호선라인에는 유동인구가 엄청나다. 광화문, 종로, 을지로, 명동, 충무로 역시 엄청나게 많은 사람이 오고 간다. 하지만 이 사람들은 세월이 지나고 직장을 옮기거나 그만두게 되면 그곳을 떠난다. 그리고 새로운 사람들이 온다. 단골이 쌓이지 않는다. 끝없이 신환이 오도록 해야 한다. 임대료도 비싸고 마케팅 비용도 상당히 소요된다. 반면에 아파트 단지가 밀집한 주택 단지는 유동인구는 많지 않다. 그런데 환자들은 그 동네를 쉽사리 떠나지 않는다. 젊었을 때 감기와 위염으로 진료받던 환자가 중년이 되면 고지혈증 때문에 처방을 받으러 병원에 오고, 고지혈증 때문에 오던 환자가 노년이 되면 고혈압과 당뇨 때문에 계속 병원에 온다. 젊었을 때 다리가 부러지거나 삐어서 오던 환자가 나이가 들면 허리가 아파서 오고, 허리가 아파서 오던 환자가 더 나이가 들면 관절염으로 온다. 환자는 쌓이게 마련이다. 나중에는 별다른 마케팅 비용도 들지 않고 임대료 역시 유동인구가 많은 도심에 비해서 저렴하다. 따라서 가장 좋은 개원 입지는 유동인구가 많은 도심과 거주인구가 많은 아파트촌이 만나는 곳에 있다.

그 외 개원을 할 때 고려해야 할 사항으로는 다음이 있다. 흔히 단지

내에 대형 평수 아파트가 많으면 소득수준이 높아서 개원이 잘될 것 같지만 대형 평수에 거주하는 이들은 유명한 병·의원을 선호하기 때문에 막상 동네 병원에 잘 가지 않는 경향이 있다. 그리고 너무 소형 평수 아파트로 이루어진 경우는 소득수준이 너무 낮아서 비급여를 하기에는 적절하지 않다. 중간이 제일 좋다. 주상복합의 경우 간판을 노출하기가 쉽지 않고 외부에서 접근하기가 용이하지 않아서 비싼 임대료에 비해서 환자가 많지 않다. 임대료가 싸더라도 주차장이 부실한 경우 주차요원에게 나가는 비용을 고려하면 임대료가 싸지 않는 경우가 많다. 간판 효과가 나기 위해서는 가능하다면 병원 전면이 넓은 것이 좋다. 하지만 간판정비구역인 경우는 큰 차이가 없다. 겨울에 2층이나 3층에 개원을 하는 경우 막상 여름이 되었을 때 가로수 잎이 무성해지면서 간판이 보이지 않게 되는 수가 있기에 조심해야 한다. 건물 입구가 건물 전면이 아닌 옆이나 뒤에 있는 경우 막상 환자가 왔다가 입구를 찾지 못해서 돌아가는 경우가 있다. 사거리 모퉁이에 위치한 건물은 가시성이라는 점에서 유리하다. 하지만 지하도로 위에 있는 건물의 경우 사거리 효과가 크지 않다. 아무리 가시성과 접근성이 좋더라도 언덕에 위치한 곳에는 사람들이 잘 가지 않는다.

  병원과 집은 가까울수록 좋다. 지방에 개원하면 자녀가 어렸을 때는 함께 산다. 하지만 나중에 부인과 자녀가 수도권을 비롯한 대도시로 올라가면서 가족과 떨어져 지내게 되고는 한다. 그러다 보면 삶이 피폐해진다. 병원을 양도하고 늦은 나이에 대도시에 다시 개원하기도 한다. 그러므로 내가 앞으로 어디에서 주로 살아갈 것인지 곰곰이 고민해보고 거기에 맞춰서 개원 장소를 정하는 것이 좋다. 같은 맥락에서 가능하다면 출퇴근 시간이 너무 오래 걸리지 않는 것이 바람직하다. 출근하는데 한 시간, 퇴근하는 데 한 시간이 걸리다 보면 지치게 마련이다. 아울러 처음부터 너무 크게 일을 벌이지 말자. 임대료, 리스, 직원 급여, 은행 이자 같은 고정 비용이 너무 커지면 아무리 병원이 잘 되어도 막상 손에 쥐는 것이 없을 수 있다. 막상 병원을 했을 때 환자가 얼마나 많을지는 아무도 알 수 없다. 생각보다 환자가 적으면 버티다가 결국 병원을 접게 되고 빚만 떠안게 될 수도 있다. 따라서 작게 시작해서 조금씩 늘리는 것이 바람직하다. 안정성을 고려하면 환자가 있는 기존의 병·의원을 인수하는 것도 좋은 방법이다.

인테리어를 할 때 고려해야 할 8가지

언젠가부터 개업 비용에서 인테리어가 차지하는 비중이 점점 커지고 있다. 어릴 적 기억을 돌이켜보면 병원하면 소독약 냄새부터 떠오른다. 진료실은 사무실과 큰 차이가 없었다. 대기실에도 딱딱하고 기다란 나무의자 몇 개가 다였다. 1980년대부터 성형외과, 피부과를 필두로 서서히 병원 인테리어가 변화하기 시작했다. 지금은 진료 과목과 규모에 따라 수천만 원에서 수십억 원을 인테리어에 투자하는 것이 현실이다. 개원할 때는 그냥 깔끔하고 깨끗하면 된다고 생각하는데 막상 해보면 그게 뜻대로 되지 않는다. 이왕이면 폼 나는 병원을 가지고 싶다는 욕심도 나고, 남들보다 조금은 나아야겠다는 생각에 불안하기도 하다. 원칙이 없이 남들 말만 따르다 나중에 후회하게 된다. 그래서 인테리어를 할 때 고려해야 할 8가지를 살펴보겠다.

✚ 고객이 눈치 못 채는 고급은 의미가 없다

최상위 고객의 눈높이를 맞추기 위해서라는 이유로 수입 재료를 사용해서 인테리어를 하는 병·의원이 있다. 병·의원을 주 고객으로 하는 인테리어 업자가 아니라 호텔이나 미술관을 담당했던 업자를 쓰기도 한다. 그러한 고급스러운 인테리어가 치료적으로 도움이 된다면 의미가 있을 수 있다. 하지만 환자는 치료받으러 오는 것이지 관광이나 감상을 하러 오는 것이 아니다. 인테리어 업자들은 고객이 구체적으로 알아채지는 못하지만, 분위기로 느끼는 것이 있다고 한다. 하지만 고객이 눈치 못 채는 고급은 의미가 없다.

✚ 인테리어에 쓸 돈을 다른 데 투자한다면?

개원하기 위해서는 임대보증금, 월세, 의료장비 구입 그리고 인테리어에 상당한 금액이 들어간다. 인테리어를 싸게 하고 거기에서 아낀 돈으로 임대보증금을 확보하면 더 좋은 입지에서 개원할 수도 있다. 아울러 규모도 무시할 수 없는 변수다. 인간은 식당이건, 미장원이건 그리고 병원이건 규모가 크면 신뢰하는 본능이 있기 때문이다. 인테리어에 들어갈 돈으로 더 넓은 공간을 확보하는 것도 고려해봐야 한다. 그리고 아무래도 개원이나 확장을 하다 보면 적자가 나게 된다. 그런데 적자 액수가 예상보다 크고 적자 기간도 예상보다 긴 경우가 대부분이다. 뭔가 새로 일을 벌이는 경우 병원이 삐까번쩍해지는 것만으로 기분이 좋다. 새 차를 사거나, 새 가구를 장만할 때와 마찬가지인 기분이다. 그러다 보니 자기만족을 위해서 고급스럽게 하면서 고객을 위해서라고 착각하고는 한다. 기분도 들뜨고 뜻대로 될 것 같기에 금세 흑자가 날 것으로 기대한다. 그러다 적자가 누적되면 인테리어를 도로 뜯어서 팔고 싶은 마음도 든다. 인테리어에 돈을 쓰는 이유는 환자에게 좋은 느낌을 줘서 궁극적으로 환자가 더 많이 오게 하기 위해서다. 따라서 똑같은 돈이 있을 때 인테리어에 투자하는 것과 다른 곳에 투자하는 것 중 어느 것이 더 나을지 신중히 검토한 후 종합적으로 판단해야 한다.

✚ 인테리어가 다 되어 있는 곳에 들어가는 것도 한 방법이다

개업 자리를 구하러 다니다 보면 인테리어, 의료기기, 가구를 모두 양도한다는 내용을 심심치 않게 접하게 된다. 임대차계약이 만료되면 원상복구를 시켜줘야 한다. 인테리어가 잘 되어 있을수록 해체하는 데도 비용이 많이 든다. 최근에는 폐기물 관리가 엄격해져서 버리는 비용도 예상보다 많이 소요된다. 인테리어를 고치지 않고 그대로 사용할 이를 만나게 되면 원상복구에 들어가는 비용을 아끼게 된다. 기존 병·의원의 인테리어를 사용하면 개원, 이전, 확장할 때 인테리어 비용이 들지 않는다. 그런데 기존 병·의원이 운영이 어려웠거나 이미지가 안 좋았다면 새로운 병원에 대해서도 고객들이 그 이미지를 가지고 갈 수 있기에 주의해야 한다. 하지만 기존 병·의원과 진료 과목이 다르거나 어차피 환자를 새로 유치할 생각이면 기존 인테리어를 그대로 사용해도 무방하다.

✚ 남들 하는 정도는 해야 할까?

결론부터 말하면 남들 하는 것보다는 조금 더 낫게 하는 것을 권한다. 내과, 소아과, 통증클리닉 같은 보험과가 성형외과나 피부과 같은 비보험과처럼 인테리어를 할 필요는 없다. 하지만 동네의 경쟁 상대인 내과, 소아과, 통증클리닉보다는 조금 더 나아야 한다. 흔히 인테리어라고 할 때 고객 대기실, 진료실만 생각한다. 그런데 많은 병원이 인테리어를 할 때 간과하는 곳이 수술방, 치료실, 검사실이다. 대학병원이나 종합병원에서는 전신마취가 이루어진 상태에서 수술하므로 환자가 수술방을 볼 수도 기억할 수도 없다. 대학병원에서 시술이 이루어지는 방 역시 당장 느끼는 고통을 줄여야 하기에 환자들이 신경 쓸 여유가 없다. 대학병원에 가는 경우 위중한 질환에 대해서 불안한 상태에서 검사를 받으러 가기에 고객이 검사실의 분위기에 신경 쓸 여지가 없다. 하지만 개인 병·

의원은 위중한 응급 고객이 상대적으로 적다. 그런데도 개인 병·의원에서 수술, 치료, 검사는 어수선하고 삭막한 방에서 이루어진다. 수술, 치료, 검사를 받을 때 긴장된 마음을 달래줄 수 있는 색상, 분위기, 조명, 음악이 있다면 그로 인해 병원이 차별화될 수 있을 것이다.

✚ 자신만의 개성이 묻어나야 한다

솔직히 인테리어는 깨끗하고 깔끔하면 다 거기서 거기다. 인위적으로 너무 다르게 만들면 오히려 금세 질린다. 그래서 일단은 기본적인 인테리어만 한 후 자신만의 개성과 취미가 반영되게끔 추가하는 것도 방법이다. 사진을 좋아하면 찍은 사진을 전시하면 되고 도자기를 굽는 것이 취미라면 도자기를 전시하면 된다. 그림이 취미라면 굳이 진본이 아니더라도 계절에 따라 어울리는 아트포스터를 걸어놓으면 된다. 골동품 모으는 것이 취미라면 병원을 일종의 박물관으로 만들어도 된다. 그 무엇보다 환자들이 보내온 감사 편지나 환자에게 보낸 편지를 벽에 붙이는 것도 방법이다.

✚ 홈페이지는 또 다른 인테리어다

인테리어는 고급스러운데 홈페이지는 그에 미치지 못하는 병원이 여전히 이따금 눈에 띈다. 그런데 고객들이 홈페이지를 보고 분위기를 파악하는 경향이 점점 커지고 있다. 아무리 고급스러운 인테리어를 했더라도 홈페이지가 허접하면 실제 병원도 그러리라 추측한다. 앞서 병원의 인테리어에서 언급한 바와 같이 고객이 느끼지 못할 정도의 고가의 홈페이지는 필요 없다. 그렇다고 병원의 고급스러운 인테리어를 사진으로 찍어서 올리는 것만으로는 부족하다. 적어도 경쟁자들보다는 조금 더 고급스러운 홈페이지가 필요하다. 무조건 지식을 나열하기보다는 분위기를 전달할 수 있는 감성적인 부분에 더욱 신경을 써야 한다. 병원에 가면 질환, 검사, 치료에 대해서 제공받은 포스터가 붙여져 있는 경우가 있다. 환자들이 그러한 포스터를 보고 검사와 치료를 받기를 기대하는 것이다. 정보 전달에 치중하는 홈페이지는 제약 회사와 의료기기 회사에서 제공받은 포스터가 붙어있는 병원과 같다. 홈페이지도 이제는 병원 인테리어의 연장선상에 있다. 정보에 못지않게 분위기가 중요하다.

✚ 의료기계도 인테리어가 될까?

얼마 전 여러 대의 최신 레이저 기계 사진 옆에 원장님이 서 있는 피부과 지하철 광고를 봤다. 반복적으로 레이저 피부 시술을 받는 이들 중에 기계 사양을 다 파악하고 있는 이들이 적지 않기 때문이다. 인테리어는 병·의원이 고객에게 신뢰를 주는 방법의 하나다. 인테리어를 고급스럽게 하는 이유는 고객으로 하여금 진료 역시 고급스럽게 이루어질 것이라는 기대를 불러일으키기 위해서다. 환자가 고급스럽다고 느끼면 더 높은 가격을 지불할 것이라고 기대하는 것이다. 그런 점에서 남보다 앞서 최신식 기계로 바꾸는 것도 일종의 간접 인테리어다. 다만 그런 목적에서 기계를 도입했다면 고객에게 효과적으로 알려야 한다. 그리고 비용 대비 효과를 잘 따져봐야 한다.

✚ 아무리 고급 인테리어라도 손보지 않으면 낡아진다

처음 개원할 때 화려한 인테리어를 한 원장님 중에 그다음부터 돈이 아까워서 인테리어를 고치지 않는 분이 계셨다. 화려한 인테리어일수록 벽이나 바닥에 사소한 흠이나 얼룩만 생겨도 금세 눈에 띈다. 1년, 2년 시간이 지나다 보면 칠이 벗겨지거나 색이 바래진 곳도 생긴다. 흔히 몰아서 한 번에 손을 보겠다고 하는데 그때그때 수리해야 한다. 백화점이며, 호텔이며, 프랜차이즈 빵집이 몇 년에 한 번 인테리어를 바꾸는 데는 그 이유가 다 있다. 병원이 매번 그 모습 그대로면 고객들도 지루해진다. 대대적으로 손을 보는 것은 아니더라도 변화를 줘야 한다. 굳이 인테리어를 꼭 손보지 않아도 된다. 탁자 하나, 의자 하나, 그림 하나도 잘만 바꾸면 변화를 줄 수 있다.

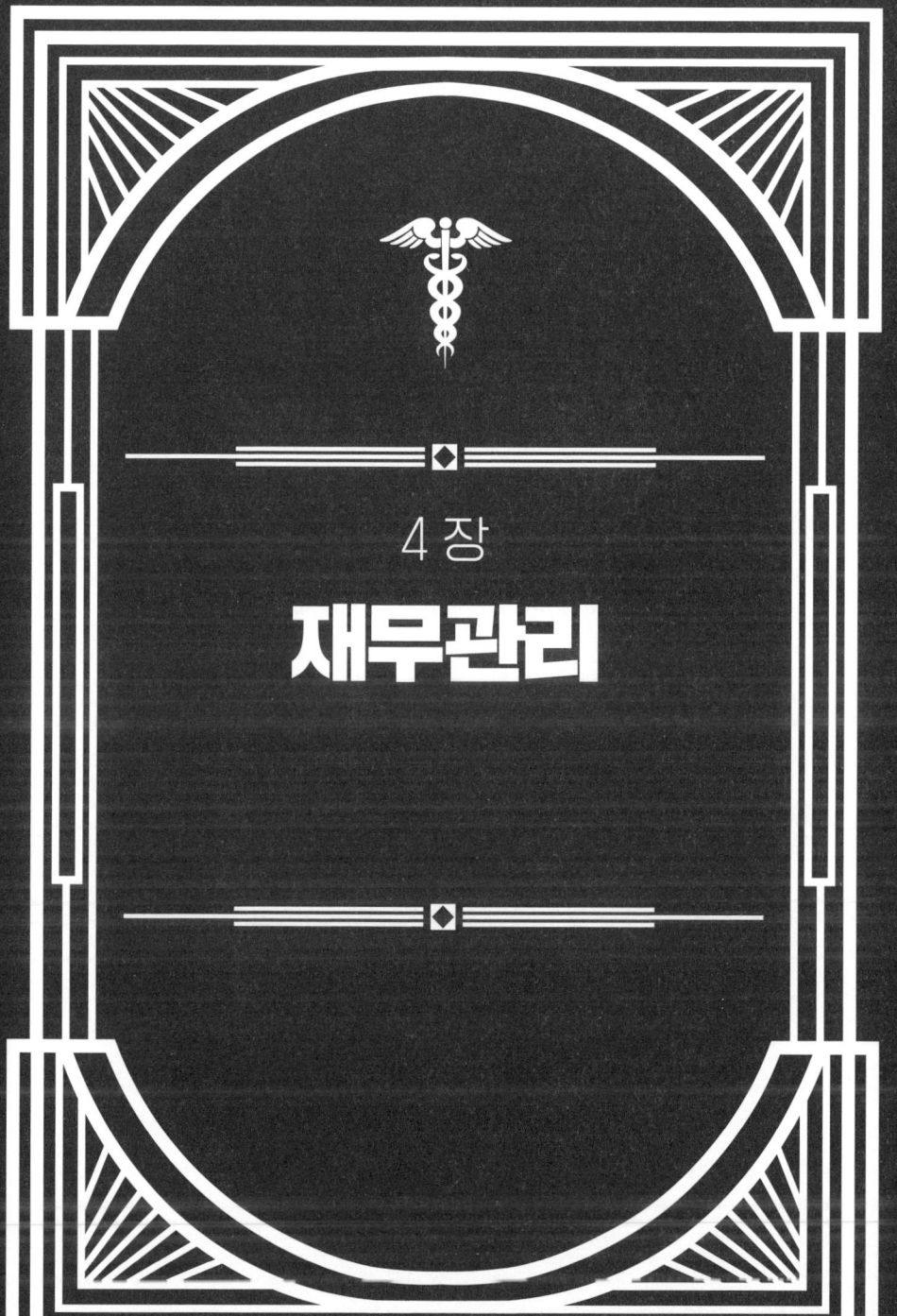

4 장

재무관리

원가에 기초한 경영

요새 얼마 안 되는 외래 진료비를 놓고서 환자가 실랑이하는 일이 때때로 있다. 경기가 나빠진데다가 고령화 때문에 신규 소득은 없이 연금 및 저축에 기대 사는 노인 환자분들이 증가했다. 그러다 보니 동전 한 닢도 환자들에게는 더욱더 의미가 커지는 것 같다.

이렇게 의료소비가 위축되는 현실에서 의료기관이 살아남기 위해서는, 기업들이 불황이면 긴축 경영을 하듯이, 지출을 최소화해서 원가를 줄여 이윤을 늘려야만 하겠다. 그런 점에서 의료상품의 원가를 계산하는 몇 가지 방법에 대해서 살펴보겠다.

우선 첫째로 현재는 많이 쓰이고 있지 않지만 가장 고전적인 방법은 의료기관의 전체 매출과 비용의 비율을 모든 의료상품의 원가에 적용시키는 것이다. 예를 들어 한 의원의 1년 매출액이 2억 원이고 전체 비용이 1억 원이었다면, 비용/매출은 50%다. 이러한 비용/매출인 50%를 모든 의료상품에 적용하는 경우는, 입원 환자의 매출액이 100만 원이면 임상과에 관계없이 50만 원이 비용이라고 보고, 외래 환자의 매출액이 5만 원이면 임상과에 관계없이 비용이 2만 5천 원이 들었다고 가정하는 것이다. 과거에는 미국에서도 병·의원이 의료 서비스 상품의 가격을 결정하면, 보험 회사나 개인은 의료기관이 요구하는 대로 지불을 했다. 따라서 병원은 그 비용에 거의 신경을 쓰지 않았다. 그때에는 병원에서 자신의 수익률을 결정했기 때문에 이 방법이 쓰였지만 전 세계적으로 정해진 수가에 따라서 병원이 움직여야하는 지금은 이 방법은 많이 쓰이지 않는다.

두 번째는 공정별 원가계산이라는 방법이 있는데, 회계연도 내에 한 부서 또는 전체 기관에 발생한 총 비용을 상품의 수 또는 서비스가 행해진 횟수로 나누는 것이다. 예를 들면 종합병원의 내과 외래가 1년간 사용한 전체 비용이 20억 원이었고 내원 환자의 연인원이 5만 명이었다면, 환자가 한 번 내원할 때마다 4만 원이 원가라고 상정하게 된다. 과거에 의료기술의 발전이 더딜 때에는 적용이 가능한 방법이었다. 이 방법에는 환자가 내시경을 하든, 진찰만 받든, CT를 하든 모두 같은 비용이 든다고 가정하는 허점이 있다. 따라서 비교적 동일한 내용의 시술이 반복되는 경우가 많았던 과거에는 널리 쓰였지만, 각각의 다양한 임상수기가 행해지는 현재는 사용이 어렵다.

다음으로는 개별 원가계산이라는 방법이 있다. 이것은 각각의 의료 서비스의 실제 직접원가를 샘플링해서 상대가치단위 relative value unit를 만들어내는 것이다. 예를 들면 CT 검사, 위장관 촬영, 흉부 X선 촬영에 드는 각각의 직접비용과 예상되는 검사 횟수를 이용해서, 상대가치단위를 만들어낸다. 전체 상대가치단위로 전체 비용을 나누어서 하나의 단위의 가격을 정한다. 만약에 한 단위당 가격이 1만 원이었고, CT 검사는 18단위, 위장관 촬영은 14단위, 흉부X선 촬영은 7단위에 해당된다면, CT 검사를 할 때마다의 비용은 18만 원, 위장관 촬영은 14만 원, 흉부X선 촬영은 7만 원이 그 원가에 해당된다.

하지만 이러한 개별 원가계산도 그 한계가 있는데, 결국은 금전적으로 환산되는 노동비, 부품비 같은 금전적 비용만이 공통비용을 분배하는 데 들어가게 된다는 것이다. 예를 들면 종합병원의 콜센터에 들어가는 비용을 나누는 경우를 가정해 보자. 전체 콜센터에 들어간 비용이 10억 원이었고, 그 콜센터를 정신과, 내과, 외과가 이용한다. 이럴 때 콜센터 비용은 직접 환자 진료와 관계가 없기 때문에 간접비용이 되고 세 임상과는 그 비용을 분담해야 한다. 앞서 개별 원가계산에 쓰인 노동비나 재료비를 이용하는 경우는 외과, 내과, 정신과의 순으로 그 비용을 지불해야 한다. 하지만 콜센터 비용을 콜센터를 이용한 각각의 임상과의 환자 수에 따라 지불해야 한다면, 내과, 외과, 정신과 순이 될 수 있다. 하지만 만약에 각각의 과의 환자가 실제로 통화한 시간을 다 더해서 그 비율에 따라 비용을 분담한다면, 통화를 길게 한 환자가 많은 정신과, 외과, 내과의 순서대로 비용을 지불해야 할 것이다. 이 예에서 보듯 총 통화 시간과 같이 간접비를 사용한 행위activity에 근거해서 비용을 산정하는 방법을 활동기준원가activity based costing, ABC라고 하는데 점점 많은 의료기관에서 사용되고 있는 방법이다.

보험 환자가 많은 임상과의 경우 보험 청구액과 보험 청구액에 비례해 산정되는 본인 부담금에 의해 수입이 거의 다 노출이 된다. 비보험 환자가 많은 임상과의 경우도 카드 사용이 보편화되어 감에 따라서 수입이 점점 더 노출되고 있다. 과거에는 세금 문제 때문에 투명한 경영이 되지 않는 경우가 많아서, 의료기관의 운영자 본인도 실제 비용을 알지 못하는 경우가 있었다. 하지만 세원이 이미 다 노출된 지금의 상황에서는 재무제표를 좀 더 잘 분석해서 원가에 기초한 경영을 할 필요가 있다. 특히 동업을 해서 이윤을 배분해야 하는 경우 구성원 각각이 사용한 비용을 정확히 알아내는 것이, 이윤의 분배를 놓고 일어나는 갈등을 줄이는 데 있어서 가장 중요하겠다.

비용을 통제해야
살아남는다

매출은 예상할 수 없다. 결국 매출을 늘리기 위해서는 투자를 해야 하는데, 보건 정책이 변하거나 경기가 안 좋아지면 투자 대비 매출이 예상에 미치지 못하면서 손해를 보고 심각한 경영 위기를 맞이하게 된다. 실제로 요양병원의 정액 수가가 의사 인력, 간호 인력에 따라 차등 지급되는 것으로 바뀌면서 요양병원의 인건비가 치솟았다. 높은 등급을 인정받아서 청구액이 늘면 손해는 아니라고들 생각을 했다. 의사 인력과 간호 인력이 충분하니까 폐렴, 폐혈증 등을 치료하고 중환자실을 운영하면 그래도 이익을 낼 수 있다고 생각했었다. 그런데 보건복지부가 요양병원의 폐렴, 폐혈증, 중환자실 치료를 앞으로 인정하지 않겠다고 하면서 요양병원들이 크게 당황했었다. 비급여 병·의원도 매출을 늘리기 위해서 공간도 늘리고, 사람도 늘리고, 광고비도 늘렸는데 환자가 늘지 않아서 문을 닫는 경우가 있다. 급속히 성장하는 병원일수록 어느 날 소리 소문 없이 사라지고는 한다.

반면 비용을 줄여서 경영을 개선하는 것에는 매출 증가를 추구했을 때의 불확실성이 없다. 오늘 비용을 줄이면 줄인 만큼 바로 수익이 발생하는 것이다. 더군다나 매출을 늘려 병원을 확장하는 동안에는 불필요한 비용이 많이 따르기 마련이다. 환자가 늘어날 때를 대비해서 당장 필요 없는 직원도 뽑게 되고, 당장은 손해인 의료기기도 구입한다. 그런데 생각만큼 환자는 늘지 않고, 경쟁도 격화되고 가격마저 다운되면 곤란을 겪게 된다. 따라서 매일 운동을 하고 식사를 조절해 적정 체중을 유지해야 사람이 건강해지듯이, 평소에 비용을 조절해야지 병원도 건강해지는 것이다. 그러면 어떻게 해야 현명하게 비용을 줄일 수 있을지 지금부터 살펴보겠다.

✚ 쪼잔하다는 말 들을 각오를 하라

레지던트를 할 때 안 쓰는 컴퓨터는 꼭 전원을 끄고, 퇴근할 때는 꼭 불을 끄라는 말을 귀가 따갑게 듣는다. 그때는 잔소리라고 생각을 하고 흘려듣는다. 막상 본인이 병원을 운영하면서 전기세가 많을 때는 몇백만 원 나오는 것을 경험하면 왜 병원 측에서 그런 말을 반복했는지 이해가 간다. 그런데 막상 직원들에게 전기를 아껴라, 물을 아끼라고 잔소리하려고 하면 영 익숙하지 않다. 그러나 비용을 줄이기 위해서는 누군가 신경을 쓸 수밖에 없고 신경 쓸 이는 원장밖에 없다. 그런데 원장이 병원에서는 한 푼이라도 아끼려고 하고, 자신은 밖에서 사치스럽게 산다면 직원들은 위화감을 느낄 수밖에 없다. 따라서 직원들이 병원 살림을 알뜰하게 하게 만들려면, 원장부터 검소하게 사는 모습을 직원에게 보여야 한다.

✚ 얼마나 썼는지도 매일 체크하라

개원의 치고 매일 매출을 체크하지 않는 의사는 없다. 하지만 비용을 매일 체크하는 사람은 의외로 없다. 매출은 매일 체크해서 계산을 하고, 비용은 한 달에 한 번 결산을 하다가 보면 수입이 들어오는 것만 생각하고 아무래도 헤프게 돈을 쓰게 마련이다. 따라서 예상할 수 없이 발생한 큰 비용이라도 그 날 발생한 비용은 그 날 지출한 것으로 잡아야 한다. 그래야 한 푼이라도 더 아끼게 된다.

✚ 재고 및 비용 관리 담당자를 정하라

아무리 작은 의원이라도 재고를 체크하는 직원이 있게 마련이다. 그런데 담당 직원은 그냥 잡일이라고 생각을 할 뿐이다. 커피, 휴지 같은 일반 소모품에서 주사 바늘, 약솜 같은 의료 소모품까지 병원에서 구입하는 물품은 적지 않다. 탁자, 소파 같은 가구, 전자제품, 운동 도구도 1년에 몇 번씩은 구입해야 한다. 이러한 물품들을 인터넷을 통해서 구입하면 한 달에 적게는 몇만 원 많게는 수십만 원을 아낄 수 있다. 1년을 모으면 적지 않은 비용이다. 거기에 카드로 결제하면 마일리지가 쌓인다. 병원 물품을 카드로 구입하면 비용이 꽤 크기 때문에 VIP고객이 될 수 있고 그러다 보면 3~6개월 무이자 혜택을 받는다. 그러면 이자 비용도 아끼게 된다. 그런데 원장이 일일이 G마켓, 11번가, 쿠팡을 뒤지면서 물품을 구입하려면 시간이 없다. 따라서 구매 담당자를 정하고 맡은 바 책임에 대해서 소정의 수당을 주면서 업무를 전담시키는 것이 바람직하다. 그러면서 인터넷 장바구니에 직원이 물품을 올려놓으면 가격이 적절한지 확인한 후 미비한 점이 있으면 담당자에게 확인해야 한다. 아울러 담당자를 통해서 재고 관리도 확실히 하자. 이미 구입한 물건이 창고에서 썩고 있는데 새로운 물건을 구입하는 일이 종종 있기 때문이다.

✚ 매달 나가는 이자, 임대료 같은 고정비를 줄여라

병원의 모든 비용은 다 직원과 환자에게 직·간접적으로 영향을 준다.

그런데 아무래도 비용을 줄이라고 잔소리를 하면 직원들의 만족도가 다소 떨어질 수 있다. 고객만족과 관련된 비용을 줄이다가 보면 고객의 불만도 나오게 된다. 그런데 직원 및 고객과 관련이 없는 비용도 있다. 우선 이자가 그러하다. 평생 남보다 1% 낮게 이자를 쓸 수 있고, 아낀 1%의 이자를 복리로 평생 저축을 한다면 적지 않은 금액이 된다. 따라서 이자를 줄이기 위해서 노력해야 한다. 그리고 임대료를 줄이는 것도 필요하다. 가시성, 접근성이 좋으면서 상대적으로 임대료는 저렴한 곳을 찾아 발품을 팔아야 한다. 임대료를 낮추는 데서 오는 이익이 인테리어 비용을 상회한다면 옮기는 것을 고려해야 한다. 설혹 옮기지 않더라도 기존 상가 주인에게 그 얘기를 해서 임대료를 낮출 수 있을지도 모른다.

✚ 투자 대비 성공 확률을 높여라

모든 비용 지출은 불확실성을 지니고 있다. 예를 들어서 인테리어 공사를 맡겼을 때는 아무래도 만족스럽지 않은 점이 있다. 말로는 하자보수를 하겠다고 하지만 믿을 수 없다. 잔금을 남겨놓아야 지속적으로 하자가 발생했을 때 확실하게 애프터서비스를 받을 수 있다. 만약에 하자가 시정되지 않으면 잔금을 지불할 수 없고, 다른 회사에 근본적인 수리를 맡기겠다고 주장해야 한다. 마케팅 비용을 지불할 때도 실제 환자가 늘어나는 것과 연계해야 한다. 요새는 온라인 및 스마트폰 마케팅이 대세인데 마케팅 회사는 클릭 수나 검색 수로 돈을 받으려는 경향이 있다. 그런데 클릭이나 검색이 많이 된다고 환자가 늘어나는 것이 아니다. 따라서 최종 목적인 환자 증가가 이루어져야 돈을 지불하는 식으로 계약을 해야 한다.

✚ 비용 절감을 위한 신기술을 최대한 도입하라

서울아산병원은 개원 초기에 MRI, 감마나이프 등을 타 병원에 비해서 일찍 도입해서 의료의 질을 선전하는 수단으로 삼았다. 그런데 이러한 새로운 의료기술을 도입하는 것에 못지않게 신경을 쓴 것이 자동화다. 의약 분업 이전 종합 병원에서는 환자들이 진료 대기 시간보다 더 많은 시간을 약국 앞에서 약이 나오기를 기다려야 했다. 아산병원은 외래에서 약을 처방하면 자동으로 병원 약국에 전달되는 전산시스템을 구축해서 환자 대기 시간을 줄이고 약국의 직원 수를 줄였다. 원무과 접수 대기자를 상대로 번호표를 줘서 안내 직원을 줄였다. 전자 차트를 도입하고 PACS를 도입해서 차트를 찾아서 전달하고 사진을 찾아서 전달하는 직원의 수를 줄였다. 이렇게 사람을 줄일 수 있는 기술을 남보다 먼저 도입해서 비용을 줄여야 한다. 기름 값이 상승하면서 병원의 난방비가 급등했다. 남보다 앞서 가스보일러로 교체한 이들은 난방 비용을 줄일 수 있었다. 남보다 앞서서 전기보일러를 도입한 이들은 비용을 더욱 절약할 수 있었다. 앞으로 태양전지가 대중화되어서 비용이 저렴해진다면 남보다 앞서 태양전지를 도입해서 전기비를 줄이는 이가 이익을 볼 것이다. 비용을 낮추는 신기술을 남보다 일찍 도입해야 한다.

✚ 투자 비용을 줄일 때는 한 번만 더 생각하고 결정하자

비용을 줄이다 보면 예상치 않은 부작용도 따르게 마련이다. '조금 장사가 되는 것 같다고 생각을 해서 마케팅 비용을 줄였는데 경쟁자가 그 틈을 타서 공격적인 마케팅을 해서 환자를 빼앗아 가기도 한다. 인건비를 줄이기 위해서 임금을 동결하거나 삭감하면 직원들의 사기가 떨어지고 그만두는 사람이 생기기 마련이다. 이참에 잘 되었다고 생각하면서 낮은 임금에 신규 직원을 채용했는데 고객과의 마찰이 생기거나 의료사고가 발생하는 수도 있다. 인건비는 줄였지만 사고 비용, 기회 비용이 발생해 전체로는 마이너스다. 충분한 임금을 주는 대신 더욱 열심히 일하도록 시스템을 구축하는 것이 합리적이었을 것이다. 개원 초기 고객만족 차원에서 마련한 에스프레소 기계가 있는데 유지 비용 때문에 이용을 중단하는 경우 매번 맛있는 커피를 뽑아 마시던 고객은 병원이 잘 안되나 하면서 의구심을 가지게 된다. 우수 고객에게 감사의 마음을 전달하기 위해서 매년 보내던 연말 선물을 중단하면 우수 고객들의 기분이 좋을 리가 없다. 비용을 줄이는 것은 분명 옳은 방향이지만, 결정을 앞두고서는 비용 감소의 부작용은 없을지 마지막으로 한 번 더 생각해봐야 한다.

늘어나는 빚을
어떻게 대처할 것인가?

친구 중 한 명이 1년쯤 개원을 하다가 접게 되었다. 겨우 적자를 면할 정도가 되기는 했는데 비전이 없다는 생각이 들어서였다. 상가임대 보증금도 돌려받고 조금이나마 권리금도 챙기고 넘기니까 아주 크게 손해를 보지는 않았다. 그런데 임대 보증금과 권리금으로 대출금을 갚으려니까 억울한 생각이 들었다. 그래서 주식을 해서 만회를 좀 해보기로 했다. 대출을 갚지 않고 그 돈으로 주식을 했다. 그런데 주식이 반 토막이 되고, 반의 반 토막이 되고, 십분의 일이 되어버렸다. 은행에서는 뒤늦게 친구가 병원을 폐업했다는 것을 알아차리고 대출금을 갚으라고 독촉을 해댔다.

옛날에는 대기업을 제외하면 개인이 은행돈을 빌리려고 해도 빌릴 수가 없었다. 대개 봉직의로 일을 하면서 월급을 받아 저축한 돈으로 개원을 했다. 그래서 옛날 원장들의 나이는 지긋했다. 경제가 발전하고, 무역흑자가 나고, 외국인 투자가 늘면서 우리나라 안에 돈이 흔해졌다. 금리도 떨어지고 의사를 비롯한 개인사업자도 대출을 통해서 사업을 시작할 수 있게끔 되었다. 과거에는 병원급에서나 갖출 수 있었던 CT, MRI를 비롯한 고가 의료장비도 리스를 통해 목돈이 없어도 구입을 하게 되었다.

대한민국 안에 돈이 흔해지면서 개인의 부채도 늘어났다. 개원의는 개인사업자다. 병원 때문에 빚을 지기도 하지만, 집을 사거나, 투자를 할 때도 빚을 얻게 된다. 소득이 높으면, 부동산이나 주식에 투자하는 액수도 늘어난다. 투자 액수가 늘어나면서 빚도 늘어나게 된다. 개인 대출이 풀리지 않을 때는 사업자 대출을 받아서 주식이나 부동산 같은 위험 자산에 투자를 하는 이도 있다. 사업이 잘될수록 사업 관련 대출뿐 아니라 개인 대출도 증가하게 마련이다.

그런데 병원이 망하는 최종적인 이유는 무엇일까? 환자가 없어 매출이 줄어들거나, 비용이 너무 많이 발생하거나, 의료사고나 영업정지 같은 예상치 못한 일이 생기면 망하게 된다. 하지만 병원이 망하는 최종적인 이유는 결국 돈이 없어 결제를 할 수 없기 때문이다. 부도가 나면 망하는 것이다. 심장이 멈추면 최종적으로 사망을 선고하듯이, 돈이 없어 더 이상 직원 월급과 거래 대금을 지불 못 하게 되면 병원이 망하는 것이다. 상황이 안 좋아지면 빚을 얻는 것 밖에 현금을 확보할 방법이 없다. 그러다가 결국 이자를 못 갚게 되고 대출 연장이 안 되면 망하게 된다. 그런 점에 있어서 빚을 어떻게 관리해야 할지 살펴보고자 한다.

➕ 대출이 무한정 연장되던 시절은 지나갔다

내가 생각하는 꿈의 대출은 100년짜리 장기대출이다. 하지만 지금은 장기대출이 점점 줄어들고 1년마다 연장을 하는 단기대출이 증가하는 추세다. 사업자 빚은 갚지 않고 쭉 가지고 간다고 생각을 하는 의사 선생님들이 의외로 많다. 하지만 단기 채무의 경우 정부의 금융 정책에 따라서 내 재무 상태가 똑같더라도 대출이 연장이 안 될 수 있다. 인플레보다 성장률이 높으면 나라 안에 돈이 쌓이고 은행에도 돈이 흔하다.

무역 흑자의 형태건, 외국인 투자의 형태건 외부에서 돈이 유입이 되면 돈이 흔하다. 그런 시기 동안에는 대출은 당연히 연장이 되는 것으로 여겼다. 하지만 그런 시기가 앞으로도 얼마나 더 이어질까? 돈이 안 돌고 은행은 살아남기 위해서 대출을 회수할 수밖에 없는 때가 언젠가 갑자기 들이닥치게 될 것이다.

✚ 낮은 금리는 올라갈 수밖에 없다

금융위기 같은 불경기가 갑자기 닥치면 정부는 경기 부양을 위해서 금리를 확 떨어뜨린다. 경기가 좋아지면서 인플레 압력이 심해지면 정부는 점점 금리를 올린다. 경기는 바닥을 치고 서서히 좋아지는데 금리는 아직 낮은 시기가 병원을 비롯한 개인사업자에게는 최고로 좋은 때다. 금리가 낮기 때문에 사업에 투자를 하는데 있어서 이자 부담이 적다. 아직 경기가 완전히 회복되지 않았기에 새로 사업을 시작하거나 확장하는 이들이 적어 은행도 대출에 적극적이다. 그런데 사업을 하는 당사자들은 금리가 낮기 때문에 이익이 남는다고 생각하지 않는다. 금리 3%대에서 매달 천만 원 이자를 내던 사람은 금리가 6%가 되면 매달 이천만 원씩 이자를 내야한다. 결국 금리 3%대에서 매달 천만 원씩 이익을 내던 사람은 금리가 6%가 되면 이익이 하나도 남지 않는다. 금리가 7%가 되면 그 때부터 손해를 보게 된다. 즉 금리가 낮아서 남겨진 이익을 자신이 병원을 잘 운영해서 남긴 이익으로 착각하면 안 된다.

✚ 세상에 돈이 없을 때 나도 돈이 없다

병원도 사업이기에 경기를 탈 수 밖에 없다. 정도의 차이는 있지만 내 병원이 잘될 때 다른 병원도 잘 되고, 병원들이 잘될 때 모든 장사가 다 잘된다. 특히 비급여가 그렇다. 그런데 병원을 하면서 남는 이익을 주식이나 부동산 같은 위험 자산에 전부 투자하는 개원의들이 적지 않다. 그런데 경기가 나빠지면 우리 병원의 매출도 줄고, 이익도 줄고, 그 때는 주가도 떨어지고, 아파트 가격도 떨어진다. 병원의 수익이 떨어지니 눈물을 머금고 손해를 보고 주식도 팔고, 집도 팔아야 한다. 밑지고 파는 것이 억울해 돈을 빌리려고 해도 돈을 빌릴 데가 없다. 따라서 경기에 영향을 받는 개인사업을 하는 경우 이익이 나면 그 중 상당 부분은 저축을 해야 한다. 그래야 경기가 나빠졌을 때 버틸 수 있다. 충분히 저축을 하고도 돈이 남으면 그 때 가서 투자를 고려해 볼 수도 있다.

✚ 빚은 충분한 현금이 확보된 후에 갚아야 한다

사업을 하는데 있어서 가장 중요한 것은 현금이다. 현금이 없으면 망한다. 지금 낮은 금리의 대출을 갚았는데 다음에 같은 조건으로 대출을 받는다는 보장이 없다. 그 때는 더 높은 금리로 대출을 받게 될 수도 있다. 예를 들어 금리가 높아서 제2금융권 대출을 갚아 버렸다. 그런데 얼마 후에 갑자기 돈이 필요하게 되었다. 그 때 대출을 못 받을 수도 있다. 따라서 일단은 현금을 확보하는 것이 우선이다. 충분한 현금을 확보한 후에는 이자가 높은 순으로 계획을 잘 세워 빚을 갚아야 한다. 그렇다고 빚을 갚지 않고 그 돈으로 주식을 하거나 부동산을 매입하는 것은 누구이 말하듯이 부도로 가는 첩경이다. 사업을 하는데 있어서는 현금 확보가 가장 중요하다.

✚ 사업에 올인하지 말라

돈 벌면 다른 데 한눈팔지 않고 이익을 사업에 모두 재투자하는 이들을 제대로 된 사업가라고들 치켜세운다. 그런데 그런 제대로 된 사업가는 틀림없이 망하게 마련이다. 투자라는 것은 항상 불확실성을 내포하고 있다. 아무리 실력이 있고 운이 좋아도 언젠가는 투자가 실패해서 손해를 보는 일이 생기게 마련이다. 투자를 해서 이익이 커질 때마다 그 이익을 모두 사업에 재투자하다가 보면 최후의 단 한 번의 투자 실패로 인해 병원 문을 닫게 되는 수가 있다. 반대의 경우도 있다. 수익률이 감소하면 규모를 키우고 매출을 늘려서 수익을 보전하고자 한다. 그런데 얼마 후 수익률이 또 떨어진다. 또다시 규모를 키운다. 그러다 보면 수익률은 형편없는 공룡 같은 병원이 되어버린다. 나중에 팔려고 해도 아무도 사가지 않는다. 이익이 날 때 돈을 모아 놔야지 나중에 병원을 문 닫아도 생활이 가능하다.

✚ 모든 신용을 쥐어짜지 말라

지난 몇 년간 일이 잘 풀렸다면 확률상 앞으로 몇 년간은 일이 안 풀릴 것이다. 그렇기 때문에 잘나갈 때 더 잘나가겠다고 신용을 쥐어짜면 예상치 못한 불행이 왔을 때 더 이상 돈을 빌릴 수가 없다. 가급적 신용대출은 피하는 것이 낫다. 은행이 대출을 축소할 때는 신용대출부터 회수하기 마련이다.

✚ 제2금융권에서 돈 빌리느니 병원 문을 닫아라

대한민국의 성장률은 점점 저하되고 있다. 건강보험 재정 역시 불안하다. 소비 양극화로 인해서 대다수 국민들에게 병원비는 큰 부담으로 느껴진다. 실질적으로 수가는 매년 마이너스다. 고소득자들을 대상으로 하는 비급여 과목이라고 예외일까? 보험과가 이 모양이니 모두 다 비급여로 전환하면서 진료과 영역 파괴 현상이 벌어지고 있다. 경쟁이 치열해지면서 가격이 저하되고 수익률은 떨어진다. 병원을 운영해서 저축은행을 비롯한 제2금융권에 10%이상 이자를 지불하면 돈이 남기가 쉽지 않다. 세금 내고, 4대 보험료 내고 난 뒤의 수익률이 10%에 미치기도 어렵다. 만약에 지금 빚잔치하고 손해 보는 것 없이 빠져나올 수 있다면 제2금융권으로 가느니 병원 문 닫는 것이 현명하다.

왜 이렇게 항상 돈에 쪼들리는지 모르겠어요

매년 세금을 낼 때가 되면 답답하다. 세금이 나오는 것을 보면 분명히 이익이 남았던 것인데 항상 이것저것 쥐어짜고 탈탈 털어서 겨우 세금 낼 돈을 마련하게 된다. 자꾸 늘어나는 빚는 더더욱 문제다. 개원할 때 받은 의사신용대출 3억 원이 야금야금 늘어나서 어느새 신용대출만 5억 원이 된다. 한번 늘어난 대출은 줄어들지 않는다. 5억 원이 10억 원되는 것은 시간문제다. 이때가 기회라 생각하며 집을 장만했는데 이자, 재산세, 종부세를 내면 감당이 안 된다. 아이가 크면 클수록 교육비도 만만치 않다. 이러다가는 노후대비는커녕 점점 빚만 늘어날 것 같다.

빚을 갚을 길은 돈을 더 버는 것밖에 없다는 생각이 자꾸 든다. 보험 진료만 해서는 수익이 더 늘어나는 것에 한계가 있다. 그래서 보험 진료를 위주로 하는 기존 의원을 팔고 비급여 진료를 하는 의원을 새로 개원하기도 한다. 그런데 매출이 오르는데 생각보다 시간이 오래 걸린다. 기대한 것보다 매출이 적다. 보험 진료를 했을 때보다 적은 경우도 있다.

병원으로 생각만큼 돈이 안 벌리다 보면 뭔가 투자를 해야겠다고 생각한다. 주식에 투자하는 선생님도 적지 않다. 그런데 이런저런 악재로 주식시장이 고전하면 오히려 손해를 본다. 그런데 예상 못한 돈이 나갈 일이 생긴다. 치료받던 환자가 시술 부작용이 발생해서 배상하게 된다. 엎친데 덮친 격으로 몸을 다치기도 한다. 몸이 힘들어서 쉬고 싶어도 쉴 수 없다. 봉직의를 고용할 여유가 없다. 몸이 아프다 보니 자꾸 짜증이 나고, 시술도 예전과 같이 할 수 없다. 환자들도 그것을 아는지 줄어든다. 이자를 내기도 벅차다. 4대 보험료를 내는 것도 미뤄야 할지도 모른다는 생각이 든다. 아파트를 팔고 집을 월세로 옮긴 후 빚을 줄여볼까도 생각한다. 하지만 집을 팔아도 세금을 내고 나면 손에 쥐는 돈이 거의 없어 팔수도 없다. 기존 채무가 많아서 은행권에서는 더는 대출이 나오지 않는다. 그렇다고 저축은행이나 캐피탈 같은 제2금융권에서 돈을 빌리면 신용 등급이 떨어져서 기존 은행권 대출을 연장할 때 불이익이 있을까 걱정이 된다. 결국 손해 보고 주식을 판다.

왜 이런 일이 생기는 걸까? 리스크 관리에 실패해서다. 개업은 항상 변수가 있게 마련이다. 현지조사, 세무조사, 의료사고 같은 일은 남의 일인 것만 같다. 나에게는 발생하지 않을 것 같다. 주위에서 고생한 얘기를 들으면 걱정이 되지만 막상 당해보지 않으면 설마 하게 마련이다. 병원을 하는 동안은 1년 정도의 생활비와 운영비는 마련해둬야 하는데 그런 개업의는 찾아보기 힘들다. 부동산과 주식에 투자하는 것도 문제다. 저점에서 매수하면 누구나 돈을 벌 수 있을 것 같다. 그런데 주식이나 부동산 같은 위험 자산에 투자해놓으면 얼마 안 가 꼭 돈이 급한 순간이 생기게 마련이다. 문제는 내가 돈이 없을 때 세상에도 돈이 없다는 것이다. 경기가 좋을 때는 돈이 흔하다. 그런데 경기가 나빠지면 대출받기도 힘들고 돈이 귀해진다. 손해를 보고 주식이나 부동산을 매도할 수밖에 없게 된다. 즉 개업이라는 리스크를 안고 있어서 주식이나 부동산 같은 리스크가 많은 투자는 피해야 하는데 많은 원장이 반대로 한다. 아울러 보험과를 포기하고 섣불리 비급여 진료에 뛰어드는 것도 문제다. 보험과는 환자 1인당 매출은 작은 것 같지만 안정적인 것이 장점이다. 비급여는 환자 1인당 매출이 커서 돈을 쉽게 벌 것 같지만 경기에 많이 좌우된다. 비급여 환자의 경우 보험 환자보다 훨씬 더 까다롭고 만족시키기 어렵다. 경쟁이 치열해서 내가 조금만 신경을 덜 쓰면 환자가 금세 줄어든다. 많은 원장이 기존의 보험 진료 의원이 지닌 안정성이라는 장점을 너무 낮게 평가한다.

인간은 원래 호주머니에 돈이 있으면 써버리는 본능이 있다. 원시시대에는 한 번 사냥해서 끼니를 때우면 언제 다시 먹을 수 있을지 알 수 없었다. 불과 수십 년 전까지도 너무 가난한 나머지 쌀이 없어 끼니를 거르는 일이 있었다. 그러다 보니 마음에 드는 음식을 접하게 되면 배가 터진다고 느낄 때까지 먹게 된다. 용돈을 주는 족족 쓴다고 아이들을 야단치지만, 어른들도 별다르지 않다. 기업도 마찬가지다. IBM 같은 대기업도 위기에 처하면 핵심 사업에 집중했다가 형편이 나아지면 다른 곳에 한눈을 팔다가 돈을 날리기를 반복한다. 이런 현상을 경영학에서는 유동 자산의 부실 관리라고 한다. 병원이 잘되어서 돈이 벌리면 이렇게 좋은 상태가 계속될 것만 같다. 그러다 보면 품위 유지라는 명목 아래 소비가 늘게 마련이다. 그래도 돈이 남으면 투자라는 명목 아래 목돈을 쓴다. 부동산이나 주식을 투자 상품이라고 부르는 것에는 다 이유가 있다. 현금을 쓰고는 싶은데 필요하지 않은 것을 사면 왠지 바보 같다는 생각도 들고 죄책감도 드니까 투자라는 핑계로 왕창 돈을 다 쓰게 되는 것이다. 따라서 이익이 나면 그 일부를 저축해서 위기 상황을 대비해야 한다.

부동산은 어떤 점에서 부자에게는 필요악이다. 유동 자산인 현금은 마치 물과 같다. 물은 아무리 손에 쥐고 있으려 해도 손가락 사이로 흘러서 사라지게 마련이다. 물을 받으려면 그릇이나 대야가 필요하다. 상가나 아파트 같은 부동산은 유동 자산인 현금을 담는 역할을 한다. 언제든지 현금화가 된다는 점에서 주식 역시 유동 자산이다. 현금화가 용이하다는 점은 부동산과 비교할 때 주식의 장점이자 단점이다. 돈이 급하면 손해를 보더라도 쉽게 팔 수 있다. 아파트나 상가는 막상 돈이 필요할 때 빨리 팔기가 어렵다. 팔기가 어려워서 어영부영 쥐고 있다가 보면 위기가 지나가고 나중에 가격이 다시 오르는 때가 온다. 주식은 'High Risk, High Return'이다. 주식 투자 수익률과 부동산 투자 수익률을 장기적인 통계로 놓고 보면 주식에 투자했을 때의 수익률이 부동산에 투자했을 때보다 높다. 하지만 주식 시장에서는 일부가 대부분의 수익을 차지한다. 'High Risk, High Return'이 'Low Risk, Low Return'에 비해 전체 수익률은 높다. 하지만 평범한 개인은 대부분 손해를 본다. 'Low Risk, Low Return'의 경우 전체적으로는 수익률이 낮지만 평범한 개인 역시 이익을 볼 확률이 낮지 않다. 그래서 주식에 투자해서 이익을 봤다는 개인보다는 부동산에 투자해서 이익을 본 개인을 더 흔하게 보는 것이다.

하지만 빚을 얻어서 부동산에 투자하는 것은 여전히 위험하다. 빚은 양날의 칼이다. 빚은 시간을 절약해준다. 좋은 기회가 찾아왔을 때 투자하기 위해서 지금부터 돈을 모은다고 가정하자. 투자하기에 필요한 금액을 다 모았을 때는 이미 그 기회는 사라지고 없다. 경쟁은 격화되고, 비용은 늘어나고, 인건비도 증가하면서 이익을 내기 어렵다. 빚을 얻어서 바로 오늘 그 기회에 투자한다면 성공할 확률이 늘어난다. 빚은 신속한 의사결정을 가능하게 해준다. 빚을 얻어서 투자하면 이자에 대해서 비용 처리가 가능하다. 하지만 빚이 과도하면 그 위험성 역시 올라간다. 2022년 한국은행 기준금리는 1.25%다. 금융 위기 직전 기준금리는 5.25%까지 올라갔다. 현재 500만 원의 이자를 내는 경우 수년 후에 금리가 두 배가 되면 이자 역시 1000만 원으로 증가한다. 과도한 부채는 금리가 올라갔을 때 금융 비용을 증가시킨다. 병원 경영이 위기에 빠져 현금이 모자라서 이자, 카드 대금, 세금을 연체하면 신용에 악영향을 미치고 금리가 올라가고 심지어는 대출 연장이 안 될 수도 있다. 은행권에서 대출이 연장이 안 되어서 제2금융권으로 가면 이자가 적게는 두 배 많게는 서너 배까지 치솟는다. 따라서 부채에 의존해서 무리하게 병·의원을 확장해서는 안 된다.

어떻게 하면 돈을 많이 벌까 생각하기 전에 가장 확실한 것은 소비를 줄이는 것이다. 돈이 빠듯하다고 느껴지면 외제차를 몰던 원장님은 외제차를 팔고 국산차로 바꾸고, 대형차를 몰던 원장님은 중형차로 바꿔야 한다. 골프도 줄이고, 백화점 가는 것도 줄이고, 이런저런 쓰임새를 줄여야 한다. 수입을 늘리기 위해 투자를 해도 과연 매출이 늘어날지는 불확실하다. 하지만 내 의지로 소비를 줄여서 현금을 확보하는 것은 100% 확실하다.

개원의가 생각하는
세무 원칙 7가지

5월은 종합소득세 신고 기간이다. 그래서 이번에는 세금에 대해서 생각을 해보고자 한다. 세금에 대한 기술적인 처리는 세무사들이 한다. 그러나 그보다 더 중요한 것은 결국 세금을 내야 하는 원장들이 어떤 마음을 가지고 있느냐다. 세무사들은 원장이 마음을 정하면 이렇게 해라, 저렇게 해라 조언할 수 있을 뿐이다. 그래서 개원의 중 한 명의 입장에서 세금에 대한 내 생각을 몇 가지 정리해보고자 한다.

+ 자료 없는 비용 처리는 절대로 하지 말자
아직도 일부 세무사들은 매출 대비 이익이 평균에 미치지 않으면 자료도 없는데 서류상으로만 경비를 만들어 비용으로 신고를 하기도 한다. 하지만 전자세금계산서 도입으로 인해 국세청이 마음만 먹으면 언제든지 가공경비 처리 여부를 확인할 수 있게 되었다. 내 쪽에서 비용을 털기 위해서는 그것이 물건이 되었건 서비스가 되었건 나한테 판매를 한 누군가가 있어야 한다. 병원에 판매한 납품업자가 세무서에 매출을 신고하게 된다. 거래처가 병원에 물건이나 서비스를 판 것으로 신고한 액수를 모두 합쳐도 병원이 신고한 경비에 훨씬 못 미치는 경우 국세청은 가공경비가 발생했다는 의심을 하게 된다. 전자세금계산서가 발행되지 않았다면 카드전표라도 있어야 하는데 그렇지 않다면 국세청에서 자료를 요구했을 때 제출할 근거가 없다. 따라서 자료 없이 서류상으로만 비용을 처리하는 것은 앞으로 절대로 해서는 안 된다.

+ 매출을 누락하지 말자

비급여의 경우 환자한테 직접 비용을 받기 때문에 매출을 누락하게 되는 경우가 있다. 그런데 국세청은 그간의 세무조사를 통해서 대부분 임상과의 주요 진료 행위 매출과 연계되는 지표를 파악하고 있다. 병원에서 사용하는 치료제, 소모품, 주사약 등의 규모를 통해서 매출을 파악하는 것이다. 의료기기 유지에 들어간 비용을 보고 기계를 얼마나 많이 사용했는지를 추산한 후 시술을 받은 환자수를 역으로 산출해낸다. 납품 회사의 세금계산서를 통해서 병원의 매출을 예상하게 되는 것이다. 그러다 보니 과거에는 매출을 누락하기 위해서 세금계산서를 발행받지 않고 물품을 매입하는 병·의원도 있었다. 그러면서 거래처에는 매출로 신고하지 않도록 요청을 했다. 지금은 전자세금계산서로 처리되기 때문에 해당 회사가 매출을 누락하기 위해서는 그 회사에 물건을 납품한 거래처가 매출을 또 누락해야 한다. 구매 사슬의 모든 과정에서 꼬리에 꼬리를 물고 매출을 누락하지 않는 이상 이제 매출을 축소하는 것이 불가능하다. 매출을 누락하면 세무조사를 피할 수 없다.

+ 빽으로 세금을 줄여준다는 세무사 말은 믿지 말자

가끔씩 국세청의 높은 사람을 알기 때문에 자신들만 믿으면 세무조사를 피할 수 있고 설혹 세무조사가 나오더라도 가볍게 처리를 받는다고 얘기하는 세무사들이 있다. 그것은 불가능하다. 옛날에는 세무조사를 나와서 무엇이 문제인지 조사를 했다. 지금은 세무조사를 나오기 전에 전산 자료를 통해서 얼마나 탈세를 했는지 파악을 하고 나온다. 내부 회의와 검토를 해서 많은 부분이 결정된 후 세무조사를 나온다. 따라서 아무리 높은 사람을 알더라도 추징액을 줄여줄 수 없다.

✚ 세금을 안 내면 아무것도 살 수 없다

세금을 안 내는 대신 그 돈을 모두 현찰로 소비한다면 모를까 지금은 세금을 안 내면 덩치 큰 자산은 아무것도 취득할 수 없다. 비싼 명품을 사거나 최고급 식당에서 식사를 하는 것은 현찰로 가능하다. 하지만 만약에 현찰로 고급차를 산다면 차량을 등록하는 순간 그간의 신고 소득에 부합하지 않는 소비로 국세청에 포착된다. 하물며 집이나 땅을 산다면 어떻게 될까? 옛날에는 다운계약서를 작성하기도 했다. 하지만 지금은 인터넷을 통해서 실시간으로 시세가 공개된다. 비정상적으로 낮은 가격에 대해서 국세청이 그냥 넘어갈 리 없다. 상대방이 급매를 했다고 우기게 되면 철저한 세무조사가 이루어지게 될 것이다. 그렇다면 남의 이름으로 사는 수밖에 없다. 그런데 명의를 빌려주는 이의 지난 몇 년간 소득과 자산을 취득하는데 들어간 비용이 서로 들어맞지 않으면 명의를 빌려준 사람에게 세무조사가 들어간다. 결국 그 동안 세금을 덜 낸 당사자에게 불똥이 튀면서 탈세가 드러나게 된다. 이러다 보니 탈세한 돈을 은행에 예금을 할 수도 없으니 집에 금고를 설치하거나 대여 금고를 빌려서 돈을 넣어두게 되는데 이렇게 현찰이 많게 되면 과소비가 이루어진다. 나중에 돌이켜보면 세금을 내지 않은 돈의 대부분은 필요 없는 과소비로 지출이 되어 버린다. 남의 이름으로 뭔가를 샀다가 떼어 먹히는 경우도 부지기수다. 따라서 세금을 제대로 내야 필요할 때 자산을 매입하고 합리적인 소비를 할 수 있다.

✚ 비용 처리가 되어도 안 사는 것이 이득

고급 외제차를 몰고 나타나는 후배한테 왜 차를 바꿨다고 물어보자 세무사가 권해서 차를 샀다는 얘기를 들은 적이 있다. 물론 옛날 얘기다. 지금은 고급 외제차의 경우 비용을 처리하기가 어렵다. 그래서 리스를 이용한다는 이도 있다. 그런데 35% 세율을 적용받는 개인사업자가 1억 원짜리 차를 구입해서 비용으로 처리한다 해도 6500만 원은 여전히 자기 호주머니에서 나가야 한다. 그리고 할부나 리스로 구입을 해서 나가는 이자, 하마처럼 잡아먹는 기름값을 생각하면 단지 비용 처리가 된다고 해서 구입해서는 안 된다. 낭비는 습관이 된다. 단지 비용이 처리된다는 이유로 불필요한 소비를 하다 보면 버릇이 된다. 나중에 경제적으로 어려워져도 소비를 줄이지 못한다.

✚ 원장부터 영수증을 꼼꼼하게 챙기자

세금계산서나 영수증을 빠트려서 실제로 병원에서 사용하고도 경비로 처리하지 못하는 경우가 있다. 세금계산서와 영수증을 꼼꼼히 챙기는 수밖에 없다. 그러기 위해서는 그때그때 파일에 영수증을 붙여야 한다. 원장이 그 역할을 하지 않는다면 영수증을 챙기는 직원을 정해야 한다. 사소한 물품도 카드로 구매를 하고 카드 대금은 사업 계좌에서 빠져나가게 해야 한다. 인터넷에서 물품을 구입하는 경우도 세금계산서를 발부 받는 것이 바람직하고 그게 안 되면 현금영수증이나 카드전표라도 출력을 해서 붙여야 한다. 병원 관련 지출의 경우 단돈 몇백 원 짜리라도 원장부터 그날그날 담당자에게 주고 파일에 붙이도록 해야 다른 직원도 따라 한다.

✚ 세금 내기 싫으면 일을 덜 하라

돈 많이 버는 사람은 항상 바쁘다. 하기 싫은 일이라도 억지로 해야 한다. 사람이 죽을 때 가장 많이 후회하는 것 중 하나가 죽어라 일만 하느라 가고 싶은 데 못가고, 하고 싶은 것 못한 것이라고 한다. 조금 덜 일하고 조금 덜 벌면 세금도 덜 낸다. 그리고 그 시간에 여유를 가지고 내가 하고 싶은 재미있는 것을 하자. 재미없는 삶은 더 이상 삶이 아니다. 열심히 일해서 돈 벌어도 세금 내고 나면 남는 것이 없다는 생각이 든다면 그것은 인생을 잘못 살고 있다는 신호다. 돈으로 시간을 살 수는 없다. 하지만 돈을 조금 덜 벌고 여유 있게 사는 것은 가능하다.

비효율을 관리하라

칭기즈 칸이 세상을 정복할 수 있었던 이유 중 하나로 기동성을 든다. 기동성을 갖추기 위해서는 그 무엇보다 가벼워야 한다. 몽골의 유목 지역은 농사가 어려운 곳이다. 목축을 해서 살아야 한다. 넓은 지역에 양을 방목해야 하고 양떼가 풀을 다 뜯어 먹으면 다른 지역으로 몰고 가야 한다. 넓은 지역을 빠른 속도로 이동해야 하기에 말린 고기를 뜯어 먹으면서 다녔다. 그렇게 깃털처럼 가벼웠지만, 그들이 쏘는 활은 강력한 관통력을 지녔고 사정거리도 상당했다.

유목민족들이 살아가는 초원은 황량하다. 그곳에서 이동하면서 살아가기 위해서는 효율이 가장 중요시된다. 중국과 유럽을 이길 수 있었던 강력한 군대를 몽골이 지닐 수 있었던 것은 평소에 그들이 살아가는 방식, 행동하던 방식 때문에 가능했다. 유목민족인 몽골과 정주민족인 유럽과 중국의 전쟁은 어떻게 보면 군대의 충돌이지만 다르게 보면 문화의 충돌이었다. 그리고 문화의 상당 부분은 사고방식, 생활방식이다.

경제가 살아날 줄 모른다. 과거에 의식적이건 무의식적이건 성장을 전제로 사업을 하던 기업들은 이제 바뀐 환경에 적응하기 위해서 발버둥 지고 있다. 그동안은 어쩌다 가뭄이 길어졌어도 비가 내리는 상황이었다. 지금은 강수량 자체가 줄어든 스텝이나 거기에 추위가 더해진 툰드라로 바뀐 셈이다. 병원을 하는 방식도 바뀌어야 한다.

우선 가벼워야 한다. 옛날에는 인구가 늘어나다 보니까 어딘가 개원을 해서 자리를 잡으면 시간이 가면 과를 불문하고 환자가 쌓였다. 소아과 그리고 산부인과는 이미 환자가 점점 줄고 있다. 증가하는 인구 집단은 노인밖에 없다. 노인의 만성질환과 통증을 다루는 병·의원은 꾸준히 환자가 증가하고 있다. 현재로서는 환자가 늘어나고 있으므로 운영이 잘되는 병·의원의 경우 규모를 키우고자 하게 된다. 하루가 멀다고 늘어나는 수술전문병원, 통증클리닉이 그러하다. 남의 건물에 들어가서 사업을 하는 이들은 자기 건물을 가지는 것이 꿈이다. 조그만 공간에서 직원들이 복닥거리다 보면 넓은 곳으로 옮겨가고도 싶다. 하지만 지금은 몸집을 불릴 때가 아니다. 채무가 늘면 재무가 비효율적으로 관리되고, 직원이 늘면 태만이 늘어나며, 병원이 넓어지면 쓸모없는 공간이 발생하게 마련이다.

그렇지만 규모를 줄일 때는 신중해야 한다. 한번 밀리면 계속 밀리게 마련이기 때문이다. 흔히 경기가 안 좋아지게 되고 환자가 줄어들게 되면 이것저것 축소를 해서 이익을 꾀하고자 한다. 물론 환자가 줄면 직원들이 힘들어진다고 불평을 하더라도 하는 일이 명확하지 않은 직원을 줄여야 한다. 아무리 노력해도 유지 비용이 안 나오면 값비싸게 샀던 의료기기라도 헐값에 매각해야 한다. 하지만 임대료를 줄이고자 고객을 위한 공간을 축소하는 경우 답답하다고 느낀 고객들이 다른 병원으로 발길을 돌릴 수도 있다. 선택과 집중이라는 명분으로 가격은 낮은데 손이 많이 가는 시술을 받고자 하는 환자를 다른 병원으로 보내는 경우 역시 신중해야 한다. 모든 병원은 가격은 비싸면서 손이 덜 가는 환자만 보고 싶어 한다. 남들이 싫어하는 환자는 안 보고 내가 원하는 환자만 보려는 것은 선택과 집중이 아니라 게으름을 피우고자 하는 것이다. 규모를 줄이면 처음에는 매출이 다소 줄지만, 비용이 줄어서 이익이 커진다. 하지만 경쟁력이 떨어져 환자가 줄어드는 원인을 파악해서 시정하지 않는 한 시간이 지나면 매출이 다시 줄게 마련이다. 그러다 보면 다시 규모를 줄이게 된다. 그렇게 병원이 쪼그라들다 문을 닫게 될 수도 있다. 규모를 줄이기 전에 경쟁력을 강화해야 한다.

미래가 불확실한 상황에서는 하루도 빼지 않고 이익이 나야 한다. 똑같은 1년 매출이더라도 어떤 달은 흑자이고 어떤 달은 적자인 것보다는 설혹 매출은 다소 줄더라도 매달 흑자인 것이 바람직하다. 예를 들어서 성형외과에서 방학 때 환자가 늘어날 것으로 생각하고 몇 달간 적자를 감수했는데 경기가 더 안 좋아지면서 다가오는 방학 때 오히려 환자가 줄어들 수도 있다. 신규 개원을 했더라도 개원을 하는 당일부터 이익이 남도록 노력해야 한다. 의료기기를 구입하거나 신규 투자를 할 때도 미리 선전하고 프로세스를 구축해서 하루라도 적자를 보는 일이 없도록 해야 한다. 물론 세상일이라는 것이 뜻대로 되지 않을 수도 있다. 그러나 목표가 막연하면 막연할수록 적자의 폭도 커지고 기간도 길어진다. 원하는 시기에 원하는 이익이 나지 않으면 일단 접는 것도 고려해야 한다.

마지막으로 지독하게 해야 한다. 안타성인 타구를 외야에서 잡는 경우 TV 화면에는 야수가 공을 잡는 멋진 장면만 나온다. 하지만 만약에 1mm라도 모자랐다면 그 공은 야수의 글러브를 벗어났을 것이다. 1mm를 확보하기 위해서 야수는 위치를 선정하고자 죽으라고 달렸다. 성공과 실패는 어느 한 가지 결정으로 인해서 갈리는 것처럼 보이지만 그 밑에는 수도 없이 많은 변수가 작용한다. 예를 들어서 마케팅은 확률이다. 홈페이지 방문수가 업계 1위가 되도록 배너 광고나 키워드 광고에 돈을 처바르면 환자는 늘어나게 마련이다. 그러나 비용 대비 효과는 병원마다 다르다. 홈페이지가 어떻게 꾸며져 있느냐에 따라서 배너 광고나 키워드 광고를 통해서 병원을 방문한 고객이 병원에 전화해서 예약할 확률이 달라진다. 다른 병원보다 우수한, 그리고 차별화된 치료 프로그램이 있을 때 그 확률이 올라갈 것이다. 궁극적으로는 광고를 통해서 방문한 고객이 만족해서 재방문도 하고 입소문도 내주면 남보다 적은 광고 비용으로도 매출이 유지되고 이익도 남을 것이다. 원장이 재무의 모든 부분에 관여하고 그 모든 부분에서 미세한 차이로 앞서가는 병원이 불경기로 소비가 위축되어도 생존하고 성공하게 된다.

5 장

인력관리

직원들이 일을 안 해요

 처음 병원을 운영하면 직원들에게 기대를 많이 한다. 말도 많이 걸고, 회식도 자주 하고, 격의 없이 대하면서 배려도 많이 한다. 그런데 시간이 지나면 조금씩 생각이 바뀐다. 원장은 잘 해보려고 하는데 직원이 잘 따라주지 않는 순간이 발생한다. 인센티브를 준다고 해도 소용이 없다. 뭔가 문제가 생겨 바꿔보자고 하면 그때뿐이고 편한 대로, 익숙한 대로만 하려 한다. 직원들이 자리만 지키면서 월급을 받아가는 것 같다.

 그런데 병원만 그런 것이 아니다. 병원이건, 식당이건, 가게건 누군가에게 일을 시킨다는 것은 쉽지 않다. 규모가 크고 조직이 분명하면 나아질까? 종합병원에서도, 중소기업에서도, 중견기업에서도, 대기업에서도 직원들이 일을 제대로 하지 않는다고 불만이다. 외국의 경영서적을 보면 훌륭한 리더가 일사불란하게 직원들을 이끌어 목표를 이루는 것이 묘사되지만 실제로 그런 회사는 없다. 대통령 임기 2년 차가 넘어가면 정부도 레임덕에 빠지고는 한다.

 백악관 참모들의 필독서인 《대통령의 권력》의 저자 리처드 E. 뉴스타트 Richard E.Neustadt는 '명령의 조건'을 다음과 같이 소개한다. 이 조건이 병원에 어떻게 적용되는지 하나하나 살펴보기로 하자.

✚ 명령권자가 틀림없이 그 말을 했다는 보증

우선 원장이 직접 지시를 해야 한다. 흔히 원장들은 직원이 알아서 해주기를 바라고는 한다. 그러면서 직원이 원장의 뜻대로 움직이지 않으면 마치 직원이 알면서도 안 하는 것으로 지레짐작하기도 한다. 하지만 말을 하거나, 문자를 보내거나, 이메일을 보내서 표현하지 않는 이상 직원들은 원장이 무엇을 원하는지 알 수 없다. 그리고 직원들은 가능하다면 편하게 일하고 싶다. 안 하던 일은 하고 싶지 않다. 간섭받고 싶지 않다는 것이 인간의 본성이다. 따라서 직원의 입장에서 하기 싫은 일일수록 원장이 직접 지시를 해야 한다.

✚ 명쾌한 지시 내용

지시가 명확해야 한다. 직원들이 가장 난감한 형태의 지시가 알아서 하라는 것이다. 그런데 알아서 하라고 하면 직원들은 자신에게 유리하게 해석하고 행동하고는 한다. 예를 들어 원장이 진료 시간이 오후 6시까지라고 정했다. 직원들은 6시까지 일을 끝내고 조금이라도 일찍 퇴근하고 싶다. 그런데 며칠 전 한 환자가 5시 50분에 왔다. 직원들은 지금 접수를 하면 오후 6시가 지나서 진료가 끝나기 때문에 그 환자에게 내일 오라고 했다. 그런데 며칠 후 환자가 와서 원래는 그날 고가의 시술을 받을 생각이었는데 안 된다고 해서 다른 데서 받았다고 한다. 원장은 왜 환자를 돌려보냈냐고 직원에게 화를 냈다. 그런데 오늘 5시 55분에 환자가 왔는데 평소에도 한번 말을 하면 끊지 않는 환자였다. 그리고 막상 알고 보니 진료를 받으러 온 것이 아니고 불만이 있어서 따지러 온 것이었다. 그런데 하필 그날 원장은 선약이 있어서 6시에 병원에서 나가야 했었다. 원장은 직원들에게 왜 그렇게 눈치가 없느냐고 핀잔을 주었다. 이제 직원들은 도대체 어떻게 해야 할지 알 수 없게 되었다. 이런 경우 직원에게 알아서 하라는 것은 지시가 아니다. 차라리 오후 6시를 앞두고 환자가 오는 경우, 일단 원장에게 어떻게 할지 물어보고 결정하기로 정해야 한다. 그게 아니면 진료 마감 시간뿐 아니라 접수 마감 시간 역시 명확히 지시해야 한다. 또 다른 예로 점심 때 병원에 음식 냄새가 나면 안 되니까 냄새나는 것은 먹지 말라고 하면, 직원들은 자기가 먹고 싶어 하는 것은 냄새가 별로 안 난다고 생각한다. 먹어도 되는 것과 먹어도 안 되는 것은 분명해야 한다.

✚ 공식적인 지시

지시는 공식적이어야 한다. 직원들과 점심 먹으면서, 회식하면서, 술 먹으면서 이런저런 얘기를 하게 된다. 그러면서 원장은 직원들이 알아듣게끔 얘기했다고 생각하지만, 직원의 입장에서는 그냥 비공식적으로 들은 얘기다. 직원은 가급적 일을 덜 하고 싶고, 원장은 일을 더 시키고 싶다. 인간은 자신에게 불리한 것은 잘 잊어먹는 법이다. 나중에 원장이 그때 얘기하지 않았느냐고 해도 직원이 기억이 나지 않는다고 하거나 그냥 한번 언급한 것인 줄 알았다고 하면 할 말이 없다. 따라서 지시가 효력을 발휘하기 위해서는 공식적이어야 한다. 직원이 한 명뿐이라고 해도 진료실로 불러서 앉히고 말을 해야 한다. 직원이 두 명이라면 둘 다 있는 곳에서 말을 해야 한다. 필요하다면 포스트잇에 메모를 써서라도 전달해야 한다. 흔히 어떤 경우는 나중에 자신에게 불리하게 작용할까 봐 공식적으로 지시를 하지 않는 경우도 있다. 그런 후폭풍이 두려운 지시는 차라리 하지 않는 것이 상책이다.

✚ 실제로 수행할 수 있는 능력

직원이 지시를 수행할 능력이 있어야 한다. 막연히 매출을 올려야 한다고 원장이 말을 해도 직원들은 그것을 수행할 능력이 없다. 일반 개인 의원에서 매출의 상당 부분은 원장이 좌지우지한다. 예약문자를 더 열심히 보내고, SNS를 통해서 병원에서 새로운 시술을 한다는 것을 알리더라도 그것이 매출로 이루어지는 효과는 제한적이다. 매출에 영향을 미칠 힘이 없는 직원에게 매출이 적다고 닦달해도 소용이 없다. 반면 비용을 줄이는 것은 올바른 방향만 제시하면 직원이 따르는 것이 용이하다. 안 쓰는 가전제품과 컴퓨터 전원을 끄고, 볼펜도 싼 것으로 바꾸고, 이면지를 사용하고, 필요한 물건을 인터넷에서 최저가로 구입하는 것은 관심만 있으면 누구에게나 가능한 일이다. 사실 친절한 것도 타고난 능력이다. 사람의 성격은 절반 정도가 태어날 때 결정이 된다. 친절하지 못한 직원에게 친절해지라고 아무리 잔소리해도 소용없다. 겉으로는 억지로 웃지만, 표정은 부자연스럽기에 썩소만 짓게 할 뿐이다. 아울러 직원에게 지시한 이상 지시를 수행할 수단을 갖춰줘야 한다. 직원에게 환자를 늘리라고 지시를 했다면 키워드 광고비 충전을 해주건, 버스 광고나 지하철 광고 중 선택할 권한을 주건, 고객과 문자나 SNS를 할 수 있게끔 휴대폰을 마련해줘야 한다. 그게 아니라면 발품이라도 팔 수 있게끔 교통카드라도 줘야 한다.

✚ 직원이 자기 일로 여겨야 한다

그 일이 내 일이라고 직원이 생각해야 한다. 원장이 생각하는 직원의 일과 직원이 생각하는 직원의 일은 천지차이다. 예를 들어 환자가 구토해서 병원 바닥에 오물이 묻었다. 원장의 생각에는 누가 되었건 빨리 오물을 치워야 한다고 생각을 한다. 하지만 직원의 생각은 다르다. 병원에 청소를 담당하는 분이 계신다면 그 분에게 부탁하면 된다. 하지만 그렇지 않은 경우 간호사도, 물리치료사도, 방사선사도, 임상병리사도 그것을 자기 일이라고 생각하지 않는다. 한참 우왕좌왕하다가 가장 만만한 직원이 하게 되는데, 그 직원 역시 오물을 치우면서 그 일이 자기 일이라고 생각하지는 않기에 짜증이 난다. 원장은 병원에서 어떤 상황이 발생했을 때 한가한 직원이 바쁜 직원을 도와주기를 바란다. 모두 다 자기 일처럼 나서주기를 바란다. 하지만 직원들은 그렇지 않다. 직원들은 주어진 일 외에 시키지 않는 직장을 좋은 직장이라고 생각한다. 가급적 '저 일은 내 일이 아니다'라고 생각하고 싶다. 따라서 가능하다면 업무분장이 명확한 것이 바람직하다. 그리고 누구나 다 하고 싶은 업무가 있고 하기 싫은 업무가 있다. 아무리 공식적으로 주어졌다고 하더라도 그 업무가 하기 싫은 일일 때 처음에는 하다가 슬금슬금 누군가에게 미루거나 안 하고자 하는 것이 인간의 본능이다. 따라서 일이 잘되어가고 있는지 지속적으로 확인하고 피드백을 줘야 한다. 하지만 병원을 운영하다 보면 여전히 누구의 일도 아닌 일이 발생하게 되는데 그런 일들을 흔히 잡일이라고 부른다. 잡일의 경우 부서가 돌아가면서 하건 사람들이 돌아가면서 하건 그 일을 자기 일이라고 여기게끔 해야 한다.

그런데 이러한 '명령의 조건'을 모두 충족하기란 현실적으로 불가능하다. 따라서 원장이 말하면 무조건 직원들이 따라주리라 생각해서는 안 된다. 물론 원장은 직원을 해고할 수 있다. 승진시킬 수 있고 업무도 바꿀 수 있다. 급여도 정할 수 있다. 그러나 직원이 마음에 안 든다고 해고를 하면 그다음에 그 직원보다 더 나은 직원이 온다는 법이 없다. 원장도 직원을 고르지만, 직원도 원장을 고른다. 특별히 더 나은 대우를 해주지 않는 이상 그 지역에서 우리 병원에 올 수 있는 직원의 수는 제한되어 있다. 직원을 해고한 후 똑같은 급여에 똑같은 대우를 하면 비슷하게 일 안 하는 직원이 올 뿐이다. 그렇다고 직원이 원하는 대로 승진

시키고, 월급도 주고, 바라는 업무만 시키는 것 역시 불가능하다. 병원의 수가는 정부에서 정해놓았다. 2배로 일 잘하는 의사, 간호사가 있어도, 그리고 직원에게 월급을 2배 더 준다고 해서 나라에서 수가를 2배 더 인정해 주는 것이 아니다. 일 잘하는 직원이나 일 못하는 직원이나 나라가 생각하기에는 똑같은 의료인력 1명인 것이다.

그러다 보니 원장도 직원을 설득해야 한다. 흔히 설득이라고 하면 말 잘하는 사람을 떠올린다. 논리적으로 잘 설명하는 것을 떠올린다. 하지만 아무리 논리 정연하더라도 상대방으로 하여금 자신에게 손해가 되는 일을 하게끔 할 수는 없다. 개인적인 매력 역시 마찬가지다. 친화력이 강해서 끌리는 사람이 있다고들 생각한다. 하지만 하기 싫은 일만 시키는 이가 친화력 있게 다가오는 경우 소름 끼치게 싫을 뿐이다. 설득은 어떤 점에서 협상이며 흥정이다. 안 되는 것을 되게끔 할 수는 없다. 일단은 상대방이 원하는 것이 무엇인지 알아야 한다. 상대방이 싫어하는 것이 무엇인지도 알아야 한다. 상대방의 욕망을 없앨 수 없다. 싫어하는 마음을 좋아하는 마음으로 바꿀 수도 없다. 다만 일에 조금 더 의미를 두게끔, 일을 조금 덜 싫어하게끔 할 수 있을 뿐이다. 그리고 조금만 더 참도록 할 수도 있다. 하지만 영원히 미룰 수는 없다. 그런데 이런 미세한 부분이 쌓이다 보면 그것이 나중에는 큰 차이를 만든다. 직원에 대한 영향력이 경쟁력이 되는 것이다. 그렇다면 원장의 영향력을 강화하게 만드는 요소는 무엇일까? 우선 직업적 평판이 중요하다. 일단 환자를 잘 치료해서 실력 있는 의사로 직원으로부터 인정받아야 한다. 그리고 직원들 앞에서 환자를 정성스럽게 대하는 모습을 보여야 한다. 아울러 직원을 대할 때는 상식적이어야 한다. 일관성이 있어야 한다. 내가 기분이 좋을 때는 잘해주고 내가 기분이 나쁠 때 막 대해서는 안 된다. 백 번 잘해주는 것보다는 한 번 상처 주는 것이 더 임팩트가 강하다.

내가 마음에 안 들어 하는 직원은 다른 원장도 마음에 안 들어 하듯이, 한 직원이 마음에 안 들어 하는 원장은 다른 직원도 마음에 안 들기 마련이다. 가능하다면 존경받고 신뢰받는 원장이 되도록 노력하자. 만약에 직원을 대하는 것이 너무 힘들다면 될 수 있으면 직원을 뽑지 말자. 대신 내가 좀 더 일을 많이 하자.

힘들게 직원을 뽑아도
계속 바뀌어요

직원들이 계속 나가서 걱정이라는 원장님들이 많이 계신다. 본인의 생각에는 충분히 급여를 지불해도 직원들이 나간다는 것이다. 그런데 원장님은 충분한 급여라고 생각을 하지만 직원의 생각은 다르다. 다른 병원의 가장 일 잘하는 직원이 받는 급여와 자신의 급여를 비교하고는 한다. 사람은 자신의 업무 능력이 다른 이에 비해서 떨어진다는 것을 받아들이지 않기 때문이다. 그러다 보니 매년 조금씩이라도 급여를 올리지 않으면 직원은 나가게 마련이다.

중소병원에서는 인센티브가 상황을 더 엉망으로 만들기도 한다. 일을 못해서 인센티브를 못 받는 직원이 자신의 능력이 문제라고 생각하는 경우란 거의 없다. 시스템이 문제라고 생각을 한다. 인센티브를 많이 받아간 직원은 자기가 병원을 먹여 살린다고 생각하면서 인센티브가 충분하지 않다고 생각을 한다. 그러니까 차라리 모든 직원을 똑같이 월급을 올려주는 것이 제일 단순하면서도 제일 공평하다.

그런데 퍼센트로 올리는 경우 급여가 많은 직원에 비해서 급여가 낮은 직원이 급여가 덜 오르면서 상후하박 상황이 발생한다. 예를 들어 월급을 10% 인상했다고 가정하자. 급여가 100만 원인 직원은 10만 원

오르고, 급여가 200만 원인 직원은 20만 원 오른다. 그런데 병원으로서는 상대적으로 급여가 낮고 현장에서 직접 일하는 월급 100만 원 받는 직원의 급여를 더 많이 올려줘야 한다. 이런 식으로 급여가 많은 직원의 급여가 더 많이 오르다 보면 전체 인건비가 늘어나는 것이 부담된다. 급여가 낮은 직원으로서는 상대적으로 불이익을 받는 셈이 되고 자꾸 다른 병원으로 옮긴다. 이러다 보면 나중에는 월급을 많이 받는 직원만 병원에 남고 월급을 적게 받는 직원은 자꾸 병원을 떠나게 되면서 급여 총액은 올라가고 업무 능률은 떨어진다. 이럴 때는 차라리 똑같은 액수를 올리는 것이 낫다. 만약에 두 직원 모두 10만 원을 올렸다고 가정하자. 200만 원인 직원은 5% 오른 셈이지만 100만 원인 직원은 10% 오른 셈이다. 하후상박이 된다. 월급 많은 직원이 뭐라고 하면 모두 공평하게 올렸다고 얘기하면 된다. 월급 많이 받는 직원이 다른 직장으로 옮기면 그것은 어쩔 수 없는 일이다. 월급은 많이 받고 일도 덜 하는 직원을 남기기 위해서 월급은 적게 받고 일은 많이 하는 직원에게 불이익을 줄 수는 없다.

병원을 운영하다 보면 직원을 구하기 쉬운 지역이 있고, 구하기 어려운 지역이 있다. 지방 병원은 간호사 구하기가 쉽지 않다. 인구 자체가 줄다보니 간호사 역시 줄어드는 것이다. 일을 잘하던 간호사가 결혼하게 되면서 다른 지역으로 옮기는 경우도 생긴다. 신랑감이 아무래도 도시에 많기 때문이다. 부모님을 모시고 살다가 부모님이 돌아가시면서 도시로 옮기는 일도 있다. 아이들이 커가면서 교육 때문에 도시로 옮기기도 한다. 아무리 정부에서 간호대학 정원을 늘려도 지방 병원은 큰 혜택을 받지 못한다. 그러다 보니 숙소를 제공해서 도시에서 간호사를 초빙하기도 한다. 하지만 경제적으로 사정이 급해서 도시에서 온 간호사들의 경우 경제적인 문제가 조금만 해결되면 외롭다보니 다시 도시로 가고는 한다. 따라서 숙소를 제공하느니 차라리 그 돈으로 지역에서 출퇴근하는 간호사들의 급여를 올리는 것이 낫다.

일 못하는 직원이 그만두는 경우 원장님들은 이번에는 제대로 된 직원을 뽑아야겠다고 결심을 한다. 하지만 해당 지역사회에서 남들 주는 정도로 월급 주면서 더 나은 직원이 오기를 기대해서는 안 된다. 따라서 새로 좋은 직원을 뽑을 생각을 하기보다는 일 잘하는 직원이 나가지 않게 하는 것이 중요하다. 신규 직원이 자주 바뀌더라도 경험이 많은 고참 직원이 있으면 병원은 어느 정도 굴러가기 때문이다. 아울러 일 못한다고 너무 직원을 타박할 일도 아니다. 일 잘하는 직원은 갈 곳이 많기 때문에 언제 이직할지 모른다. 하지만 일 못하는 직원은 데리고 가는 곳이 없다. 만약에 급여가 적정하다면 업무 능력은 떨어지더라도 절대로 옮기지 않을 직원 한두 명쯤 있는 것도 나쁘지는 않다.

어떤 원장님은 직원에게 무언가 베푼다는 생각에 사로잡히고는 한다. 회식도 자주 하고, 직원에게 이런저런 인생 충고도 해주기에 자신은 좋은 원장이라고 생각한다. 하지만 직원들의 생각은 다르다. 원장님도 월급 받는 봉직의였을 때 병원장이 자꾸 불러서 술 먹자고 하고 이런저런 충고를 늘어놓으면 달갑지만은 않았을 것이다. 차라리 그냥 월급이나 올려줬으면, 근무시간이나 줄여줬으면, 업무 강도를 줄여줬으면 하는 생각이 들었을 것이다. 직원 역시 마찬가지다. 직원을 배려하기에 앞서 나라에서 규정한 근로 기준을 지키는 것이 우선이다. 직원들에게 술 사주기 이전에 가급적 월급을 제때 주기 위해서 노력해야 한다. 경제적으로 힘든 직원들에게 무이자로 돈을 꿔주기에 앞서 규정대로 수당을 지급하고 연가를 시행하는 것이 우선이다. 배려하기에 앞서 지킬 것부터 지키는 것이 우선이다.

그리고 중간관리자를 잘 관리해야 한다. 요새는 직원이 몇 명만 되어도 사무장이다, 실장이다 해서 중간에서 관리하는 직원을 두고는 한다. 남에게 싫은 얘기하는 것을 좋아하는 이는 없다. 특히 급여를 올리고 깎는 일은 아무래도 껄끄럽다. 그러다 보니 그런 일을 맡아줄 직원을 채용하게 된다. 그런데 중소병원이나 의원급에 와서 중간관리자로 일하는 직원의 수준이라는 것이 한계가 있다. 중간관리자가 자기 좋아하는 사람은 편하게, 자기 마음에 들지 않는 사람은 힘들게 근무표를 짜는 경우는 흔하다. 그러다 보니 화가 난 직원이 노동부에 진정을 넣기도 한다. 직원을 잘 관리하라고 뽑아 놓은 중간관리자가 중간에서 횡령을 하고 비리를 저질러서 오히려 화근이 되는 경우가 비일비재하다. 조금 골치 아프더라도 중요한 일은 원장이 직접 챙기는 것이 낫다. 중간관리자 줄 돈으로 직접 환자를 대하는 진료 파트 직원 급여를 조금만 올려주자. 직원들이 열심히 일하면서 골치 썩힐 일이 없어지면서 중간관리자 없이도 잘 굴러갈 것이다. 다른 곳보다 급여를 더 주니 직원들도 원장을 좋아하고 당연히 열심히 일할 것이다. 뭐니 뭐니 해도 급여 수준이 제일 중요한 것이다.

나는 개인적으로 스카우트를 썩 좋아하지 않는다. 잘나가는 병원에서 직원을 스카우트 해오면 노하우가 전수되면서 우리 병원도 잘될 것 같다. 하지만 중소병원이나 의원의 경우 병원의 성패를 좌우하는 것은 원장이다. 직원이 미치는 영향은 제한적이다. 그리고 우리 병원의 입지, 규모, 의료진은 그대로인데 직원 한두 명 스카우트한다고 해서 뭐가 확 바뀔 리도 없다. 스카우트해온 직원과 기존 직원의 갈등이 심해지면서 오히려 묵묵하게 일하던 기존 직원이 그만두면서 문제가 되기도 한다. 대체로 직원을 스카우트 해오기 위해서는 급여나 근무 조건을 유리하게 제시하게 되는데, 기존 직원의 처지에서는 차별받는다고 느끼게 마련이다. 그리고 스카우트해온 직원은 또 원장이 자기를 밀어주지 않는다고 툴툴대고는 한다. 진짜 남들이 할 수 없는 수술을 할 수 있는 전문의를 스카우트하는 경우를 제외하고는 스카우트는 금물이다.

그리고 직원과는 업무로만 접촉하는 것이 바람직하다. 직원과 사적인 자리에서 이런저런 얘기를 하다보면 자식 유학 보낸 얘기도 나오고, 골프 치는 얘기도 나오고, 쇼핑한 얘기도 나오게 마련이다. 직원의 처지에서는 소외감을 느끼게 된다. 원장은 진짜 아무 생각 없이 한 말이 직원의 처지에서는 부러움을 야기한다. 원장은 자신이 검소하게 산다는 것을 알리기 위해서 뭔가 한마디 했는데 직원의 처지에서는 원장이 돈을 엄청나게 많이 쓰는 것처럼 느껴진다. 대체로 직원이 보기에 원장은 너무 잘 산다. 직원들 월급을 한 달에 오만 원, 십만 원 더 올려주는 것 가지고는 난리를 치면서 비싼 데서 밥 먹고, 비싼 차 몰고, 비싼 데로 여행가고, 비싼 데로 골프 치러 다니는 것이 좋게 보일 리가 없다. 자꾸 대하면 대할수록 직원들의 박탈감이 심해지게 마련이다. 그리고 가능하면 차별하지 않도록 노력하는 것이 중요하다. 원장이 남자면 본인은 아니라고 생각을 하지만 용모가 단정하고 예쁜 직원에게 잘해주는 경향이 있다. 직원들과 사적인 자리가 많아지면 많아질수록 직원을 차별할 가능성도 올라간다.

마지막으로 원장님들은 급여를 주면서 직원의 시간을 샀다고 생각한다. 필요하면 이런저런 일을 시키는 것을 당연시한다. 일을 시켰는데 직원이 이 일은 내 일이 아니라면서 안 하겠다고 하면 불쾌하게 여긴다. 하지만 직원들의 생각은 다르다. 자신은 특정 업무를 하기 위해서 존재한다고 생각을 한다. 따라서 꼭 필요한 일이 아니면 직원에게 일을 시키지 말자. 뭔가 자꾸 일을 시킬 땐 월급을 더 줘야 한다. 아니면 직원이 그만두는 일이 생긴다. 그리고 사적인 일은 절대로 직원에게 부탁해서는 안 된다.

합리적인 직원 관리를 위한
7가지 습관

병원을 운영하다 보면 직원들과의 갈등이 가장 신경 쓰이는 일이다. 다른 직종과는 다르게 원장의 기분, 직원의 기분은 환자의 기분에 즉각적으로 영향을 준다. 급여, 휴가 문제로 갈등이 있는 직원에게 일을 시키려고 하면 마음이 영 찜찜하다. 그래서 내가 개원을 하면서 나름 쓸모 있었다고 생각이 되는 습관 7가지를 제시하고자 한다.

✚ 가급적 뽑지 말라

직원 관리에 있어서 제1원칙은 꼭 필요한 경우가 아니라면 가급적 뽑지 않는 것이다. 만약에 직원이 한 명도 없다면 직원 때문에 고민할 필요도 없다. 직원이 늘어나면 늘어날수록 골치 아파질 확률 또한 올라간다. 따라서 가급적 직원을 뽑지 말라. 원장이 보기에는 다들 할 일 없이 노는 것 같은데 직원들이 힘들다면서 사람이 더 필요하다고 할 때는 눈도 깜짝하면 안 된다. 사람을 더 뽑았다고 기존 직원들이 환자에게 더 친절하고 열심히 대하는 경우는 거의 없다. 서로들 돌아가면서 연차를 내고 병원에 안 나올 생각만 한다. 사람을 더 뽑는 대신 기계를 사용해야 한다. 사람을 더 뽑는 대신 효과적으로 시스템을 구축해서 기존의 사람만으로도 충분히 돌아가게끔 최선을 다해야 한다.

✚ 나가겠다는 사람 절대로 잡지 말라

사람이 없어 절절 맬 때 기회를 놓치지 않는 직원이 있다. 월급을 더 올려주지 않으면 그만두겠다는 것이다. 그럴 때 절대로 사람을 잡으면 안 된다. 나가겠다고 하는 사람은 나가게 하라. 나가겠다고 하는 사람의 월급을 올려줘서 잡는 대신 더 높은 연봉을 보장하며 광고를 내서 더 나은 사람을 새로 뽑자. 사람은 바뀌지 않는다. 힘들 때 뒤통수 친 직원은 다음에도 그런다. 사람들이 나가고 힘들 때 원하는 것을 들어주지 않으면 나간다는 이야기를 또 하게 마련이다. 그런 사람들이 남아 있으면 직장에서 물을 다 흐린다. 그냥 나가게 하는 게 최선이다. 주변 시세보다 조금만 더 월급을 주면 사람은 구할 수 있다.

✚ 돈을 더 주는 대신 일을 더 시켜라

직원이 병원에서 일을 하는 한 매년 월급을 올려줘야 한다. 만약에 월급을 올려주지 않는다면 그것은 나가라는 것 밖에 안 된다. 단돈 만 원이 되었더라도 월급을 올리지 않으면 사람들은 기운이 빠져서 일을 하지 못한다. 직장인들에게는 월급이 오르는 것이 유일한 낙이다. 그런데 월급을 올리면서 대부분 원장들은 더 열심히 일해야 한다고 직원에게 뻔한 말을 할 뿐인데 그래서는 안 된다. 월급을 올릴 때마다 월급이 늘어났으니 더 해야 하는 일이 무엇인지를 명확히 정해줘야 한다. 청소 횟수를 늘리건, 원장이 하던 잡일을 떠맡건 구체적으로 말을 해야 한다. 그래야지 월급이 괜히 오르는 것이 아니라는 것을 직원들도 인지한다.

✚ 직원의 불평에 귀 기울이지 말라

흔히 경영학 책을 읽다가 보면 불평고객, 불평직원의 요구에 귀를 기울어야 한다는 내용이 나온다. 나는 절대로 그렇게 생각하지 않는다. 불평고객은 타고 난다. 아무리 불평고객들에게 잘해줘 봐야 좋은 말 듣기 어렵다. 불평고객은 빨리 포기해야 한다. 대신 아무 말 없는 착한 고객들에게 더 잘해줘서 점수를 따야 한다. 직원도 마찬가지다. 다른 병원과 비교하면서 월급이 적다, 휴가가 짧다, 혜택이 부족하다고 불평을 늘어놓은 직원이 꼭 있다. 물론 그 직원의 말마따나 다른 병원의 어떤 직원은 월급도 더 많이 받고, 휴가도 길고, 배려도 더 많이 받을 수도 있다. 그러나 거기에는 다 이유가 있다. 일을 더 잘하건, 쓸데없는 불평이 없건, 다른 직원들이 갑자기 그만둘 때 자리를 지켜줬건 이유가 있기 때문에 그에 걸맞은 대접을 받게 될 것이다. 일은 엉망으로 하면서 다른 병원의 최고로 일 잘하는 직원처럼 자신을 대우해달라는 직원의 불평에 너무 연연하지 말자.

✚ 내가 시키는 일만 잘하면 된다

병원에 있다 보면 직원들끼리 특정 직원에 대해서 험담을 하거나 자기들끼리 편을 갈라서 싸우는 경우가 있다. 저 직원은 원장님이 있을 때와 없을 때 태도가 다르다는 말을 들으면 아무래도 원장의 마음은 불편해진다. 의심을 하게 마련이다. 여러 명이 한 명을 험담하면 원장도 사람인지라 점점 의심이 커진다. 그 직원이 미워지기도 한다. 하지만 누구 말을 믿어야 할지 결정하기에 앞서 신중해야 한다. 그 직원이 내가 보는 앞에서 내가 시킨 일만 잘하면 된다. 만약에 내가 없는데서 딴전을 피울까 걱정이 된다면 그러지 못하도록 시스템을 갖춰야 한다. 직원이 게으름을 피우는 것은 당연하다. 원장들도 레지던트나 봉직의 시절 다

게으름을 피웠다. 만약에 그 직원의 인간성이 이상해서 그 직원 때문에 일 잘하는 다른 직원이 그만두는 일이 발생하지 않는 이상 원장인 내가 신경 쓸 일이 없다. 자기네들끼리 알아서 하게 내버려둬라. 묻지도 않았는데 미주알고주알 일러바치는 직원이 문제일 수도 있다. 따라서 내가 시킨 일 잘하고, 내 말 잘 듣는 직원에 대해서 남들이 뭐라고 하건 무시해라. 만약에 그 직원이 뭔가 나를 피곤하게 하는 면이 있더라도 그것이 업무를 방해하지 않는 한 개의치 말라.

✚ 내가 문제가 아닌지 생각해 보자

직원들에 대해 불만이 많은 원장님들 중에서 성격이 너무 터프하거나 혹은 소심한 경우가 있다. 세상이 바뀌었다. 아무리 고용주와 피고용인의 관계더라도 서로 지킬 것은 지켜줘야 한다. 원장이 직원을 너무 몰아세우면 직원들이 버텨나지 못한다. 하물며 상대방이 인격적으로 모욕을 받는다고 여기는 상황은 절대로 만들면 안 된다. 반대의 경우도 있다. 직원들의 말 한마디 한마디에 원장이 신경을 곤두세우는 경우다. 자존심에 상처를 받으면서 전전긍긍해한다. 이런 경우는 대범해져야 한다. 직원은 원장의 눈치를 봐야하는 처지다. 원장은 직원의 월급을 결정한다. 해고의 사유가 정당하다면 원장은 직원을 해고할 수도 있다. 직원의 한마디에 너무 화낼 필요도 없고 너무 속상해할 필요도 없다.

✚ 직원이 존경하게끔 행동하자

어찌됐건 원장은 윗사람이다. 단지 월급을 준다는 의미가 아니다. 의사의 지시가 있어야지만 간호사, 간호조무사, 의료기사는 뭔가를 할 수 있다. 종교지도자나 비영리단체의 리더는 존경 하나만으로 사람을 이끌어야 한다. 그 정도는 아니더라도 회사건, 학교건 모든 조직의 구성원은 자신에게 지시를 내리는 리더가 괜찮은 사람이기를 바란다. 병원도 예외는 아니다. 환자를 돈으로만 바라보는 원장은 직원의 존경을 얻지 못할 것이다. 명품으로 도배를 하고 골프나 치고 외제차만 몰고 다니면서 인생을 허비하는 원장도 직원의 존경을 얻지는 못할 것이다. 환자를 진정 따뜻하게 대하고, 적당히 기부도 하고, 책도 읽고, 남의 입장도 이해하고, 사소한 일에도 고마움을 표시하는 원장의 말이라면 직원도 잘 납득할 것이다.

월급이 곧 미션이다

누군가에게 일을 시킨다는 것은 쉽지 않다. 원장들은 흔히 열심히 일하면 알아서 잘해줄 텐데 직원들이 인내심이 없다고 하면서 짜증내고는 한다. 하지만 직원의 입장은 다르다. 기다려도 원장이 모른 체하니까 월급을 올려 달라, 사람을 더 뽑아 달라, 필요한 장비를 사달라고 힘들게 말을 꺼내게 된다. 만약에 직원이 미리 그런 말을 꺼내지 않았다면 원장이 알아서 직원의 급여도 올려주고, 사람도 충원하고, 장비도 보강했을까? 그렇지 않다. 미리 알아서 돈 들어가는 일을 해결해 주는 오너는 거의 없다. 오너에게 뭔가를 요청하는 직원은 대단한 강심장이어야 한다.

원장에게 나서서 먼저 얘기를 꺼내는 강심장 직원은 극소수이만, 그렇다고 나머지 직원들이 원장이 뭐라고 한마디 한다고 해서 팔을 걷어붙이고 일을 하는 것은 아니다. 원장이 생각하기에 직원은 매달 월급을 받고 일을 하기에, 일단 병원에 나와 있는 동안은 뭐가 되었던 시키는 일은 다 열심히 해야 한다. 월급으로 직원의 시간을 샀다고 생각을 한다. 하지만 직원의 생각은 다르다. 매일 반복되는 정해진 일이 자기 일이라고 생각을 한다. 정해진 일만 하고 어떻게든 시간을 남겨 조금이라도 더 쉴 생각을 한다. 따라서 원장이 뭔가 새로운 일을 시키면 이 평계 저 핑계 대면서 안 하거나 남에게 미루려고 한다. 노련한 직원은 그러지도 않는다. 일단 하겠다고 하고 원장이 볼 때는 하는 척하고 원장이 보지 않을 때는 하지 않는다. 어떻게 되었는지 나중에 물어보면 막상 해보려고 했는데 능력도 없고 시간도 부족해서 제대로 하지 못했다면서 미안한 표정을 보인다.

경쟁도 치열해지고 경기 침체도 지속되면 원장은 마음이 급하다. 나름대로 새로운 경영전략도 짠다. 직원과의 의사소통이 잘 이루어져야 하기에 그러한 전략에 대해서 이런저런 필요성을 알리고 직원들도 따라주기를 바란다. 하지만 그렇게 말로 하는 전략은 직원들의 마음에 와 닿지 않는다. 환자에게 친절해야 한다고 말을 하지만 친절한 직원이나 불친절한 직원이나 막상 똑같은 대우를 받으면 친절해야 한다고 원장이 백날 말해도 소용없다. 창의적이 되어야 한다고 하지만 원장이 시키는 일만 죽어라고 한 직원이 막상 승진하는 경우 새로운 것을 시도하라고 원장이 말할 때마다 직원들은 속으로 비웃는다. 이런 상황이 반복되면 직원들은 원장이 뭐라고 해도 겉으로만 고개를 끄덕일 뿐 사실은 마이동풍이다.

보상이 없으면 직원은 움직이지 않는다. 시중에 나온 리더십 책을 보면 금전적 보상을 통해 직원의 마음을 사는 것을 아주 저급한 행위인 것처럼 취급한다. 그러면서 고차원적인 리더십에 대해서 구름 잡는 얘기를 한다. 원장들은 그런 얘기에 솔깃할 수밖에 없다. 돈 안 들이고 직원들이 더 열심히 일하게 할 수 있다니 말이다. 하지만 입장을 바꿔 놓고 생각해 보자. 원장들도 한때는 모두 월급쟁이였다. 수련의, 전공의, 전임의, 봉직의 시절을 돌이켜 보자. 아무런 보상도 없는데 알아서 일을 더 열심히 하고자 하는 마음이 든 적이 있는가? 수련의 때와 전공의 때는 교수님들이 모든 것을 좌지우지했기 때문에 두려워서 일을 했다. 전임의 때는 전임교수 발령을 위해서 하기 싫은 것도 억지로 일을 했다. 마음에서 우러나오던 것은 아니었다. 봉직의 때부터는 금전적 보상도 없으면서 병원이 뭔가를 시키려고 할 때 협조한 경우는 거의 없을 것이다.

그런 점에서 직원에게 있어서 급여는 단지 돈 이상의 의미를 지닌다. 직원에게 급여처럼 강력한 메시지를 전달하는 커뮤니케이션 수단은 없다. 아무리 웃으면서 위로를 해도 월급이 오르지 않으면 그 직원은 자신의 가치가 제대로 평가받지 못한다고 생각한다. 회사 사정이 어렵다는 설명을 듣고 직원이 논리적으로는 납득을 했더라도 월급이 깎이면 직원은 자신이 불필요한 존재가 되었다고 생각한다. 아무리 원장이 마지못해 무뚝뚝한 표정으로 말했더라도 월급이 오르면 직원은 자신의 가치가 상승했다고 생각한다. 어느 부서에서, 어떤 일을, 어떤 식으로 했을 때 급여가 어떻게 결정되는가를 통해서 직원은 병원이 나아가는 바를 느끼게 된다.

그런 점에서 같은 일을 할 때 인근 병원보다 조금이라도 월급을 더 받으면 직원은 자긍심을 가진다. 우리 병원이 타 병원보다 대우가 좋을 때 그만두는 것이 어렵고 따라서 억지로라도 일을 더 할 것이다. 공무원이나 대기업과 같이 금전적으로 환산할 때 상당한 복지 혜택을 주는 것이 아니라면 복지 혜택을 줄 돈으로 월급을 올려주는 것이 낫다. 주위를 보면 좋은 곳에서 회식하고, 좋은 콘도를 빌려서 단합 대회를 하면서 직원을 위한다고 생각하는 원장님이 있다. 하지만 그 돈으로 단돈 만 원이라도 월급을 올려주는 것을 직원은 선호한다. 월급만 다른 병원보다 더 주면 단합 대회 하지 않아도 다른 병원보다 더 열심히 일한다.

앞서 얘기했듯이 원장은 월급을 주면서 직원의 시간을 샀다고 생각하지만 직원은 정해진 일을 해주는 대가로 월급을 받는다고 생각한다. 따라서 우리 병원의 대우가 타 병원보다 낫더라도 직원이 생각하는 일상적인 직무가 아닌 다른 일을 추가로 시키기 위해서는 그에 대한 대가를 지불해야 한다. 만약에 그 직원이 다른 직원보다 월급을 많이 받고 있고, 일상적인 업무가 아니더라도 누군가는 해야만 하는 일이 병원에 생겼을 때 그 일을 처리하는 것이 자신의 월급에 포함되어 있다고 느끼는 경우는 굳이 추가로 보상을 하지 않아도 진심 어린 칭찬으로 충분할 수도 있다. 하지만 그게 아니라면 추가로 발생하는 일에 대해서는 하다못해 자그마한 선물로라도 보상을 해줘야 한다. 그러한 잡일을 누군가 도맡게 되면 월급을 인상할 때 그 부분이 포함되어야 한다. 그렇게 일을 많이 맡아서 하는 사람은 장기적으로는 승진을 시켜줘야 한다. 그러지 않으면 직원은 자기가 맡은 일만 하려고 할 것이고 추가로 부여된 일은 하는 둥 마는 둥 해서 좋은 결과를 얻어낼 수 없다.

그래도 원장이 보상 없이 직원에게 새로운 일을 시키고자 한다면 일단 우리 병원의 대우가 인근 병원보다는 나아야 한다. 그래야 억지로 일을 시킬 수 있다. 그리고 금전적인 보상을 하지 않는다면 그때는 원장이 더 신경을 쓰는 수밖에 없다. 돈을 아끼는 만큼 원장이 노력해야 한다. 우선 그 일이 왜 중요한지 직원에게 잘 설명해야 한다. 그 일이 잘 되면 어떤 과정을 통해서 병원에 어떤 이익이 되는지, 그 일이 잘못되면 어떤 과정을 통해서 병원이 어떤 손해를 입는지 직원이 이해할 수 있게끔 잘 설명해야 한다. 어떤 경우는 원장의 머릿속에 퍼뜩 떠오른 구상을 직원에게 설명하는 과정에서 막히는 수가 있다. 그때는 보다 합리적이고 치밀한 계획을 세워서 추후에 다시 설명해야 한다. 보상도 없고 이해할만한 이유도 없는데 그저 시키는대로 하라는 경우 일이 제대로 되는 경우가 없다.

아울러 직원이 일을 잘하게끔 도와줘야 한다. 원장은 의과대학을 나올 정도로 머리도 좋고, 자기 일이기 때문에 열성도 있다. 그런 원장이 어느 정도는 세부적인 계획을 세운 후 직원에게 실행을 맡기는 것이 바람직하다. 직원에게 계획부터 실행까지 모두 맡기면서 위임을 했다고 착각하는 원장님들이 간혹 있다. 하지만 완벽한 계획을 세우는 것은 대체로 직원의 능력에 벅차다. 계획은 원장의 몫이다. 그리고 계획을 세워서 일을 맡겼으면 체크를 해야 한다. 어떤 원장님은 시도 때도 없이 직원을 불러서 확인하기도 한다. 자신이 일상적으로 하던 일이 아닌 일을 추가로 맡게 되었는데 계속 원장이 불러대면 직원도 짜증이 나게 된다. 매일 한 번 오후 4시, 혹은 일주일에 한 번 금요일 점심 같은 식으로 체크하는 횟수와 시간을 정해야 직원도 예상 가능하게 일을 할 수 있다. 그리고 일단 일을 맡겼으면 사소하더라도 직원이 아이디어를 제공하거나 스스로 결정할 수 있는 부분이 있어야 한다. 그리고 직원의 아이디어가 시원찮거나 혹은 결과가 좋지 않더라도 야단치지 말아야 한다. 보상도 없이 추가로 일을 떠맡았는데 재미라도 있어야 하지 않겠는가? 같은 맥락에서 이 정도까지는 스스로 알아서 결정하라고 했는데 그 결과가 다소 미흡하더라도 잘못을 따지기보다는 다음에는 더 잘할 수 있다고 격려를 해주는 것이 바람직하다.

   직원은 사람이다. 기계가 아니다. 일을 하는 데 있어서 항상 직원의 감정을 배려해야 한다. 월급을 줬으니까 내 마음대로 직원을 부릴 수 있다고 착각을 해서는 안 된다.

직원의 비리·횡령·게으름을
막는 법

개원을 하고 제일 힘들어하는 것 중 하나가 직원들이 속 썩일 때다. 그런데 사람은 감독을 하지 않으면 게을러지게 마련이다. 태만과 관련된 유명한 실험 중 하나로 링겔만^{Ringelmann} 효과가 있다. 각각의 개인 한 명이 밧줄을 잡아당기는 힘이 1이라고 했을 때 3명이 한꺼번에 잡아당기면 3배가 아닌 2.5배의 힘으로 잡아당기고, 8명이 한꺼번에 잡아당기면 8배가 아닌 4배로 잡아당긴다고 한다. 따라서 동일한 업무를 함께 하도록 직원을 뽑아 놓는 경우 직원이 게으름을 부리는 것이 당연하다. 직원들은 편하게 일을 하려고 직원을 더 뽑아 달라는 것이지, 일을 더 하려고 직원을 뽑아 달라는 것이 아니다. 따라서 직원들이 좀 힘들다고 해도 가급적 빠듯하게 조직을 운영하는 것이 낫다. 게으른 직원을 탓하기 전에 게으름을 피우지 못하는 근무 조건을 만드는 것이 바람직하다. 아울러 직원이 게으름을 피우지 못하게 하기 위해서는 해야만 하는 업무가 명확해야 한다. 인간은 힘든 일은 남에게 미루고 편한 일만 하고 싶게 마련이다. 힘들고 귀찮은 일을 남에게 미루지 못하게 하기 위해서는 그 일이 누구의 일인지 분명히 지시해야 한다. 만약에 그 일이 다들 꺼리는 일이어서 한 사람에게 시킬 수 없는 경우는 스케줄을 짜서 직원들이 돌아가면서 일을 하도록 해야 한다. 그리고 스케줄대로 일이 이루어지도록 관리 감독을 해야 한다. 교통사고로 인한 사망을 줄이는 데 있어서 가장 큰 기여를 한 것은 안전운전에 대한 홍보 방송이나 교육이 아니다. 안전벨트 착용과 음주운전 단속이 가장 큰 기여를 했다. 따라서 병원에서도 열심히 하라고 막연히 잔소리하기 보다는 어떤 일을, 어떤 형태로, 누가 해야 하는지 명확히 하고, 상벌을 분명히 해야 한다.

가끔씩 뉴스에 공무원들이 실제로는 근무하지 않고 시간외수당을 신청하는 것이 나온다. 병원도 마찬가지다. 직원 중에는 출장을 가지 않고 출장을 갔다고 하는 직원도 있고, 자격증 유지를 위한 연수 평점을 받기 위해서 연수 교육에 간다고 거짓말을 하고는 출근하지 않는 직원도 있다. 이런 경우를 막기 위해서는 출장, 교육, 학회에 가는 경우 출석 여부를 증빙할 수 있는 서류를 받아야 한다. 가능하다면 사진도 제출하도록 해야 한다.

인센티브의 경우도 의도한 바와 다르게 일이 벌어지는 경우가 허다하다. 어느 병원에서 하루에 외래 환자가 100명이 넘으면 인센티브를 주기로 했다. 101명이나 150명이나 100명을 넘기는 매한가지다. 직원의 입장에서는 매일 100명이 넘는 것이 가장 인센티브를 많이 받을 수 있다. 외래 직원들은 하루에 100명이 훨씬 넘는 환자가 올 것 같으면 환자를 다른 날에 오도록 분산시켜서 100명이 넘는 날짜를 늘려서 인센티브를 더 챙기고자 했다. 결과적으로 환자가 분산되면서 대기 일수와 대기 시간이 줄었기 때문에 원장도 이득을 본 셈이 되었다. 하지만 원장은 인센티브를 도입할 때는 신중해야 한다는 교훈을 얻었다.

그리고 인센티브를 적게 받은 직원이 자신이 일을 못해서 돈을 적게 받았다고 인정하는 경우란 거의 없다. 약삭빠른 다른 직원들이 잇속만 챙긴다고 생각을 한다. 인센티브를 많이 받은 직원도 마찬가지다. 자신이 잘해서 병원을 먹여 살린다고 생각을 하면서 나머지 직원을 월급만 축내는 이들로 여기고 무시한다. 그러면서 모든 직원이 서로에 대해 불만을 가지면서 병원 분위기가 콩가루가 되기도 한다. 어떤 경우는 'No incentive'가 'Best incentive'다.

직원들이 누군가를 왕따 시키거나 패가 갈려서 다투는 경우 제일 골치 아프다. 그런데 따지고 보면 그 원인의 상당 부분은 원장에게 책임이 있다. 특히 직원을 경쟁시키는 경우 나중에 직원들이 서로 싸우게 되면서 원장이 그 대가를 치르는 일이 종종 있다. 거대 기업이라면 모를까 서로가 누구인지 뻔히 다 아는 작은 병원에서 경쟁이 벌어지다 보면 결국 직원들끼리 싸우게 된다. 그리고 원장은 직원들을 공평하게 대한다고 생각을 하지만 사실 그렇지 못한 경우가 많다. 남자 원장들은 여직원의 외모에 크게 영향을 받는다. 본인은 그렇게 생각하지 않지만, 옆에서 보면 미모의 여직원에게 잘해주고 용모가 떨어지는 직원에게는 무관심하다. 여자 원장이 남자 직원을 대할 때도 비슷한 편견에 사로잡히는 경우가 허다하다. 여자 원장은 훈남 스타일에게 마음이 가게 마련이다. 아울러 직원 앞에서는 절대로 다른 직원의 험담을 하면 안 된다. 원장이 누군가를 못마땅해 하는 것이 직원들 사이에 소문이 돌면 왕따로 이어져 문제가 될 수 있다.

현금을 다루게 되는 비급여 의료기관의 경우 슬쩍슬쩍 돈에 손을 대는 직원이 있다. 그런데 원래 인간은 감시를 받지 않으면 남의 물건을 훔치는 경향이 있다. 교과서처럼 정직한 인간은 많지 않다. 직원도 예외는 아니다. 스티븐 레빗과 스티븐 더브너의 《괴짜 경제학》에는 인간의 정직에 관한 재미있는 사례가 나온다. 펠트만이라는 사람이 워싱턴의 사무직들이 일하는 회사에 베이글을 갖다 놓고 알아서 돈을 내게 하는 식으로 장사를 했다. 그러자 10% 정도의 고객들은 베이글만 가져가고는 돈을 내지 않았다. 그런데 대규모 사업장이 아닌 100명 이하 사업장에서는 회수율이 3~5%가 더 높았다. 작은 사업장의 경우 돈을 내지 않고 가져가다가 남에게 들통이 날 확률이 더 높았기 때문이다. 따라서 원장이 직원들의 횡령, 배임, 뇌물을 막기 위해서 관심을 기울이고 돈이 오가는 상황이 오픈되게끔 하지 않으면 직원들은 현금에 손을 대게 마련이다. 특히나 세금을 덜 내기 위해서 현금을 받는 경우 직원들은 설혹 자신이 현금을 가져가더라도 원장이 문제로 삼지 않을 거로 추측하기도 한다.

따라서 직원들이 돈을 훔치지 못하게끔 하기 위해서는 카드 결제를 받던지 입금을 받아서 현금 자체를 줄여야 한다. 아울러 금전 출납기, CCTV, 철저한 회계감사는 기본이다. 결제는 원장이 직접 입금을 하는 것이 바람직하다. 큰 거래처의 경우 병원으로 오라고 한 후 카드로 결제해서 거래를 좌우지하는 이가 원장이라는 것을 인식시켜줘야 뇌물이나 횡령의 가능성이 줄어든다. 그리고 원장부터 모범을 보여야 한다. 흔히 제약 회사나 의료기기 회사가 스폰서가 되어서 회식을 하는 경우가 있는데 바람직하지 않다. 그러다 보면 원장이 없을 때 제약 회사나 의료기기 영업 담당자가 직원에게 접근하는 수가 있다.

아울러 좋은 직원을 데리고 있는 것이 중요하다. 수입에 비해서 씀씀이가 헤픈 직원은 항상 돈이 모자라게 마련이다. 따라서 문제를 일으킬 가능성이 크다. 결혼한 직원이 불륜을 저지르는 경우도 배우자에게 알리지 않고 몰래 돈을 써야 하므로 돈에 손을 댈 가능성이 커진다. 아무리 사람이 착해도 너무 상황이 몰리고 돈이 쪼들리다 보면 엉뚱한 생각을 하게 마련이다. 아울러 직원이 자신의 부정을 합리화할 근거를 마련하지 않는 것도 중요하다. 너무 직원에게 야박하게 대하거나 인격적인 모독을 가하면 안 된다. 원장이 자신을 막 대하니까 자신도 이 정도 부정은 저질러도 괜찮다고 합리화하기 때문이다.

그리고 인간을 욕심에 물들게 하는 것은 시기심과 부러움이다. 말단 직원은 원장과 자신의 처지가 다른 것에 대해서 어쩔 수 없다고 납득한다. 하지만 경영 이사나 사무장 같은 관리직은 원장 측근에서 오래 일하게 된다. 관리직은 다른 직원에 비하면 절대적으로는 보수를 많이 받는 편이다. 그런데 원장이 너무 사치스럽게 사는 것을 대하다 보면 자신의 보수가 상대적으로 적게 느껴진다. 궂은일은 자신이 다하고 원장은 편하게 돈만 챙긴다는 피해의식이 생기게 된다. 따라서 남들의 시기와 질투를 피하기 위해서는 검소하게 살고 겸손하게 행동해야 한다.

직원이 게으르다, 직원이 자기 생각만 한다, 직원이 부정직하다며 직원 탓을 하지 말자. 직원이 열심히 일하지 않고, 자기 잇속만 챙기려 하고, 기회가 생기면 부정을 저지르는 것은 어떤 점에서 당연하다. 그것을 막는 것이 원장의 임무다. 그러기 위해서는 시스템을 갖추고, 더욱 부지런하게 관리하고, 적발된 비리에 대해서는 납득할 수 있는 처벌이 뒤따라야 한다. 그리고 직원을 자극하지 않도록 잘 처신해야 한다.

개원의가 생각하는
노무관리

✚ 개인 사정으로 퇴직한 직원은 실업급여를 신청하면 안 된다

개인 사정으로 갑자기 그만둔 후에 실업급여를 신청하고 싶다면서 병원에서 사직을 요구한 것으로 처리해달라는 직원이 있다. 그런 부탁을 들어줘서는 안 된다. 이런 경우는 실업급여 부당 수급에 해당한다. 실업급여 부당 수급의 경우 병원도 책임이 있다. 반복되면 조사가 이루어지고 부당 수급을 병원이 도와주었으면 사측이 부담해야 하는 고용보험료가 증가한다.

✚ 퇴직금과 연차는 법대로 해야 한다

퇴직금을 월급에 삽입한 것으로 처리하는 경우 인정을 받지 못한다. 퇴직금은 근무한 지 1년이 지났을 때 지급을 해야 한다. 그리고 지급을 할 때 직원이 중간 정산에 동의했다는 것을 서류로 기록에 남겨야 한다. 근로기준법에 명시된 연차를 주지 않는 것도 문제가 된다. 만약에 사용하지 않은 연차가 있는 경우는 보상해야 한다. 여럿이서 일을 하는 경우 직원들이 연차를 사용하지 않기 위해서 일을 다른 직원에게 맡기고 잠깐 밖에 나가서 개인적인 일을 보는 경우가 있는데 연차를 내고 일을 보도록 해야 한다. 그리고 어떤 경우는 직원들이 오전만 쉬었으니까 혹은 오후만 쉬었으니까 하면서 반차로 인정해달라고 하는데 반차라는 용어는 원래 없다. 사용하지 않은 연차에 대해서는 규정대로 보상하고, 대신 가급적 연차를 사용하도록 유도해야 한다.

✚ 수습기간도 4대 보험에 가입해야 한다

흔히 신규 직원을 채용할 때 처음 1개월~3개월을 수습기간으로 정한다. 수습기간에 어느 정도 일을 좇아가나 보고 계속 일을 할지 여부를 결정한다고 신규 직원과 합의를 하는 경우다. 일이 너무 서툴면 해고를 할 수 있는 것으로 미리 고지를 하기도 한다. 하지만 수습기간이더라도 4대 보험은 가입해야 한다. 특히 건강보험의 경우 개원한 지 4~5년 지나게 되면 건강보험공단에서 급여 대장을 제출하도록 요구한다. 급여 대장과 세무서에 신고한 직원 급여 내역을 토대로 조사를 해서 건강보험료를 추가 징수 한다. 그때 가장 많이 보는 항목이 수습기간 중에 직장에서 직원에게 직장 건강보험을 가입하게 해줬는지 여부다. 몇 년 치를 한 번에 조사해서 내라고 하는데 생각지도 않은 시점에 그 부담이 적지 않다. 따라서 수습기간도 4대 보험은 가입해야 한다.

✚ 5월 1일 근로자의 날과 주휴일을 제외하면 모두 근무일이다

직원들은 흔히 어린이날, 광복절, 개천절 같은 국경일을 휴일로 착각을 한다. 하지만 근로기준법상 유급으로 쉴 수 있는 날은 5월 1일 근로자의 날과 주휴일 뿐이다. 나머지 국경일은 무급 휴일이다.

✚ 퇴사한 직원도 문제 제기를 할 권리가 있다

퇴사한 지 꽤 시간이 흐른 직원이 초과근무수당, 야간수당, 연차수당 등을 덜 받았다고 뒤늦게 문제를 제기해서 노동청에서 공문이 날라 오면 당황하게 된다. 기존의 직원들 모르게 처리해야겠다는 생각에 퇴사한 직원을 만나서 적당한 액수에 타협하는 수가 있다. 그러면 돈은 돈대로 나가고 문제는 더 커진다. 기존 직원에게 알리지 않는다는 약속을 받고 합의를 했더라도 퇴사한 직원은 약속을 지키지 않는다. 오히려 기존 직원들에게 전화를 걸어서 자랑하고 방법을 알려주는 경우가 대부분이다. 따라서 노무사와 상의한 후 정식으로 절차를 진행하는 정공법이 바람직하다. 노무법인과 계약이 되어 있으면 원장이 직접 노동청에 가지 않아도 담당 노무사가 대신 가서 일을 처리해 준다.

✛ 특혜는 그동안의 공에 대한 상일뿐이다

병원에서 시간도 배려하고 돈도 대주면서 자격증을 따게 하는 경우 직원들은 자격증을 따도 일정 기간은 자격증이 없었을 때와 똑같이 월급을 받겠다고 약속을 한다. 어떤 경우는 병원과 직원이 그런 내용의 약정서를 작성하기도 한다. 하지만 그런 약속은 지켜지지 않는다. 자격증 취득 전과 취득 후 마음이 달라진다. 그 자격증으로 남들이 월급을 더 받는 것을 보면 짜증이 난다. 그 직원이 나쁜 것이 아니다. 인간의 마음이 그런 것이다. 따라서 자격증을 취득할 수 있게 병원에서 시간을 배려해달라고 하거나, 혹은 교육비를 보조해달라고 하는 경우 어렵다고 얘기해라. 만약에 그 과정을 위해서 직장을 그만두겠다고 하면 그만두게 해라. 그 직원이 괜찮은 직원이라면 자력으로 자격증을 딴 후에 더 좋은 대우로 다시 뽑아라. 그게 훨씬 깔끔하다.

이제는 세무에 못지않게 노무가 중요해졌다. 병·의원의 규모가 어느 정도 된다면 노무사와 계약을 하도록 권한다. 노무사는 근처의 임금 수준을 파악하고 있다. 내가 덜 주는지 더 주는지 노무사를 통해서 물어볼 수 있다. 노동청에서 공문이 왔을 때도 노무사에게 보여주면 알아서 처리한다. 노동청 지도 감독 때도 노무사가 있는 병원에 대해서는 나름대로 원칙을 지킬 것으로 생각하고 노동청 직원이 긍정적으로 대한다. 직원 문제로 속 썩는 일이 많다면 꼭 노동법과 관련된 것이 아니더라도 인력 관리 일반에 대해서 노무사의 자문을 구하면 도움이 된다.

세상에서 가장 힘든 병원 인사 관리

인사가 만사라는 말이 있다. 어떤 직원을 뽑느냐, 직원에게 어떤 대우를 하느냐가 정부나 기업이 어떻게 돌아갈지의 대부분을 좌우한다는 의미다. 그런데 중소병원이나 의원도 예외가 아니다. 오히려 다음 5가지 이유에서 병·의원의 인력 관리는 다른 일반 기업의 인사 관리와는 비교가 되지 않을 정도로 힘들고 복잡하다.

✚ 정부 규제에 맞게 직원을 채용해야 한다

병·의원은 정부의 규제에 따라 직원을 고용해야 한다. 의사 1인당 환자 몇 명을 볼 수 있는지, 간호사 1인당 환자 몇 명을 볼 수 있는지 전부 정해져 있다. 그 의사가 얼마나 효과적으로 열심히 일하는지는 고려의 대상이 아니다. 밤잠을 안 자고 하루 24시간 일하는 간호사가 있다고 해서 3명으로 쳐주지 않는다. 그리고 의료법에 따라서 특정 직무는 해당 자격증 소지자만 할 수 있도록 정해져 있다. 보험급여 대상인 진료 항목의 경우 특정 자격을 지닌 의료인이 직접 행하지 않으면 심사평가원이 인정해주지 않는다. 단순 소독의 경우 간호사가 할 수도 있겠지만 청구를 해서는 안 되며 만약에 감염이 되어 상태가 악화가 되면 의료분쟁의 소지가 된다. 체위 변경의 경우 역시 간호사가 했을 때만 청구를 할 수 있다. 요양병원에서 간병인이 체위 변경을 하면 부당 청구로 간주한다. 요양병원의 경우 체위 변경은 간호사의 업무라고 규정한 데 반해 노인 요양원에서는 요양보호사가 체위 변경을 일정 횟수 이상 하도록 권장한다.

자신이 채용된 이유가 단지 규제를 충족시키기 위해서라고 생각하는 직원은 자리만 채우면서 퇴근 시간만 기다린다. 병원으로서도 일단 허가와 청구를 위해서 필요한 직원을 채우는 것이 우선이기에 일을 잘하는 직원이나 못하는 직원이나 비슷한 대우를 할 수밖에 없다. 인센티브 제도를 통해서 일을 잘하는 직원이 더 나은 보상을 받는 경우 나머지 직원들의 불만이 커지면서 결과적으로 평균 임금만 오르게 된다. 따라서 규제를 충족하기 위해서 채용해야 하는 직원의 경우 우수한 직원을 뽑는 것보다는 문제될 만한 직원을 뽑지 않는 것이 중요하다. 그리고 규제 충족을 위해서 채용하는 직원의 경우 원장도 업무에 대한 눈높이를 낮춰야 한다. 다른 직원, 다른 병원과 비교하며 일을 잘하도록 강요하기보다는 합리적인 급여를 주면서 안정적으로 인원을 확보하는 데 중점을 둬야 한다.

✚ 전문직들의 협조를 구하기가 어렵다

병원에는 간호사, 물리치료사, 의료기사, 검안사와 같은 다양한 전문직이 존재한다. 그런데 원장이 매출을 올리도록 조금이라도 잔소리를 하면 병원이 상업적이라면서 저항한다. 원장이 비용을 줄이도록 조금이라도 잔소리를 하면 제대로 된 치료 환경도 갖추지 않는다면서 매도한다. 원장의 처지에서는 매출은 많이 올리고 비용은 적게 발생시키는 직원이 고맙다. 그런데 전문직 중에 그런 직원을 찾기란 쉽지 않다. 전문적 지식을 내세워 요리조리 일만 피해 가면서 그것을 양심적이라고 포장하는 직원도 있다. 타부서와 협조를 하라고 하면 전문성을 침해한다고 말한다. 어떻게 해서든 편하게 지낼 생각인 것이다. 까딱 잘못하다 보면 그런 현상이 집단 태만으로 이어지고 병원 분위기를 엉망으로 만든다. 그런데 비협조적인 직원을 그만두게 한다고 해서 문제가 해결되지 않는다. 다른 사람이 들어와도 다 그 나물에 그 밥이다. 그리고 지식뿐 아니라 경험도 필요하므로 막상 우리 병원에 와서 적응하지 못하는 일도 있다. 그런데 자신에게 유리한 상황을 최대한 이용하고자 하는 것은 인간의 본능이다. 아무리 잔소리를 해도 소용없다. 따라서 처음에 채용할 때 업무 분담이 명확해야 한다. 아울러 프로토콜을 사용해서 정해진 대로 일이 이루어지게 해야 한다. 전문직에게는 전문 분야와 관련된 업무만 시키는 것이 바람직하다. 타 직종 혹은 타 직군과의 협력을 시도해도 뜻대로 이루어지지는 않고 불평만 야기할 가능성이 크다.

✛ 고질적 인력 부족이 예상된다

지방 병원의 경우 간호사 인력난이 심각하다. 간호사 배출이 늘어나서 도시의 간호사 임금이 주춤하더라도 지방은 여전히 간호사를 채용하기 어렵다. 지방의 인구 자체가 감소하기 때문이다. 지방 병원에서 일하던 간호사가 그만두는 경우 가족들을 따라서 이사하거나, 결혼하면서 지역사회를 떠나는 경우가 많다. 그리고 지방에 소재한 간호대학도 학생들을 보면 대부분 수도권이나 대도시 거주자다. 학교만 졸업하면 다시 자신이 살던 도시로 가서 일자리를 구한다. 그런데 앞으로는 간병인의 인력난이 더욱 문제가 될 것이다. 환자의 배변을 씻기고 움직이지 못하는 환자의 몸을 움직여 씻는다는 것은 노동도 노동이지만, 지저분함을 참아야 한다. 그런데 점점 육체노동자는 줄어든다. 지금 30대는 아무리 돈을 많이 줘도 대소변이 묻는 이들의 몸을 씻기지 않는다.

따라서 신규 직원을 많이 채용하려고 하는 것보다 지금 있는 좋은 직원이 나가지 않게 하는 것이 중요하다. 간호사 인력난으로 힘들어하는 병원의 공통점은 높은 이직률에 있다. 월급은 적게 주면서 이직률은 낮기를 바라서는 안 된다. 일단은 월급을 잘 줘야 한다. 인력 수급이 잘 이루어지는 병원의 공통점은 임금은 일단 주변보다 높고 대신 열심히 일을 시키는 분위기다. 병·의원의 경우 환자 몇 명당 직원을 채용하는 것이 정해져 있고 직원이 더 일한다고 해서 심평원이 인정해주지도 않는다. 그러나 일을 잘하는 직원은 결국 사고 비용을 낮춰주게 되어 있다. 요양병원의 경우 병원 내 의료사고 비용의 감소는 결국 비용 구조로 이어진다. 그리고 아울러 기존 직원에 대한 존중도 중요하다. 돈으로 되는 점이 있고 돈이 문제가 아닌 부분이 있기 때문이다. 직원을 대할 때 단지 금전적으로 인센티브를 제공한다고 해서 그것이 다가 아니다. 병원을 경영하다 보면 정말로 직원들을 조심조심 다뤄야 한다.

✚ 직종 간, 직군 간 알력과 갈등이 심하다

간호사와 의료기사는 사이가 좋지 않다. 요양병원에서는 간호사와 요양보호사의 사이가 좋지 않다. 그리고 의사 사이에서도 진료 부서와 진료 지원부서는 갈등이 있다. 마지막으로 진료직군과 행정직군 사이의 갈등이 있다. 따라서 이러한 싸움에 휘말리면 안 된다. 공정성이 담보되어야 한다. 직원은 적을수록 좋다. 규제에 의해서 어쩔 수 없이 뽑는 직원들을 제외하면 최소한도의 직원으로 유지해야 한다. 자동화를 사용하고 아웃소싱을 해야 한다. 아울러 비정규직의 사용도 고려해야 한다. 그리고 각각의 직원 중 누구는 마음에 들고 누구는 마음에 들지 않더라도 중요한 직군이 어디인지를 알고 중점을 줄 수밖에 없다. 마지막으로 모든 전문직과 의사소통이 가능한 컨트롤 타워가 있어야 한다. 그리고 컨트롤 타워에 해당하는 인물이 권한을 지녀야 한다.

✚ 의사가 모든 것을 좌우한다

가장 중요한 인사 관리는 원장 자신에 대한 인사 관리다. 특히 병원에서 의사란 다양한 역할을 한다. 서비스를 만들고, 판매하고, 사후 관리까지 모두 의사의 몫이다. 즉 행정, 마케팅, 시술에 모두 관여한다. 일반 회사는 고객을 직접 대하는 영업 사원, 엔지니어, 애프터서비스 직원이 따로 있다. 직원이 나가면 각각 직능에 해당하는 다른 직원으로 대치하면 된다. 그런데 행정, 마케팅, 시술 모든 일에 다 관여하는 능력 있는 의사를 대치하기란 쉽지 않다. 좋은 의사를 붙잡고 충분한 대우를 해주지 않으면 환자가 늘지 않는다. 그리고 문제 의사 한 명이 병원의 평판을 삽시간에 엉망으로 만들어버린다.

그리고 기업의 가장 많은 부분을 좌우하는 것이 CEO다. 특히 직원 천 명 이하의 중소기업은 CEO의 능력, 역할이 중요하다. 회사의 CEO가 직접 고객과 직원을 만나느냐가 매우 중요하다. 그런데 처음에는 회사 일을 열심히 하다가 나중에 수없이 많은 VIP를 만나느라 정신이 없어지는 CEO가 적지 않다. 회사 일은 재미가 없고, 회사 밖에서 사람 만날 때만 좋다. 그러다 보면 회사 망하는 것은 삽시간이다. 백화점 CEO는 일주일에 적어도 하루는 자신의 백화점에서 직접 물건을 팔아야 하고, 자동차 회사의 CEO는 일주일에 한 번은 적어도 자신의 공장에서 직접 기계를 돌리고 매장에 나가서 차를 팔아야 한다. 이런 회사는 절대로 무너지지 않는다. 병·의원도 마찬가지다. 원장이 환자를 보지 않고 경영만 하면서부터 오히려 병원이 무너져 내리는 경우가 비일비재하다. 원장이 환자를 보는 것은 고객을 직접 만나는 것이다. 원장이 수술방에 가서 일주일에 한 번이라도 수술을 하면 병원이 어떻게 돌아가는지 저절로 파악된다. 인사 관리에서 가장 중요한 것은 CEO인 원장 자신에 대한 관리다.

아무리 독려해도
일을 제대로 안 하는 직원

요새 병원 운영이 점점 어렵다고 호소하시는 원장님들이 늘어나고 있다. 그러다 보니 직원에 대해서 이런저런 불만을 토로하는 분들이 적지 않다. 원장은 힘들어 죽겠는데 직원들은 알아주지 않는다는 것이다. 아무리 타일러도, 아무리 잔소리를 해도 소용이 없다. 그런데 직원을 독려한다고 해서 과연 문제가 해결될까? 병원 운영이 어려워지는 것은 사실이다. 모두 함께 노력해야 하는 것도 당연하다. 하지만 병원에 환자가 줄어드는 것이 직원 탓은 아니다. 직원이 열심히 한다고 해도 환자가 어느 정도 늘어날지도 알 수 없다. 인간은 자신의 노력이 결과에 영향을 준다는 확신이 있을 때 움직이는 경향이 있다. 자신의 노력이 결과에 영향을 주지 못하는 상황에서는 움직이지 않으려 한다. 원장으로서는 직원이 무조건 최선을 다해서 열심히 해주기를 바란다. 직원이 열심히 하면 할수록 이익이다. 하지만 직원의 처지에서는 나름 열심히 했지만, 성과가 나지 않으면 헛수고를 한 셈이 된다. 아무리 열심히 해도 성과가 따르지 않으면 보상받지 못할 것이라고 가정하고는 한다. 노력이 성과로 이어지고 성과가 보상으로 이어지면 열심히 한다. 하지만 노력해도 성과가 없고, 성과를 내도 보상이 없으면 노력하지 않는다.

어떤 문제가 발생할 때는 다양한 요소가 영향을 준다. 그런데 우리는 문제가 발생하면 한 가지가 원인이라고 생각하는 경향이 있다. 인간이 이렇게 문명을 이루고 산 지는 얼마 되지 않는다. 현대사회에서는 다양한 정보를 가지고 심사숙고해서 결정해야 하는 일들이 많다. 그리고 다양한 요소가 영향을 준다. 그런데 과거의 세상은 훨씬 단순했다. 농사가 안되는 이유는 비가 안 내려서다. 맹수가 덤비면 무조건 달아나야 했다. 사냥을 나가면 무조건 동물을 잡아야 했다. 스트레스를 받는 상태가 되면 인간은 과거에 단순하게 생각하던 방식으로 회귀하게 된다. 마찬가지로 직장에서도 문제가 발생하고 스트레스를 받게 되면 문제를 단순화시키는 경향이 있다. 병원에서 원장과 직원 사이에 문제가 발생할 때는 원장, 직원, 상황 3가지 요소가 모두 작용을 한다. 세 요소가 삼분의 일씩 똑같이 영향을 주는 경우를 가정해본다. 원장도 변하고, 직원도 변하고, 상황도 변해야 한다. 그런데 이렇게 정확히 삼분의 일씩 책임이 있는 경우는 거의 없다. 때로는 원장이 50%, 직원이 25%, 상황이 25% 관여한다. 때로는 원장이 30%, 직원이 50%, 상황이 20% 관여한다. 때로는 원장 20%, 직원 20%, 상황 60% 작용을 한다. 하지만 힘든 상황에 처하면 원장은 100% 직원 탓이라고 생각하는 경향이 있다. 반대로 직원은 100% 원장 탓이라고 생각하는 경향이 있다. 힘들 때일수록 원장은 자기 자신, 직원, 상황을 모두 고려해서 신중하게 결정해야 한다.

따라서 병원의 경영이 어려울 때일수록 원장은 그것이 직원의 능력 문제인지, 직원의 노력 문제인지, 애초에 달성하기 어려운 목표였는지, 운이 나빴는지 적절하게 판단해야 한다. 만약에 직원이 능력이 안 되는데 계속 노력을 강요해도 소용이 없다. 직원이 업무 능력을 향상할 수 있도록 도와주는 것이 우선이다. 만약에 직원이 업무를 수행할 능력이 없고 업무 능력이 더 나아지지 않으리라고 판단되면 해당 직원에게는 자신의 능력과 맞는 다른 일을 맡기고, 다른 직원에게 그 일을 맡기는 것도 방법의 하나다. 목표 자체가 무리한 경우 직원을 재촉하면 재촉할 수록 반발만 더욱 심해진다. 운이 나빠서 일이 안 풀렸는데 그것을 직원의 탓으로 돌리는 것 역시 문제다. 일이 안되는 가장 주된 요인이 직원들의 노력 부족인 경우는 업무 강도를 증가시키는 것이 효과가 있겠지만 일이 안되는 가장 주된 요인이 능력, 업무 난이도, 운에 있는 경우 아무리 직원들이 노력해도 원하는 목표를 달성하는데 전혀 영향을 주지 못한다.

그리고 직원이 효율적으로 일하게 하려면 효과적인 방법을 선택해야 한다. 흔히 직원이 일을 못하면 말로 격려를 하거나 질책을 하고는 한다. 그런데 그런 격려나 질책은 과연 얼마나 효과가 있을까? 특별한 과제에서 경쟁하여 성공할 수 있다는 개인의 믿음을 자기효능 self-efficacy 이라고 한다. 자기효능에 영향을 미치는 요소는 다음 4가지다.

① 수행 성취: 직접 경험을 해보는 것이다. 응급실에서 처음 시술을 할 때는 누구나 겁이 나게 마련이다. 그러나 막상 해보고 나면 자신감이 붙는다. 직원도 마찬가지다. 새로운 일을 시키면 직원들은 머뭇거리게 마련이다. 해보지 않는 것이기 때문에 실수를 할까 두렵다. 그런 경우 일단 해보고 자신이 생각보다 잘한다는 것을 깨닫게 되면 두려움이 줄어든다.

② 대리 경험: 남들이 하는 것을 보면서 학습하는 것이다. 병원에 들어와서 원장님이 하는 것, 다른 직원이 하는 것을 어깨너머로 보면서 배우는 것이 해당한다.

③ 언어적 설득: 말 그대로 말을 통해서 설득하는 것이다. 일을 맡겼는데 못하겠다고 하는 직원에게 왜 그 일이 필요한지 설명하는 것, 능력이 안 된다는 핑계로 업무를 기피하는 직원에게 너도 그 일을 할 수

있다고 말로 설득하는 것이 해당한다.

④ 정서적 각성: 칭찬하거나 야단치는 것이다. 업무에 대한 피드백을 통해 다음 업무 수행을 더 잘 해내는 것에 해당한다.

그런데 자신감을 얻는데 가장 중요한 것은 성공적인 수행 성취이고 대리 경험, 언어적 설득, 정서적 각성의 순으로 영향을 미친다. 명령에 의해서 억지로 해본 후 하면 된다는 것을 깨닫지 않는 한 직원들이 알아서 새로운 일에 도전하는 법이 없다. 하기 싫더라도 일단 하고 난 다음부터는 자신의 능력 수준에 맞는 일련의 일을 성공적으로 수행하면서 난이도를 높여갈 때 능력 동기 competence motivation가 최대화된다.

매일 해야 하는 일을 빠뜨릴 때는 직원을 어떻게 대해야 개선이 될까? 수시로 지각을 하거나 뒷마무리를 대강하는 직원들이 있다. 감염이 안 되게 주의해야 하는데 자꾸 부주의한 직원도 문제다. 소독을 완벽하게 해야 하는데 제대로 하지 않는 경우 심각한 문제가 발생할 수 있다. 그런데 직원에게 일을 시켜야겠다고 생각을 하면 원장들은 대부분 직원을 칭찬하거나 야단을 치게 된다. 때로는 언어적으로 설득하기도 한다. 그런데 이러한 노력은 실제로 거의 효과가 없다. 스포츠 심리학에서는 리더의 행동을 다음과 같이 4가지로 구성되어 있다고 본다.

① 배려성 consideration: 리더가 하는 행동 중에서 49.6%를 차지한다. 우정, 상호 신뢰, 존경, 리더와 구성원 간의 허물없는 대화, 인간적인 따뜻함 등이 해당한다.

② 구조화 주도 행동 Initiating structure: 리더의 행동 중에서 33.6%를 차지한다. 리더 자신이 조직에 대해서 어떤 관계를 가질지 정하고, 집단 구성원의 역할을 조직화하고 그 범위와 한계를 정하는 행동이다. 누가 무슨 일을 할지, 누가 누구에게 지시할지, 누가 누구를 감독할지 같은 조직의 구조를 만든다. 얼마나 자주 회의를 하고 누가 참가해야 할지,

어떤 형태로 보고를 할지 등도 포함된다. 목표를 달성하고자 리더가 구성원을 감독하는 행동을 나타낸다.

③ 생산성 강조 production emphasis: 9.8%를 차지한다. 업무를 수행하도록 채근하고 독촉하는 직접적인 행동을 포함한다.

④ 감수성 또는 사회적 인지 sensitivity or social awareness: 7%를 차지한다. 조직의 분위기를 파악해서 집단의 사기를 유지하고자 하는 행동이 해당한다.

그런데 원장님들이 직원을 대하는 것을 관찰하면 배려성, 감수성 또는 사회적 인지가 대부분을 차지한다. 반면에 구조화 주도 행동, 생산성 강조는 적은 부분을 차지한다. 아무리 수액주사를 놓을 때 감염이 되지 않게 하라고 잔소리를 하고, 소독을 제대로 해야 한다고 야단쳐도 소용이 없다. 따뜻하게 칭찬하고 회식을 자주 해도 그 효과는 제한적이다. 인간은 자꾸 확인하고 반복하지 않으면 잊어먹게 마련이기 때문이다. 그렇게 행동할 수밖에 없게끔 시스템을 구축하는 것이 중요하다. 그리고 그 시스템이 돌아가는지 원장이 계속 확인하고 피드백을 주어야 직원들은 제대로 일을 한다.

안 한다고 생각 말고
못한다고 생각하자

병원을 하다 보면 직원들이 뜻대로 움직이지 않을 때가 있다. 직원들이 열심히 하지 않아서 병원이 안되는 것 같다. 그런데 과연 직원들이 열심히 하면 병원이 잘 돌아갈까? 병원이 잘 돌아가고 경제적으로 넉넉하면 직원들과 얼굴 붉힐 일이 없다. 병원 상황이 안 좋아지고 일이 힘들어지다 보면 직원들의 눈에 거슬리는 행동이 점점 증가한다. 옛날 같으면 기다려줬지만, 조금이라도 일을 미루면 짜증이 난다. 병원이 잘 될 때는 당연히 회식을 시켜주고는 했다. 그런데 병원 사정이 안 좋아지다 보니 회식도 짜증이 난다. 과거에는 일하는 만큼 대우해줘야 한다고 생각했지만, 이제는 나만 힘들고 직원은 월급만 받아가는 것 같다. 업무에 대해서 질책하게 되고, 수당도 줄이고, 심지어 해고하고 싶다. 병원의 상황이 안 좋아지면 자꾸 직원의 탓으로 돌리게 되고는 한다.

불행을 받아들이기 위해서는 납득할 수 있는 설명이 필요하다. 어쩔 수 없는 일이라는 것은 설명이 불가능한 일이라는 것을 의미한다. 설명이 불가능한 일이라면 그것은 결국 누구의 책임도 아니라는 것이다. 내가 운이 나빠서 혹은 내가 잘못해서 이런 불행을 맞이하게 되었다는 것인데 그것을 받아들이기에는 너무 속이 상하다. 너무 허탈하다. 더군다나 인간이 이렇게 조직에서 일한 것은 기나긴 인류의 역사 중에서 얼마 되지 않는다. 우리 선조들은 주로 산골에서 마을 단위로 작은 규모의 농사를 지으면서 살아왔다. 뭔가 일이 잘못되면 개인의 탓인 경우가 많았다. 그러다 보니 우리는 시스템의 문제를 개인의 문제로 착각하고는 한다. 그런데 시스템의 문제를 개인의 탓으로 돌리는 경우 문제가 해결되지 않는다. 아무리 개인을 처벌해도 시스템이 바뀌지 않는 한 그다음에 누군가 대신 그 역할을 하는 경우 또다시 문제가 발생한다. 따라서 시스템의 문제를 개인의 탓으로 돌려서는 안 된다.

그런데 병원이 안되는 것이 직원들 탓이라는 생각에 일단 사로잡히게 되면 자꾸 잔소리하게 된다. 그러다 보면 비난도 하게 된다. 그런데 인간은 누군가를 비난하면서 충고를 한다고 착각하고는 한다. 말하는 이는 상대방을 위해서 충고한다고 생각을 하지만 듣는 이는 그렇게 생각하지 않는다. 자신에게 꼬투리를 잡는다고 생각하기도 하고 화풀이를 한다고 생각을 하기도 한다. 직원의 행동 중 부족한 부분에 대해서 알려주면 직원이 자신도 모르던 부분을 깨닫게 되면서 받아들일 것이라고 원장들은 기대한다. 하지만 그런 경우는 거의 없다. 특히 태도를 건드리는 경우 반감만 살 뿐이다. 아무리 따뜻하게 포장을 해도 태도나 사람됨에 대해서 뭐라고 하는 말은 상대방에게 상처 주게 마련이다. 아무리 창의 끝을 갈아서 무디게 해도 창은 창인 것과 같다. 아무리 좋은 충고도 당사자가 비난으로 받아들이면 오히려 반감만 더 심하게 살 수 있기 때문이다. 따라서 가급적 충고하지 않는 것이 낫다. 다 너 잘되라고 하는 말이라고 원장은 생각하지만, 직원들은 절대로 그렇게 받아들이지 않는다. 직원이 안 한다고 생각하지 말고 못한다고 생각을 해야 한다. 그래야 올바른 대책을 세울 수 있다.

어린 시절을 돌이켜보면 우리 모두 누구나 부모님 때문에 속상할 때가 있었을 것이다. 내 마음을 이해 안 해주는 부모님에게 서운하기도 하다. 부모님은 내 마음을 이해해 줄 능력, 내 말에 귀 기울여 줄 능력이 있는데 하지 않는 것으로 생각하게 된다. 그런데 부모님의 나이가 되어 보면 생각이 달라진다. 어렸을 때는 부모님이 완벽해야만 한다고 생각을 한다. 그런데 막상 부모님의 나이가 되어보면 나 자신 역시 불완전한 사람이라는 것을 깨닫게 된다. 부모님도 완벽하지 못했던 것이다. 나를 이해 안 한 것이 아니라 이해 못한 것이었다.

하물며 자식은 어떠하겠는가? 자식이 부모의 입장을 이해 못하는 것은 당연하다. 그런데 자식이 일부러 말을 안 듣는다고 생각하고 야단쳐봐야 소용이 없다. 자식은 말을 안 듣는 것이 아니라, 말을 듣고 싶어도 행동이 그렇게 되지 않는 것이다.

부부 사이도 마찬가지다. 남편은 아내가 말을 안 듣는다고 생각한다. 아내는 남편이 말을 안 듣는다고 생각한다. 하지만 남편은 아내가 될 수 없고, 아내는 남편이 될 수 없다. 상대방이 내가 원하는 대로 해주면 그보다 더 좋을 수가 없다. 그런데 상대방이 내가 원하는 대로 해주지 않으면 화가 난다. 조금만 신경을 쓰면, 조금만 마음을 고쳐먹으면 되는데 안 하는 것 같다. 하지만 그렇지 않다. 내가 내 마음을, 내 말을, 내 행동을 바꿀 수 없듯이 상대방 역시 자기 마음을, 자기 말을, 자기 행동을 바꿀 수 없는 것이다.

그런데 직장에서도 마찬가지다. 직원이 다 알면서 안 한다고 생각하면 화가 나고 짜증이 난다. 억울하다. 직원이 몰라서 못한다고 생각을 하면 그것만으로도 화가 덜 난다. 그리고 직원이 알아도 못한다고 생각을 하면 보다 합리적으로 접근하게 되면서 직원이 못하는 이유에 대해서 파악을 하고 상황을 바꿔 나가게 된다. 그리고 직원의 태도를 바꾸기 위해서는 직원을 대하는 내 행동을 바꾸는 것 역시 필요하다. 원장이 직원보다 일찍 출근하면 직원들도 늦지 못한다. 원장이 매일 지각하면 직원도 지각한다. 원장이 직원보다 늦게 퇴근하면 직원들도 마무리를 다 하고 퇴근하게 된다. 원장은 항상 일찍 퇴근하면 직원들도 대강대강 마무리하게 된다. 원장이 점점 게을러지면서 직원에게만 부지런해지라고 잔소리하는 것처럼 웃긴 일이 없다. 즉 원장의 행동을 바꾸는 것만으로도 문제의 상당 부분이 해결된다. 문제가 해결되어야 나도 편해진다. 그런데 직원이 안 한다고 생각하게 되면 직원을 원망하게 되면서 상황도 눈에 안 들어오고, 내가 어떻게 해야 할지도 알 수 없게 된다. 안 한다고 생각하는 한 상대방의 마음을 바꿀 수 있다는 헛된 희망을 포기하지 못하게 마련이다. 따라서 직원이 일을 안 한다고 생각하는 대신 직원이 일을 못한다고 생각하도록 노력하자.

사람은 잘 바뀌지 않는다. 그러므로 일을 못하는 직원을 일을 잘하게 바꾸기란 쉽지 않다. 일을 잘할 수 있도록 업무를 잘 분담시키는 것이 필요하다. 가능하다면 꼭 필요한 사람만 채용하는 것이 바람직하다. 병원이라는 것이 바쁠 때는 바쁘고, 한가할 때는 한가하다. 바쁠 때를 기준으로 사람을 채용하다 보면 한가할 때는 할 일이 없다. 원장은 직원이 한가할 때 알아서 다른 일을 하기 원한다. 그런데 직원들은 제각각 자기 일이라고 여기는 업무가 있게 마련이다. 아무리 한가하더라도 자기 일이 아닌 일은 하고 싶지 않은 것이 인간의 본성이다. 아무리 원장이 잔소리해도 자기 일이 아니라고 여기는 잡일은 안 하게 된다. 원장이 계속 잔소리를 하면 잡일만 하는 직원을 뽑아달라고 한다. 잡일을 하는 직원을 뽑으면 그 직원은 또다시 잡일의 잡일을 하는 직원을 뽑아달라고 한다. 잡일의 잡일을 하는 직원을 뽑으면 그 직원은 잡일의 잡일의 잡일을 하는 직원을 뽑아달라고 한다. 따라서 월급을 조금 더 주고 수당을 주더라도 가능하면 있는 직원으로 가능한 다양한 일, 가능한 많은 일을 하도록 하는 것이 바람직하다.

  병원을 운영하다 보면 일을 잘하는 직원도, 일을 못하는 직원도 만나게 마련이다. 일을 잘하는 직원을 가급적 오래 일하게 하다 보면 결국 그 병원에는 일을 잘하는 직원이 모이게 마련이다. 직원 때문에 속 썩을 일이 줄어든다. 반대로 일 잘하는 직원이 오래 못 버티고 나가게 되면 일 못하는 직원들만 남게 된다. 일 못하는 직원들이 들락날락하게 되면 원장은 계속 직원 때문에 속 썩게 마련이다. 그렇다면 일 잘하는 직원이 오래 일하도록 하려면 무엇이 필요할까? 뭐니 뭐니 해도 가장 중요한 것은 급여다. 남보다는 조금 더 줘야 일 잘하는 직원이 붙어 있게 마련이다. 일은 똑같이 시키면서 남보다 월급을 적게 주면 당연히 직원들은 다른 병원으로 옮기게 된다. 일을 잘하는 직원에게는 다른 병원보다 조금은 더 줘야 한다. 그리고 인간적인 스트레스를 주지 않도록 노력해야 한다. 인간은 모두 다 자신에 대해서 좋은 사람이라고 생각하는 경향이 있다. 그런데 남에 대해서 불만이 많은 사람일수록 사실은 자기 자신이 문제일 가능성이 크다. 만약에 직원이 자주 바뀌고 그로 인해서 스트레스를 받는다면 내가 문제가 아닌지에 대해서도 한 번쯤 고민해봐야 한다.

의료분쟁을
대처하는 마음가짐

최선을 다해서 진료를 했는데 환자가 치료가 잘못되었다면서 문제를 제기하면 의사들은 크게 당황한다. 나도 그렇지만 의사들은 대게 겁이 많다. 중·고등학교 때 선생님이나 부모님이 무서워서 시키는 대로 열심히 공부를 했기에 의과대학에 들어갈 수 있었다. 의과대학을 다닐 때 병이나 사고 같은 어쩔 수 없는 사정으로 수업 일수를 채우지 못해서 학교를 제때 졸업하지 못해도 심각하게 걱정을 하는데, 환자들이 치료가 잘못되었다면서 민사소송을 걸거나 형사 고발을 하면 의사들은 잠이 안 온다. 어디 그뿐인가? 환자와 그 가족들이 병원 외래에 와서 계속 앉아있으면 신경이 쓰여서 진료를 할 수가 없다. 그러다 보면 과실 여부에 상관없이 환자들이 원하는 대로 보상을 하고 빨리 해결을 보게 된다. 그런데 일순간은 마음이 편할지 모르지만 그것도 잠시다. 서서히 억울한 마음이 고개를 쳐들면서 후회하게 된다. 그렇게 당해버린 자신이 바보 같다는 생각을 든다. 그런데 다시는 그러지 말아야지 하면서도 이삼 년 뒤 같은 실수를 되풀이하게 마련이다. 그래서 의료분쟁을 대처하는 마음가짐 10가지를 소개해 드리고자 한다.

✚ 선배나 동료 의사들과의 상담은 큰 도움이 되지 못한다

의료분쟁이 발생하면 흔히 선배나 동료 의사들에게 전화를 건다. 혼자 끙끙 앓는 것보다는 물어보는 편이 훨씬 낫다. 하지만 선배나 동료 의사들은 아무래도 의사의 입장에서 상황을 바라보게 마련이다. 설혹 치료가 잘못되어서 문제가 발생되었다는 판단이 서더라도, 힘들어서 죽겠다면서 연락을 한 동료 의사에게 "네 과실이니까 환자 측이 요구하는 대로 들어줘."라고 말하는 것도 예의가 아니다. 그러다 보니까 억울하기는 하지만 좋게 해결하라는 식의 형식적인 말을 해주는 경우가 대부분이다.

✚ 전문가와 의논을 하자

변호사한테 간다고 해서 다 소송을 해야 하는 것은 아니다. 변호사와 상담만 하는 데는 돈이 많이 들지 않는다. 흔히 먼 친척 중에 변호사가 있거나 지인 중에 변호사가 있으면 그 분들의 말만 듣고 일을 진행하는 수가 있는데 그것은 바람직하지 않다. 만약에 가족이 수술을 받아야 한다면, 잘 아는 동료 의사에게 수술을 맡기겠는가 아니면 실력 있고 유명한 의사에게 수술을 맡기겠는가? 일단 지인 혹은 친척인 변호사와도 상담을 해야겠지만 의료사고를 많이 다루는 변호사 사무실을 기본적으로 서너 군데 다니면서 상담을 하는 것이 좋다. 그리고 유명한 변호사 사무실에 가서는 꼭 그 변호사와 상담을 해야 한다. 막상 이름 있는 변호사를 만나려고 변호사 사무실에 갔는데 대표 변호사는 돈이 많이 벌리는 사건, 이길 것 같은 사건만 관여하기 때문에 경험이 없는 변호사와 상담을 하게 되는 경우도 있기 때문이다. 의료사고가 아닌 행정처분 관련된 행정소송의 경우 의료 전문 변호사가 잘한다는 보장은 없다. 만약에 다투어야 하는 액수가 큰 경우 대형 로펌도 방문해보고 행정법원의 판사 출신 변호사도 만나보는 것이 바람직하다. 행정처분에 대한 효력정지를 받아내야 하는 경우 아무래도 대형 로펌이나 최근까지 행정법원에 근무를 하다가 퇴직한 법조인이 깔끔하게 일을 진행한다.

✚ 합의서는 꼭 받자

처음 의료사고를 당하는 선생님들 중에서는 빨리 일을 끝내고 싶은 생각에 보상을 한 후 합의서를 받지 않는 경우가 있다. 그런데 합의서를 받지 않으면 환자는 같은 일로 언제든지 다시 문제를 제기할 수 있다. 환자가 구두로 앞으로 문제를 삼지 않겠다고 하고는 나중에 생각해보니 보상이 적었다는 판단이 들어서 추후에 소송을 제기하는 경우도 적지 않다. 따라서 합의서를 꼭 받아야 한다. 합의서 내용은 변호사가 어려우면 최소한도 법무사와라도 꼭 의논해야 한다. 가급적 공증을 받는 것이 바람직하다. 환자 측이 원하는 금전적인 보상이 주어지는 경우 그때부터 마음이 급해지는 것은 환자와 그 가족이다. 앞으로 민사소송 및 형사소송을 더 이상 제기하지 않고 인터넷이나 언론에 알리는 경우, 합의금의 두 배 내지 세 배의 위약금을 지불해야 한다는 내용의 합의서를 받는다고 해서 환자나 보호자가 갑자기 합의를 틀어버리는 일은 거의 없다. 합의서에 환자와 그 가족의 자필 서명을 할 때 환자 측도 비로소 사건이 종결되었다는 생각을 하게 된다.

✚ 법적 절차를 두려워하지 말자

환자가 민사소송을 제기한다고 하면 법정에 나가야 할 것 같고 골치가 아플 것 같다. 하지만 민사소송의 경우 피고가 꼭 법정에 나갈 필요는 없다. 의사가 직접 법정에 출두하면 매우 유리한 경우는 나가야겠지만 그게 아니라면 법정대리인 즉 변호사에게 맡기면 된다. 막상 민사소송을 하면 그 때부터는 환자와 그 가족도 병원 측을 도발하는 행동은 하지 않는다. 그런 행동이 재판에 불리하게 작용할 수도 있다는 것을 상대편 변호사가 알리기 때문이다. 더군다나 의료분쟁조정법이 국회를 통과하면서 형사처벌 특례 조항이 생겼다. 이전에는 의료사고가 민사소송으로 진행되었기에 변호사 선임으로 인한 비용이 많이 들었다. 이제부터는 한국의료분쟁조정중재원의 의료분쟁조정위원회의 조정부와 의료사고감정단이 그 역할을 맡게 되었다. 만약에 환자 측이 병원 측이 제시한 합의를 받아들이지 않으면 의료분쟁조정위원회에 그 판단을 맡기면 된다. 조정 절차와 상관없이 여전히 민사 및 형사 소송 절차를 밟을 수 있으나, 의료분쟁조정위원회의 조정 결과와 재판 결과는 거의 동일한 수준일 것이기 때문에 환자 측도 굳이 비용을 들여서 민사소송을 진행하지는 않을 것이다.

✚ 사고 당사자와는 적당한 관계를 유지하자

최선을 다했다는 것을 열심히 설명을 하고 자신의 마음을 밝히면, 환자나 그 가족들이 이해해주고 문제를 삼지 않을 것이라고 생각을 하면서 환자 측에 매달리는 의사 선생님이 간혹 있다. 반대로 환자나 가족들이 병원에 와서 한 번만 의사를 만나서 설명을 듣고 싶다고 하는데 이리 피하고 저리 피하는 것도 바람직하지는 않다. 매번 만날 수는 없지만 어차피 한 번은 만나야 한다. 그러나 진료실에서 만나는 것은 권하고 싶지 않다. 의사 혼자서 환자와 그 가족을 만나는 것도 피해야 한다. 가급적 병원 밖에서 만나는 것이 바람직하며, 그게 아니라면 진료실이 아닌 상담실에서 만나는 것이 낫다. 만날 때는 앞으로 의료분쟁과 관련해서 환자 측과 계속 접촉할 담당자와 함께 나가서 소개를 시켜야 한다. 의사는 진료 때문에 시간이 안 날 수 있기 때문에 담당자가 환자와 그 가족을 만날 것이라고 알려드려야 한다. 의사가 치료를 하면서 자주 만났던 환자나 직계가족들은 미안하고 불편한 마음 때문에 분쟁 관련해서 의사를 직접 대하는 것을 꺼리는 경우가 있다. 그래서 환자 측이 사회 경험이 많은 먼 친척을 대리인으로 내세우는 경우가 종종 있다. 그럴 때는 이쪽도 대리인을 내세우는 것이 낫다. 병원 직원 중 한 명에게 담당시킬 수도 있고, 그게 아니라면 사회 경험이 많은 지인이나 친척으로 하여금 환자 측을 전담하여 접촉하도록 할 수도 있다. 만약에 보상 액수가 크다면 변호사 사무실에 연락을 해서 경험 많은 직원이 중간에서 환자 측을 만나도록 할 수도 있다.

✚ 복수 자체가 목적인 케이스가 제일 위험하다

열심히 진료를 했는데 치료가 잘못되었다면서 환자 측이 금전적 보상을 요구하는 경우 배신감을 느낀다고 토로하는 동료 의사들이 많다. 하지만 금전적 보상을 바라는 케이스는 분쟁조정법, 민사소송, 형사소송 등 제도권 안에서 합리적으로 과정이 진행된다. 형사소송의 경우 의사가 일부러 환자에게 해를 주었거나, 아니면 상식적으로 납득하기 어려울 정도의 과실이 아니면 환자 측이 승소하기 어렵다. 변호사들도 형사고발을 해서 기각이 되는 경우 민사소송에서 불리할 수도 있다는 것을 이유로 들어서 환자 측이 불필요한 형사고발을 하지 않도록 권한다. 그런데 복수 그 자체가 목적인 경우는 문제가 심각하다. 환자나 그 가족이 제도권의 룰을 따르는 대신 개인적인 복수를 하려고 하는 경우가 있다. 의사들도 신변상의 위협을 느끼게 된다. 그런 경우는 쉬쉬하기 보다는 즉시 경찰을 비롯한 공권력의 도움을 요청해야 한다. 진정 위협을 느낀다면 경호업체에 연락을 하는 것도 하나의 방법이다.

✚ 소문은 오래가지 않는다

환자가 문제를 제기하면 소문이 날까 두렵다. 하지만 세상 사람들은 생각보다 남의 일에 대해서 금세 잊어먹는다. 옛날에 모 대학병원에서 위암 환자에게서 갑상선을 제거하고, 갑상선 질환 환자에게서 위를 제거했다. 몇 년이 지난 후 의료분쟁에 대한 강의를 하다가 의료사고가 일어난 대학병원 이름을 기억하는 사람들은 손을 들어보라고 했다. 당시에 TV와 인터넷을 거의 도배하다시피 했던 뉴스인데도 불구하고 대부분 학생들이 그 대학병원 이름을 기억하지 못했다. 사람들은 빨리 잊어먹는다. 의료분쟁이 있다고 소문이 나더라도 입지가 좋고 의사가 친절하면 시간이 지난 후 단골 환자들은 다시 병원을 찾게 마련이다.

✚ 억울해하지 말자

지금 세상에서는 환자가 문제를 제기하는 것이 당연하다. 백화점 에스컬레이터에서 넘어져서 다쳐도 백화점이 일정 부분 치료비를 부담해야 한다. 찜질방 목욕탕에서 발을 헛디뎌 다치는 경우도 소송을 제기하면 치료비의 상당 부분을 받을 수 있다. 세상이 바뀌었다. 내가 원하는 결과가 나오지 않는 경우 일단 문제부터 삼고 보는 것이 현대 사회다. 따라서 환자가 문제를 제기했다고 너무 억울해하지 말자.

✚ 의사를 이해해주는 착한 환자에게 고마워하자

병원을 하다 보면 문제가 있어도 그냥 넘어가주는 환자가 얼마나 많은지 잊어 먹게 된다. 말을 안 해서 그렇지 어떻게 모든 환자들이 의사에게 만족을 하겠는가? 하지만 대부분의 환자들은 문제가 발생할 때 의사들도 일부러 그런 것은 아니라고 생각을 하면서 속내를 내비치지 않는다. 의료분쟁이 발생한 것을 앞으로 그런 착한 환자들에게 관심을 더 쏟는 계기로 삼으면 어떨까? 의료분쟁이 발생하면 해결되기까지 정신적, 물질적 고통이 이만저만이 아니다. 하지만 앞으로 말없이 나를 믿어주는 착한 환자들에게 적극적으로 고마움을 표현하고 그 환자들의 감사의 말이 한 마디씩 쌓이면 소송으로 인한 정신적 손해를 메우고도 남을 것이다. 그런 착한 환자들이 더 자주 병원을 방문하고, 좋은 환자들을 계속 소개해준다면 거기에서 오는 금전적 이득이 의료분쟁으로 인한 금전적 손해를 만회하고도 남을 것이다.

✚ 그래도 가장 괴로운 사람은 환자다

주관적이건 객관적이건 치료가 잘못되었다고 느끼는 환자는 괴로울 수밖에 없다. 그리고 병원에 와서 치료를 받을 때는 이미 몸과 마음이 많이 괴로운 상태다. 그런데 치료를 받으러 병원에 왔는데 병이 더 심해지는 예상 밖의 결과를 맞이하게 되면 환자 입장에서는 엎친 데 덮친 격이다. 재수술을 받거나 치료를 받고 호전된다고 해서 몸이 원래 상태로 완전 복구가 되는 것도 아니다. 성형수술의 경우도 환자가 자신의 얼굴에 열등감이 있어서 수술을 받았는데 아름다워지기는커녕 더 못생겨졌다고 느끼면 환자의 열등감은 더욱 심해질 것이다. 따라서 의료분쟁에 대해서는 합리적으로 대처해야겠지만, 가장 괴로운 사람은 환자라는 것은 잊지 말아야 할 것이다.

영업정지가
너무 억울해요

+ 사례

김원장은 1년 전에 공단에서 현지확인을 받았다. 본인 부담금이 많은 것 같다고 환자가 민원을 넣은 것이다. 공단 직원이 조사를 하는 동안 하루 종일 진료가 손에 잡히지 않았다. 별일 아니겠지 하면서도 걱정이 되었다. 퇴근 무렵이 되어서 공단 직원은 김원장에게 종이 한 장을 내밀면서 확인서에 서명해달라고 했다. 500만 원 정도 되는 금액을 환수하겠다는 내용이었다. 김원장은 도대체 무슨 근거에서 이런 결정이 내려졌냐고 물었다. 공단 직원이 이런저런 기준을 대며 설명을 하는데 도대체 무슨 말인지 알아들을 수 없었다. 공단 직원의 말을 듣다 보니 김원장 본인이 뭔가 잘못한 것도 같았다. 공단 직원은 확인서에 도장을 찍으면 일단락이 되는 것이라고 설명을 했다. 너무 지치고 힘든 나머지 500만 원 정도는 감당할 수 있는 금액이라고 생각을 하고 사인을 했다. 사인하고 나자 공단 직원은 별문제 없으면 일정 기간 내에 환수 조처가 이루어질 것이라고 설명을 했다. 그런데 아무리 기다려도 환수 조처가 이루어지지 않았다. 김원장은 그냥 넘어가는 것이 아닌가 하는 헛된 기대도 했다. 그런데 6개월쯤 지난 후 보건복지부에서 나왔다고 하면서 네 명의 직원이 나타났다. 말로만 듣던 보건복지부 현지조사라는 것이다. 지난번 현지확인은 아무것도 아니었다. 심사평가원 직원이 3박 4일 동안 환자 의무 기록을 샅샅이 뒤졌다. 직원들을 오라 가라 하고 병원 분위기도 엉망이 되었다. 이루 말할 수 없을 정도로 스트레스가 심했다. 잠도 오지 않았다. 지긋지긋했다. 조사가 끝나고 2천만 원 정도 허위·부당 청구가 있었던 것 같다고 하면서 확인서에 서명하라고 했다. 김원장은 2천만 원 정도라면 차라리 환수를 당하고 말겠다고 생각을 하고 사인을 했다. 억울하기는 했지만 끝났다는 생각이 들었다. 그런데 잊어먹을 때쯤 해서 공문이 날아왔다. 요양기관 영업정지 2개월이라는 내용이었다. 아는 선배에게 물어봤더니 영업정지의 경우는 병원 문을 닫아야 하지만 요양기간 영업정지는 2개월간 청구를 하지 못할 뿐 병원 문을 닫아야 하는 것은 아니라는 것이었다. 그런데 선배는 혹시 의사면허정지가 되지는 않았는지 알아보라고 했다. 그래서 알아보니 의사면허도 2개월 정지를 당해서 2개월 동안 병원 문을 닫아야 하는 상황이었다. 그제야 변호사를 만나서 의논을 하니까 이미 확인서에 서명한 상태여서 뒤집기 힘들다고 했다. 너무나 억울했다.

✚ 실제 고민 해결 과정

보건복지부 현지조사이건 건강보험공단 현지확인이건 처음이 제일 중요하다. 무슨 목적에서 조사를 나왔고, 어느 범위까지 조사할 것인지를 조사팀과 명확하게 정해야 한다. 정해진 목적과 범위를 벗어난 부분에 대해서는 조사가 이루어지지 않는다는 것을 분명히 해야 한다. 보건복지부 현지조사의 경우 현장에 나온 공단 직원이나 심평원 직원이 애매한 태도를 취하는 경우 조사를 지휘하는 보건복지부 직원과 직접 통화라도 해서 분명히 해야 한다.

공단에서 나오는 현지확인은 대체로 하루 조사를 한다. 흔히 심평원에서 나왔다고 표현하는 보건복지부 현지조사는 3~4일 동안 조사가 이루어진다. 현지조사이건 현지확인이건 병원의 정상적인 진료를 방해하면 안 된다. 진료 시간 이후에 조사할 수도 없다. 점심시간에도 조사할 수 없다. 즉 담당자들은 정해진 시간 동안 조사를 진행해야만 한다. 시간에 제약을 받기 때문에 공무원은 의무 기록 이외에도 자신들에게 필요한 이런저런 자료를 찾아달라고 요구한다. 하지만 병원으로서는 진료가 최우선이다. 일단 정상적인 진료와 업무를 하면서 남는 시간에 요구되는 자료도 찾고 전달해야 한다. 물론 자료 제출을 무작정 거부하면 최대 1년의 요양기관 영업정지를 받는다. 하지만 진료 업무가 바빠 도와주고 싶어도 일손이 부족해서 공무원이 원하는 만큼 재깍재깍 자료를 못 주는 것은 어쩔 수 없는 사정 때문이다. 진료를 방해할 수는 없고 조사는 빨리 진행해야 하는 경우 현지조사를 나온 직원들이 자신들이 직접 의무 기록을 열람하겠다고 주장하기도 한다. 그때는 개인 정보를 유출하지 않고 유출시 벌어지는 일에 대해서 책임을 지겠다는 내용이 담긴 병원에서 사용하는 환자 개인정보 보호 양식에 서명을 받아야 한다. 이는 조사를 거부하는 것과는 또 다른 문제이기 때문이다.

공단 직원 혹은 심평원 직원이 근무 중인 병원 직원을 오라 가라 하는 경우가 왕왕 있다. 그런데 앞서 언급했듯이 현지확인 혹은 현지조사는 진료 및 병원 업무를 방해하면 안 된다. 따라서 그들이 직원을 면담하고자 할 때는 진료 및 업무에 방해가 없는지 원장이 확인한 후 허가를 해줘야 한다. 직원들에게도 진료가 최우선이라는 것을 알리고 예고도 하지 않고 호출하는 경우 업무를 중단하고 근무 장소를 이탈하기에 앞서 원장에게 알리라고 해야 한다. 휴가를 간 직원이 조사를 위해서 복귀할 의무는 없다. 심사평가원이나 공단 직원이 병원 직원을 단독 면담하면서 원하는 대답을 유도한 후 즉석에서 확인서를 작성해서 서명해달라고 하는 경우가 종종 있다. 그럴 때는 직원들에게 서명해야 할 의무가 없으며 서명을 강요하는 경우 원장이나 중간관리자에게 고지하도록 알려야 한다. 가능하다면 중간관리자나 원장이 배석한 상태에서 직원 면담이 이루어지는 것이 원칙이다.

조사를 다 마치고 확인서에 서명 또는 날인을 하면 자백에 준하는 효과가 발생한다. 현지조사를 담당하는 심사평가원 직원들은 가능하면 빨리 확인서에 서명 또는 날인을 받고 조사를 끝내고자 한다. 지금 확인서에 서명 날인을 하지 않으면 다음에 다시 병원을 방문해서 추가 조사를 할지도 모른다고 일종의 협박을 하는 수도 있다. 조사를 받다 보면 스트레스가 극심하다. 그러다 보니 지긋지긋하다는 생각이 들고 빨리 끝내고만 싶다. 하지만 일단 확인서에 서명 날인을 하면 돌이킬 수 없다. 확인서 내용에 대해서 꼬치꼬치 묻고, 혹시 잘못된 점이 있나 확인해야 한다. 판단이 서지 않으면 검토할 시간을 달라고 하자. 확인서를 이메일이나 팩스로 변호사에게라도 보내서 검토해달라고 해야 한다. 경찰에게 조사를 받을 때도 묵비권을 행사할 수 있다. 확인서에 서명 날인을 안 하는 것은 어떤 의미에서 묵비권을 행사하는 것이다. 현지확인 혹은 현지조사를 나온 직원들은 이런저런 말로 원장을 회유하고 협박을 한다. "의사면허에는 별문제가 없을 것이다.", "병원 영업에는 별문제가 없을 것이다."라고 공무원이 구두로 말하는 것은 의미가 없다. 만약에 이런저런 말로 회유 협박을 하는 경우 그 내용에 대해서 병원 측도 확인서를 작성해서 심평원 혹은 공단 직원에게 서명 날인을 해달라고 하자. 만약에 서명 날인을 거부한다면 그것은 조사자들이 책임지지 못할 말을 하고 있다는 것을 의미한다.

✚ 확장된 고민 해결 방안 제안

영업정지나 면허정지 같은 행정처분을 받게 되면 그 스트레스가 상상을 초월한다. 걱정에 사로잡히고, 불안해진다. 요양기관 영업정지로 인해서 청구를 못 하는 동안 어떻게 버티어야 할지, 면허정지로 병원을 닫아야 하면 어떻게 해야 할지 온통 거기에 생각을 빼앗긴다. 억울하기도 하다. 환자를 위해서 최선을 다해 성실하게 진료만 했는데 불법 허위 청구나 하고 의료법을 어기는 의사로 낙인이 찍혀버리면 병원을 때려치우고 싶다는 생각도 든다. 하지만 이럴 때일수록 평정심을 유지해야 한다.

요양기관 영업정지의 경우 영업정지 기간 중 급여 항목에 대해서 청구를 할 수 없다. 보험 급여 항목에 대해서는 본인 부담금도 받을 수 없다. 하지만 병원 문을 여는 것은 가능하다. 혹은 허위·부당 청구액의 최대 5배를 과징금으로 납부를 하는 것으로 행정처분을 갈음할 수 있다. 따라서 영업정지 기간 동안 건강보험 청구를 안 하고 건강보험 본인 부담금도 받지 않는 쪽을 선택할지, 아니면 과징금으로 갈음할지 결정해야 한다. 요양기관 영업정지 기간 중 줄어드는 매출과 과징금액을 비교해서 손해가 덜한 쪽으로 결정해야 한다. 2~3개월 정도로 요양기관 영업정지가 짧은 경우 휴진을 하면서 재충전하는 것도 방법의 하나다. 물론 환자들이 불편함을 느끼지 않도록 요양기관 영업정지 기간을 앞두고 장기 처방을 해야 한다. 그런데 휴진 기간 중에는 신환을 받지 못한다. 기존 환자들도 일부는 다른 병원으로 이탈할 것이다. 이런 점을 고려하면 금전적으로 조금 더 손해를 보더라도 과징금 쪽을 선택하는 것이 이득이 될 수도 있다. 비급여 진료 매출 비율이 월등히 높은 경우 보험 진료는 포기하고 비급여 진료만 하면서 요양기관 영업정지 기간 동안 병원을 유지할 수도 있다.

그런데 요양기관 영업정지 기간이 너무 길고 과징금으로 갈음했을 때의 금액도 천문학적이면 보험 진료를 하지 않으면서 병원을 유지한다는 것이 불가능하다. 요양기관 영업정지는 그나마 최대 5배수 과징금으로 대처할 수가 있다. 그런데 의사면허 정지는 어쩔 수 없다. 일반 의료법 위반 때는 개설자 자격은 유지할 수 있다. 진료만 하지 않으면 된다. 하지만 허위 청구로 인한 면허정지의 경우에는 개설자가 될 수 없다. 병원 문을 닫아야만 한다. 일단 요양기관 영업정지 기간과 의사면허정지 기간을 겹치게 해야 한다. 예를 들어서 요양기관 영업정지는 5월~10월이고, 의사면허정지 기간이 11월~12월이면 8개월 병원을 하지 못한다. 의사면허정지 기간이 요양기관 영업정지 기간에 포함되게끔 담당자와 연락을 해서 조처해야 한다.

요양기관 영업정지 기간이 길고 과징금액도 감당할 수 없는 경우 문제가 심각하다. 병원 문을 닫으면 인건비 부담은 줄지만, 임대료, 리스비, 은행 이자, 인테리어 비용 등을 고스란히 손해 보게 된다. 그래서 과거에는 영업정지 기간 동안 후배에게 병원을 맡기고 영업정지가 끝나고 다시 본인의 명의로 돌리는 경우가 있었다. 그런데 양도·양수를 하는 경우 영업정지 역시 승계가 된다. 하지만 요양기관 영업정지를 받은 병·의원이라는 것을 몰랐다고 주장하면 된다고 생각하는 선생님도 계신다. 하지만 이런 경우 현지조사가 다시 나올 확률이 100%다. 요양기관 영업정지를 회피하기 위해서 병원을 형식상 양도·양수하는 경우 나중에 적발되면 요양기관 영업정지 기간 중 진료비 전액이 부당 청구로 간주된다. 요양기관 영업정지 기간도 몇 배로 길어지고 과징금액도 몇 배로 늘어난다. 따라서 형식상 양도·양수하는 것은 피해야 한다.

소송을 하는 분도 계신다. 너무 억울해서 견디기 어렵고, 소송 비용이 부담되지 않는다면 억울한 마음을 풀기 위해서라도 소송을 할 수 있다. 아무것도 하지 않고 무기력하게 당하는 것처럼 비참한 것이 없다. 따라서 소송도 한 방법이다. 하지만 소송을 할 때는 너무 내 입장에서 유리하게만 생각하지는 말아야 한다. 패소했을 때 항소를 할지는 냉정하게 판단해야 한다. 아무리 억울한 마음이 들더라도 대법원까지 가서 최종 판결이 내려지면 그때는 받아들여야만 한다.

병원 문을
닫아야 할 때

불황이 생각보다 길어지고 있다. 비급여뿐 아니라 보험 진료과도 환자가 현저히 줄었다. 그러다 보니 병원 문을 닫아야 하는지 여부로 고민하는 이들이 적지 않다. 누가 병원을 문 닫고 싶다고 하면 나는 대체로 말리는 편이다. 젊었을 때는 갈 곳이 있지만, 나이가 들수록 봉직의로 일한다는 것이 쉽지 않다. 개원했다가 문을 닫은 다음에 수도권의 봉직의로 근무하다가 조금이라도 월급을 더 받기 위해서 지방으로 내려가기도 한다.

아울러 개원을 할 때는 자신이 쓰는 비용을 다 제하고, 이런저런 이자도 제하고 남는 돈을 소득이라고 생각을 한다. 반면에 봉직의는 자신이 받은 월급이 소득이다. 그러다 보니 원장은 자신의 소비를 과소평가하는 경향이 있다. 막상 봉직의로 일을 해서 월급을 받다 보면 과거에는 병원 비용과 섞여 있던 소비지출을 고스란히 급여소득에서 감당해야 하는데 그러고 나면 가처분소득이 예상보다 훨씬 적다. 그리고 현재 급여 수준이 높은 특정과도 그 월급이 점점 낮아지게 되어 있다. 과거에는 병원에서 부담하던 세금도 점점 봉직의에게 부담시키는 분위기로 바뀌고 있다. 개원이 잘 안되어서 개원을 포기하고 봉직의를 선택하는 의사들이 늘어나다 보면 봉직의 월급은 점점 낮아지게 마련이다. 그때 가서는 옛날에 잘 안된다고 생각하고 병원 문을 닫았던 것을 후회하면서 '그때 그만두지 말았어야 했는데'라는 생각이 든다. 취직자리가 마땅치 않아서 밀려나듯이 다시 개원하는 경우도 적지 않다. 직장생활을 하던 월급쟁이가 해고되면 밀려나듯 자영업을 하듯이 말이다. 하지만 그래도 병원을 문 닫는 것을 심각하게 고려해야 하는 순간이 있다.

우선 요양기관 영업정지 같은 행정처분을 받았을 때다. 행정처분을 받고 나서 폐업을 하고 봉직의로 일을 하다가 요양기관 영업정지 기간이 지나고 다시 개원을 하면 영업정지가 개설자에게 승계가 된다. 폐업을 하고 나중에 다시 개원해도 요양기관 영업정지를 회피하지 못한다. 만약에 3개월 요양기관 영업정지를 받고 폐업을 한 후 2년 정도 지나서 다시 개업을 한다면 3개월은 건강보험공단에 청구하지 못한다. 폐업하고 다른 의사 명의로 병원을 하고 본인이 봉직의로 근무하는 경우 위장폐업 여부에 대해서 조사가 들어온다. 따라서 요양기관 영업정지를 회피하기 위해서 폐업을 하는 것은 피해야 한다. 나중에 타인 명의로 병·의원을 운영하고 청구한 것이 밝혀지는 경우 요양기관 영업정지 기간이 더욱 길어진다.

요양기관 영업정지를 과징금으로 갈음할 수도 있는데 일정 액수를 넘어가면 허위·부당청구액의 5배를 과징금으로 내야 한다. 허위·부당 청구액을 환수당하는 것까지 고려하면 병·의원이 6배의 비용을 감당해야만 한다. 만약에 허위·부당 청구액이 2개월 진료비에 해당이 되는데 2개월 요양기관 영업정지를 받았다고 가정을 하자. 과징금으로 갈음하려면 12개월의 진료비에 해당이 되는 금액을 감당해야 한다. 병원의 1년 매출에 해당되는 금액을 과징금으로 내는 것과 그냥 2개월 요양기관 영업정지를 감수하는 것 중에 신중하게 판단해야 하다.

요양기관 영업정지를 과징금으로 갈음할 경제적 능력도 안 되면 요양기관 영업정지 기간동안 지출 비용을 최소화해서 견디어 낼지 아니면 병원을 문 닫아야 할지 결정해야 한다. 환자 수에 비례해서 발생하는 변동비는 환자 진료를 중단하면서 발생하지 않는다. 최소한의 직원만 유지하면 인건비도 상당 부분 아낄 수 있다. 하지만 임대료, 은행 이자를 비롯한 고정비는 환자 진료 여부와 상관없이 비용을 부담해야 한다. 임대계약이 남아있다면 병원 문을 닫는다 해도 임대료는 계속 나간다. 고정비를 감당할 수 있다면 견디어내고 요양기관 영업정지 기간이 지난 후 다시 진료를 시작하는 것도 방법이다.

그런데 또 다른 문제는 생활비다. 병원에서 수입이 발생하지 않기에 그 기간 동안 저축해 놓은 돈으로 버텨야 한다. 그 돈이 없다면 봉직의로 일을 해야 하는데 개설의로 이름이 올라가 있으면 다른 병원에서 진료할 수가 없다. 다른 병원에서 내가 진료한 것에 대해서 청구하기 위해서는 그 병원에 진료 의사로 이름이 올라가야 한다. 병원을 휴업하면 다른 의료기관에서 봉직의로 일하는 것이 가능하다. 하지만 휴업 기간은 요양기관 영업정지를 이행한 것으로 인정받지 못한다. 따라서 생활비를 벌기 위해서는 병원을 폐업하고 봉직의로 일할 수밖에 없다.

요양기관 영업정지로 인해 진료를 할 수 없어서 병·의원을 타인에게 양도·양수하는 경우 요양기관 영업정지가 승계된다. 따라서 양도·양수를 하는 경우는 요양기관 영업정지를 받게 되리라는 것을 정식으로 고지하고 그 손해만큼을 권리금에서 제하고 받는 것이 낫다. 양수자의 입장에서는 두세 달 청구를 못 하더라도 환자를 모두 인계받게 되니까 권리금을 내고 들어올 수도 있다.

은행권 대출을 갚지 못해서 제2금융권 대출로 넘어가는 경우 역시 병원 매각을 심각하게 고려해봐야 한다. 제1금융권에서 대출이 안 되고 제2금융권으로 넘어가는 경우 거의 자산을 초과해서 대출을 받게 된다. 대출 액수가 의료기관의 1년 매출액을 넘기게 되는 경우가 많다. 저축은행과 같은 제2금융권의 금리는 10~20%의 고금리다. 병원과 관계없는 개인 대출에 대한 이자까지 포함하면 병원 매출의 20% 이상이 금융비용으로 나가는 경우가 의외로 많다. 그렇게 많은 이자를 감당하다 보면 위기를 넘길 수 있는 현금을 정상적으로 확보할 수가 없다. 더군다나 부채가 자산을 초과한 경우 이자가 경비로 처리되지 않는다. 단 한 번의 사고나, 행정처분으로도 망할 가능성이 높다. 모든 인간의 사망 원인이 심장이 멈추는 것이라면 병원을 비롯한 모든 기업의 사망 원인은 돈이 없어 결제를 못 하는 것이다. 부도가 나면 병원을 문 닫을 수밖에 없다. 은행을 비롯한 제1금융권에서 대출이 안 된다는 것은 사업의 위험도가 높아진다는 것을 의미한다. 병원을 문 닫는 것을 심각하게 고려해야 하는 상황이다.

마지막으로 장기적으로 점점 매출이 줄어가는데 회복할 기미를 보이지 않을 때다. 병원이라는 것은 잘되다 안되다 하기 마련이다. 그런데 장기적인 추세가 점점 줄어드는 추세라면 그때는 매각을 고려해봐야 한다. 처음 개원해서 환자가 없는 것은 언젠가는 늘지만, 추세를 가지고 계속 줄어드는 것은 진짜 문제다.

연달아 닥치는 불행 때문에 미칠 것 같을 때 역시 어쩔 수 없이 병원을 그만둬야 하는 수가 있다. 보건복지부 현지조사, 세무조사, 의료사고 등이 연달아 생기는 경우가 있다. 스트레스로 인해서 도저히 견딜 수 없을 때는 그만두는 것도 고려해야 한다. 내가 아는 의사 선생님 중에서도 뒤늦게 암이 발견되는 분이 종종 있다. 너무 바쁘고 정신없고 스트레스를 받다 보니까 환자들에게는 조기 암 검진이 필요하다고 맨날 말을 하면서 막상 본인은 아무런 검사도 받지 않은 것이다. 그 의사 선생님은 지금에 와서는 스트레스를 받으면서 억지로 병원을 계속했던 것을 후회한다.

원장들이 흔히 간과하는
4가지 사업 리스크

✚ 금리

금리는 모든 의료기관이 관여된 문제다. 한 달에 이자로 500만 원 지급을 하고도 1천만 원 정도 이익이 남는 원장님이 계신다고 가정하자. 한 달에 이자로 500만 원을 낸다고 하니까 엄청나게 많은 금액인 것 같다. 하지만 은행에 지급하고 있는 이자 말고도 곳곳에 이자가 숨어 있다. 금리가 상승하면 의료기기 리스 비용도 상승한다. 자동차도 리스를 하건 할부를 하건 금리가 상승하면 그 비용이 증가한다. 병원에서 생긴 수익으로 주택담보대출이나 전세자금대출을 갚고 있는 경우 이자가 상승하면 금융 비용이 증가한다. 혹시라도 물건을 할부로 구입하고 이자를 내게 되는 경우는 더욱 가파르게 비용이 증가한다. 지금은 불경기로 인하여 전반적으로 금리가 낮다. 내가 병원을 잘 운영해서 남긴다고 생각하는 돈의 상당 부분은 은행의 낮은 금리 때문에 가능한 것이다. 그리고 언젠가 금리가 올라가면 은행은 다시 그 돈을 나로부터 챙겨갈 것이다.

신용도 언젠가 바닥이 나게 마련이다. 흔히 신용이라고 하면 신용 대출만 생각한다. 하지만 서래서에 결제를 미루는 것도 알고 보면 신용이다. 만약에 카드사의 VIP고객이어서 전 가맹점 3개월 무이자인 카드를 가지고 있다고 가정을 하자. 3개월 결제를 미루고 3개월 무이자로 결제를 한다면 6개월 무이자로 돈을 쓰고 있는 것이다. 그런데 경기가 나빠지면 신용이 점점 줄어든다. 3개월씩 결제를 미루던 것을 거래처에서 더는 미루지 못하겠다고 하고, 신용경색으로 인해서 무이자 할부도 중단될 경우 저축해 놓은 현금이 없다면 결제가 불가능하다. 부도가 날 수도 있다. 만약에 어음을 사용하고 있다면 그것은 아슬아슬한 상황이다. 하지만 현금이 없어 이렇게 저렇게 결제를 미루다가도, 현금이 확보되면 많은 사람들은 저축하기보다는 써버리게 마련이다.

✚ 물가

물가 상승도 누적이 되면 너무나 무섭다. 매년 3%씩 물가가 올라도 10년이면 30% 이상 물가가 상승하는 것이다. 외래만 보는 경우 물가 인상의 영향이 상대적으로 적다. 하지만 입원 환자를 진료하는 경우 물가 인상의 영향에 완전히 노출되게 된다. 채소, 쌀, 소고기, 돼지고기를 비롯한 식자재 가격이 오르면 수익은 그만큼 감소하게 된다. 전기세, 수도세, 가스비 같은 공공요금의 인상도 문제다.

✚ 수가

더군다나 공단의 수가는 언젠가 낮아지게 되어 있다. 의료인은 각각의 환자를 진료하고 그에 대해서 대가를 받는다. 그런데 그 각각의 청구액이 합쳐져서 질병별, 치료행위별로 분류가 되면 정부의 입장에서는 특정 분야의 지출로 잡게 된다. 그 지출이 꼭 필요하건 아니건, 그 지출이 합당하건 아니건 정부는 지급을 줄이고자 하는 시도를 하게 된다. 심사평가원이나 건강보험공단이 그렇게 하도록 보건복지부가 압력을 가한다. 국회의원들은 국정감사에서 과다한 지출을 억제하지 못했다고 하면서 심사평가원, 건강보험공단, 보건복지부의 수장을 질책한다. 따라서 현재 지급받는 수가가 1년 후, 2년 후, 5년 후에도 계속 유지된다고 생각을 해서는 안 된다. 수가가 낮아지지 않더라도 조정, 삭감, 환수를 통해서 실질 수가가 낮아진다. 기획 현지조사 대상이 되면 그동안 상대적으로 높게 인정받아서 받은 청구액 중 상당액을 환수 조처 받고 과징금을 물게 될 수도 있다.

✚ 임금

임금 역시 무시할 수 없는 변수다. 경기가 안 좋아지면 사회 전반적으로 임금 상승은 주춤하는 경향이 있다. 그러나 특정 분야에 몰림 현상이 생기면 특정 인력에 대한 임금은 상승하게 마련이다. 너 나 할 것 없이 요양병원에 뛰어들던 때는 그 매력 중 하나가 요양보호사의 낮은 임금이었다. 그러나 요양병원과 노인요양원이 급증하다가 보니까 요양보호사의 임금이 계속 올라갔다. 수면 클리닉이 많이 늘면서 수면다원검사를 시행하는 의료기사의 임금이 올라가서 만만찮게 부담이 되기도 했다. 내가 지금 하는 진료 분야가 수익률이 양호하다면 틀림없이 경쟁자들이 늘어나게 되고 대체 불가능한 인력의 임금도 올라간다. 그리고 정부에서는 점점 건강보험료, 국민연금 부담을 늘리고 있고 사용자가 부담해야 하는 몫 역시 증가하게 된다. 아울러 근로 감독 점점 강화되고 있다. 퇴직금은 말할 것도 없고 초과근무수당, 연가보상비, 야간수당 등도 근로기준법대로 하지 않고 관례대로 처리하면 나중에 임금 체납으로 몰릴 수 있다. 함께 일하고 있을 때는 문제 삼지 않더라도 직장을 그만둔 다음에 직원이 문제 삼는 경우가 많다. 원장이 잘해서 직원들이 만족하고 있다고 착각해서는 안 된다. 법대로 하지 않으면 지금 직원에게 덜 줘서 아낀 돈은 나중에 언젠가 다시 직원에게 돌려주게 된다. 그만큼은 이익으로 치지 말고 나중에 지급해야 할 비용이라고 미리 마음먹어야 한다.

흔히 심사평가원 현지조사, 세무조사, 의료사고 같이 갑자기 발생한 엄청난 일에 대해서만 리스크라고 생각을 한다. 그런 갑작스러운 일을 잘 대비하고 처리하는 것을 리스크 관리하고 생각한다. 하지만 나는 당연히 여기고 있던 것에 대해서 세상은 당연하게 여기지 않는다는 것을 항상 고려해야 한다. 그리고 눈에 보이지 않게 서서히 누적되는 위험이 더욱 두려운 법이다. 금리 상승, 신용경색, 물가 상승, 수가 조정, 급여 부담 증가 같은 사업 리스크를 간과해서는 안 된다.

오진을 줄이는
10가지 방법

내 인생 최대의 오진은 처의 갑상선항진증을 진단하지 못한 것이다. 20년 전에 처가 유난히 피곤을 느끼고 더위를 참지 못했다. 그냥 올해는 유난히 더위를 타는구나 생각을 했다. 그런데 어느 날 보건소 방문간호사가 다른 일로 병원에 들렀다가 처의 눈을 봤다. 그리고는 더위를 많이 타는지, 심하게 피곤한지 묻더니 바로 갑상선항진증을 알아챈 것이다. 정신과에서 가장 먼저 하는 감별 진단 중 하나가 갑상선항진증이다. 감정 조절이 안 된다고 외래를 방문한 환자들의 갑상선항진증은 잘만 찾아냈는데 막상 처의 갑상성항진증은 생각도 못한 것이다. 그런데 그 방문간호사가 처의 갑상선항진증을 맞춘 이유는 그녀 역시 갑상성항진증이었기 때문이었다. 의사라면 누구나 오진을 피할 수 없다. 오진으로 인해서 피해를 받은 이는 그 누구보다 역시 환자다. 하지만 최근에는 오진에 대해서도 의료소송이 심심치 않게 제기되고 있다. 그래서 내가 생각하는 오진 피하는 법 10가지를 소개하고자 한다.

✚ 환자의 말을 잘 듣고 판단하자

지금은 진단 기계가 많이 발달했다. 과거에는 환자가 속이 쓰리다고 하면 의사는 문진과 이학적 검사를 통해서 위궤양인지 위염인지 위암인지 감별 진단을 해야 했다. 하지만 지금은 일단 내시경을 하면 눈으로 보고 감별 진단이 가능하다. 어느 부위가 아프다고 하면 그 부위를 보기 위해서 초음파, CT, MRI를 순서대로 진행하게 된다. 그렇지만 여전히 환자의 말은 소중하다. 근육통, 무기력함, 피곤함과 같은 애매한 증상의 경우는 그 원인을 알기 위해서는 환자의 말을 잘 듣고 잘 물어봐야 한다. 그러면서 꼼꼼히 환자를 검사하지 못하면 SLE Systemic Lupus Erythematosus를 비롯한 면역질환이나 근무력증 같은 근육질환을 놓치는 수가 있다. 자신의 전공과 상관없더라도 환자가 먹는 약을 모두 파악하는 것은 오진을 피하는데 있어서 기본이다.

✚ 자주 보는 진단으로 밀어붙이면 안 된다

유육종증 sarcoidosis은 미국에서는 흔하고 우리나라에서는 드물다. 결핵은 우리나라에서는 흔하고 미국에서는 드물다. 그런데 과거에 우리나라 의사가 미국에 연수를 갔는데 미국 의사들이 결핵병변을 가지고 "유육종증 같기도 하고 아니기도 하다."면서 고민하고 있었다. 우리나라 의사가 이것은 결핵이라고 확신을 가지고 말하자 반신반의했다고 한다. 나중에 환자에게서 결핵균이 검출이 되어서 확진을 하자 미국 의사들은 우리나라 의사에게 대단하다고 칭찬을 했다. 결핵일 수 있다는 가능성만 고려해도 찾아 낼 수 있었는데, 그 생각을 못하니까 증상이 이상한 유육종증이라고만 판단하게 되었던 것이다. 아무래도 자꾸 보게 되는 질환 위주로 생각을 하게 마련이다. 따라서 조금이라도 애매할 때는 하다못해 질병 분류라도 쭉 훑어보면서 생각을 하는 것이 좋다.

✚ 인센티브를 경계하라

새로 차를 바꾸면 내가 바꾼 차가 유난히 길에 더 많이 돌아다니는 것 같다. 본인이 임신 하거나 배우자가 임신을 하면 임산부가 유난히 눈에 더 많이 띈다. 진단 역시 그런 경향이 있다. 한번 학회에 가서 특정 질병에 대해서 강연을 듣고 나면 그 병이 자꾸 눈에 띄게 된다. 새로운 수술법을 익히게 되면 그 수술을 받아야 할 환자들이 자꾸 눈에 띈다. 요새는 봉직의도 인센티브를 받는 경우가 많다. 인센티브에 영향을 받다 보면 오진의 확률이 올라간다. 수술하면 인센티브를 받는 경우 나도 모르게 수술을 하는 쪽으로 판단한다. MRI 촬영을 처방하면 인센티브를 받는 경우 나도 모르게 MRI를 촬영하는 쪽으로 판단한다. 환자가 입원해야 인센티브를 받는 경우 나도 모르게 환자를 입원시키는 쪽으로 판단한다. 특히나 스스로는 영향을 받지 않는다고 생각을 하지만 사실은 무의식적으로 영향을 받는 상황을 경계해야 한다.

✚ 모르는 것을 인정하라

때로는 모르는 것을 인정하는 것 역시 필요하다. 환자를 위해서 끝없이 고민하고 약을 바꾸면서 시도를 하는 의사는 훌륭하다. 하지만 길을 잘못 들어서면 아무리 열심히 뛰어도 계속 엉뚱한 길로 갈 뿐이다. 우리가 생각을 할 때도 그런 현상이 일어난다. 그것을 심리학에서는 인지왜곡이라고 한다. 남에게는 보이는 쉬운 감별 진단이 내 눈에는 보이지 않는다. 절대로 아닌 것 같다고 생각하면서 너무나 당연하게 배제한 질환이 알고 보니 맞는 진단인 경우도 있다. 따라서 잘 모르겠다는 생각이 들 때, 뭔가 답이 있는데 근처에서 헤매는 것 같을 때는 누구에게든 물어보자. 때로는 정식으로 상급병원에 진료를 의뢰하는 것보다 사적인 자리에서 동료에게 물어봤을 때 더 나은 내답을 듣기도 한다

✚ 환자에 대한 감정을 통제하자

사사건건 시비를 거는 환자, 의사의 질문에는 답을 하지 않고 자신이 하고 싶은 이야기만 하는 환자, 꼭 진료 시간이 다 끝난 후 나가려는데 오는 환자에 대해서는 부정적인 느낌을 받게 된다. 응급실에서 술에 취해 주정을 부리는 환자를 보는 것도 쉽지 않다. 그보다는 덜하지만 꼭 증상을 과장되게 표현하거나 꾀병을 부리는 것 같은 느낌을 주는 환자들도 있다. 노숙 상태로 지내서 온 몸에 냄새가 나는 환자의 경우 몸을 만지기가 두려울 수도 있다. 그런데 바로 그 순간의 느낌이 오진으로 의사를 이끈다. 아무리 환자에게 부정적인 느낌을 받더라도 할 바는 다 해야 한다. 만약에 오진으로 이끈 이유가 환자에 대한 부정적인 느낌 때문이었다면 의료소송 때에서 불리하게 작용을 할 것이다.

✚ 앞선 진단 소견은 단지 참고 사항일 뿐이다.

숨이 막히고 가슴이 막히는 것 같다면서 수시로 응급실을 방문하는 환자가 있었다. 순환기내과에서 철저하게 검사를 했지만 심장질환 소견은 없었다. 그가 또다시 응급실을 방문했고, 마침 의사는 다른 급한 환자가 있었다. 이번에도 공황발작이라 생각하고 안정제 투여를 지시하고 다른 환자를 보러 갔다. 그런데 갑자기 간호사가 소리를 질렀다. 공황발작 환자가 의식이 없어지면서 바이탈이 흔들린다는 것이다. 공황발작 환자에게 이번에는 진짜 심근경색이 생긴 것이다. 앞서 충분히 검사를 해서 진단이 내려졌더라도 세월이 흐르면 환자의 몸은 변하게 마련이다. 또 어떻게 생각을 하냐에 따라서 다른 의사에게는 안 보이던 진단이 내게는 보일 수도 있다.

✚ 항상 최상의 컨디션을 유지하자

옛날에는 외과의사가 전날 마신 술이 깨지도 않았는데 아침에 수술에 들어가는 일도 있었다. 본인은 그렇게 생각하지 않았겠지만 숙취 상태에서 한 수술과 멀쩡한 정신으로 한 수술은 같을 수 없다. 술에 취해 멍한 상태에서 수술을 하다 보면 환자의 수술 부위에서 뭔가 변화가 일어나도 놓칠 수 있다. 의사도 사람이기 때문에 마음도 아프고 몸도 아프다. 특히 우울증 같은 병은 의사의 판단력에 큰 영향을 준다. 마음의 병 수준은 아니더라도 과도한 스트레스만으로도 집중력은 쉽게 흐트러진다. 따라서 의사는 최고의 신체적, 정신적 컨디션을 유지하기 위해서 노력해야 한다. 내가 건강하고, 건전해야 올바로 생각을 할 수 있고, 올바로 생각을 해야 오진을 피할 수 있다.

✚ 경과를 확인하라

처음에는 애매한 증상으로 시작해서 차차 진행하면서 본색을 드러내는 병이 있다. 의과대학 때 배우고 지금은 기억도 안 나는 질환들 중에 그런 병들이 많다. 그렇게 희귀한 병이 아니더라도 뭔지 감이 잘 안 잡히는 병이 있게 마련이다. 그런 경우 환자가 외래를 방문하다가 중단하면 뭔가 마음이 찜찜하다. 그럴 때는 환자에게 전화를 해서 어떻게 지내는지 확인하는 것이 바람직하다. 환자를 3차 병원으로 의뢰한 경우도 꼭 예후를 확인해봐야 한다.

✚ 검사 결과를 맹신하지 말라

옛날 어느 종합병원 응급실에서 환자는 이미 사망했는데 심전도 기계가 오작동 해서 환자의 죽음이 뒤늦게 발견이 된 적이 있었다. 누군가 버튼을 잘못 눌러서 기계 속에 내새긴 샘플 기능이 계속 작동을 한 것이다. 요새는 전산화가 이루어져서 그럴 일이 거의 없지만 과거에는 검사 결과가 바뀌는 경우가 드물게 있었다. 그럴 때 환자의 상태와 검사 결과가 부합하지 않으면 혹시 검사가 잘못되었을지도 모른다고 생각을 한 의사는 그런 실수를 잡아내고, 무조건 검사 결과를 믿었던 의사는 잡아내지 못했을 것이다. 암을 암이라고 진단을 하는 것은 기계가 아닌 사람이다. 슬라이드에서 일정 수 이상의 비정상적인 세포가 나오면 암이라고 한다. 그런데 해부병리전문의가 그 수를 잘못 세었을 수도 있다. 환자가 MRI나 CT를 촬영한 경우도 자신의 전공 분야면 직접 필름을 보고 방사선과 의사의 판독에 대해서 고민해볼 수 있다. 하지만 전공 분야가 아니면 우리는 방사선과 의사의 판독을 전적으로 신뢰하게 된다. 만약에 검사 결과와 환자의 상태가 맞지 않을 때는 혹시 검사 결과가 잘못된 것은 아닌지 의심해봐야 한다.

✚ 환자의 고통에 공감하자

오진의 가장 흔한 원인 중 하나는 귀찮음이다. 고민하고 생각을 한다는 것이 귀찮다. 별거 아닌 것 같은데 의뢰서를 써서 상급 병원으로 진료 의뢰하기도 귀찮다. 환자의 얘기를 자세히 듣는 것도 귀찮다. 매일 진료를 한다는 것이 피곤하다. 사는 것도 지겹다. 그러다 보면 오진이 생긴다. 하지만 환자는 아프다. 의사인 우리도 감기에 걸리거나, 갑자기 몸을 움직여 근육이 뭉치거나, 이빨이 썩으면 고통스럽다. 의사를 찾는 환자들 중 많은 이들은 이러한 일상적인 고통과 비교할 수 없이 강한 고통을 느낀다. 더 자주 아프다. 거의 매일 통증을 달고 사는 환자분들도 적지 않다. 그러한 환자의 고통을 이해할 수 있다면 끝까지 노력할 수밖에 없다. 그러다 보면 오진도 줄어들게 마련이다.

불확실성 견디기

현재 의료계의 상황은 불확실하기 짝이 없다. 계속 새로운 규제가 생긴다. 대중의 기대치는 높아져 간다. 이렇게 불확실한 상황에 직면했을 때 사람들은 대부분 불안, 분노, 성급한 결정, 절망과 같은 반응을 보이고는 한다.

불안에 빠진 이들의 경우 걱정을 하게 된다. 물론 걱정을 해야 불확실성에 대비하게 된다. 걱정하다 보면 조심하게 된다. 불확실한 미래를 대비해서 아끼게 된다. 걱정을 하게 되면 덜 돌아다니고, 덜 쓰게 된다. 하지만 걱정에 사로잡히게 되면 결정을 하지 못하게 되고 우유부단해진다. 걱정으로 인해서 일이 손에 잡히지 않게 되면 점점 상황이 엉망이 된다. 걱정과 불안으로 인해서 결정해야 할 때는 두려움 때문에 결정하지 못하고, 막상 버티어야 할 때는 그냥 무너져버리기도 한다.

분노하는 경우도 있다. 불확실하다는 것에는 양면적인 의미가 있다. 좋은 쪽으로 불확실할 때 우리는 흥분한다. 기대한 것보다 훨씬 일이 잘 풀릴 때는 내가 하면 뭐든지 다 될 것 같다는 자신감마저 생긴다. 반면에 나쁜 쪽으로 불확실할 때는 짜증이 난다. 예상보다 훨씬 더 안 좋을 수 있다는 생각 때문에 화가 난다. 내가 이렇게 된 것이 모두 남의 탓인 것 같다. 국가, 제도, 경쟁 때문에 일이 안 풀리는 것 같다. 동업하고 있으면 동업자 때문인 것 같다. 남편을 탓하기도 하고 아내를 탓하기도 한다. 그런데 이렇게 분노에 사로잡히게 되면 앞이 보이지 않는다. 계속 무엇인가를, 누군가를 원망하는 것만으로 불확실한 상황이 바뀔 가능성은 매우 낮다.

성급하게 행동하는 경우도 있다. 실제 화재는 없는데 실수로 화재경보가 울리자 입구에 사람들이 몰려서 압사로 인해서 죽음에 이르는 경우가 있다. 인간은 뭔가 일이 터질지도 모른다는 생각에 사로잡히면 마음이 급해지면서 비이성적인 결정을 하게 된다. 인간은 잘될 것이라는 미래가 있을 때 더 열심히 하게 마련이다. 반대로 현재 하는 일의 전망이 불투명한 경우 일이 더 힘들고 지겨워진다. 고생에 비해 보상이 보잘것없는 것 같다. 그러다 보면 지금 하는 일을 때려치우고 싶다. 병원을 그만둘까 말까 고민하게 될 때가 있다. 별로 남는 것도 없다는 생각에 성급하게 병원을 양도하거나 매도를 한다. 그런데 병원을 그만두고 봉직의 생활을 해보니 만만치 않은 것이다. 그렇다고 다시 맨땅에 헤딩하는 식으로 개원을 하자니 막막하다. 성급하게 결정한 것을 후회하게 되는 것이다.

절망한 나머지 아무것도 안 하고 손을 놓아버리기도 한다. 사람은 잘될 때 더 열심히 하게 마련이다. 장사가 잘되는 식당에서는 손님이 식당에 발을 들여놓기가 무섭게 주인이 인사를 하고 주문을 받으러 온다. 그런데 장사가 안되는 식당의 주인은 컴퓨터 앞에서 맞고 게임이나 하든지 아니면 스마트폰을 만지작거린다. 손님이 들어와도 별로 반가워하지 않는다. 어차피 안되는 식당 어떻게 되든지 상관없다는 태도로 손님을 대한다. 임대기간이 남아 있기 때문에 지금 그만둬도 어차피 임대료는 나가야 한다. 울며 겨자 먹기로 계속하기는 하지만 언제라도 그만둘 생각인 것이다. 병원도 마찬가지다. 미래가 불투명하다는 생각에 사로잡히면 더는 손을 대기가 싫다. 벽지에 때가 타고, 문이 삐거덕거려도 고치지 않는다. 그러다 보면 환자들도 점점 병원을 외면하게 되면서 주위 다른 병원으로 향하게 된다.

그렇다면 불확실한 현실을 어떻게 대처해야 할 것인가? 우선 불확실성을 정확하게 평가하고자 노력해야 한다. 그리고 미래에 대해서 합리적인 계획을 세워야 한다. 안 되는 것에 매달리지 말아야 한다. 모순을 견디기 위해서 노력해야 한다. 하나씩 살펴보자.

우리는 상황에 몰리게 되면 불확실성을 과대평가하고는 한다. 조금만 불확실해도 미래가 너무나 불투명한 것 같다. 하지만 그렇지 않다. 아무리 불확실한 상황도 곰곰이 생각하면 방향이 보이게 마련이다. 우리 병원에 오는 환자들이 앞으로 검사를 더 많이 받고자 할지, 수술을 더 많이 받고자 할지, 아니면 치료를 더 많이 받고자 할지 예상해볼 수 있다. 그리고 가능성이 큰 쪽으로 대비를 하면 된다. 나쁜 미래도 정도를 예상하는 것은 가능하다. 환자가 줄고, 수입이 주는 것은 생각하기도 싫은 일이다. 하지만 이런 상황에서도 얼마나 환자가 줄지, 얼마나 수입이 줄지 예상하는 것은 가능하다. 변화의 폭을 가늠하는 것은 어느 정도 가능하다.

그리고 아직 시간적, 금전적 여유가 있을 때 실패를 고려하고 새로운 시도를 해서 미래를 대비해야 한다. 경영학에는 BCG 매트릭스라는 용어가 있다. 보스턴 컨설팅 그룹 Boston Consulting Group에서 만들었기 때문에 이니셜만 따서 BCG 매트릭스라고 한다. BCG 매트릭스에서는 어떤 일이 성장성도 높고 돈도 많이 벌리면 별 Star이라고 한다. 현재 돈은 많이 벌리지만, 성장성이 없으면 캐시카우 Cash Cow라고 표현한다. 성장성은 높지만 아직 돈이 벌리지 않는 일은 ? Question Mark로 표현한다. 성장성도 높지 않고 돈도 벌리지 않는 일은 개Dog라고 표현한다. 장기적인 사업 포트폴리오를 짤 때는 Star, Cash Cow, ?, Dog 이 네 가지를 모두 고려해야 한다.

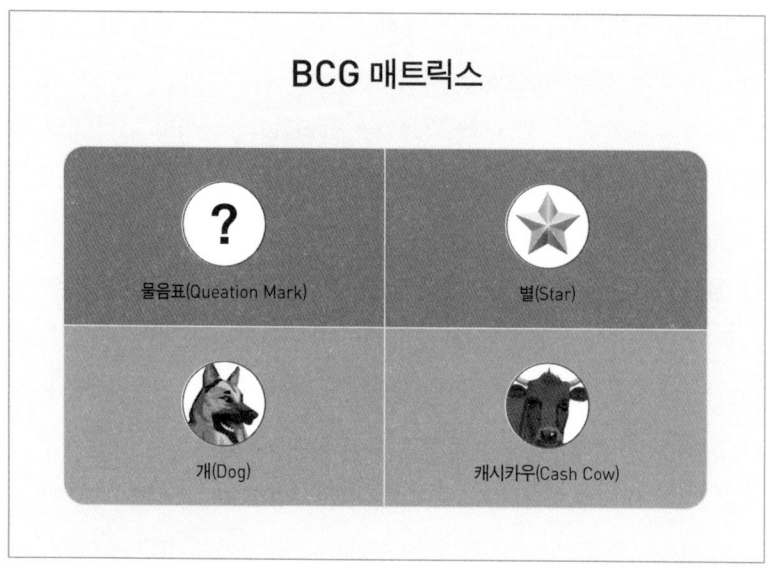

현재의 캐시카우는 경쟁이 치열해지고 수가가 낮아지면 개의 위치로 추락한다. 따라서 캐시카우를 통해서 벌어들이는 수입의 일부를 해당하는 진료 분야에 투자를 해야 한다. 그중에서 상당수는 실패할 것이다. 하지만 성공한 한두 가지가 별이 되는 것이다. 그리고 별에 해당하는 진료 분야도 언젠가는 성장세가 주춤하면서 캐시카우가 된다. 미래가 불확실하다고 아무것도 안 하고 있다 보면 지금 나의 캐시카우가 개가 되어버린다. 그때가 되면 아무것도 할 수 없다. 이렇게 몰리고 몰리다가 새로운 진료 분야에 투자했다가 실패를 하면 회복할 수 없다. 아직 자금 여력이 있고 시간이 남아 있을 때 실패할 확률도 고려해서 새로운 분야에 손을 대야 한다.

그리고 현재 상황에서 조금이라도 더 잘하기 위해서 노력하는 것이 중요하다. 내일은 불확실하다. 하지만 일주일 뒤는 더욱 불확실하다. 한 달 뒤, 1년 뒤는 더욱 불확실하다. 따라서 미래가 불확실하다고 느껴지면 현재에 조금이라도 더 많은 환자를 보고, 조금이라도 더 많은 수입을 확보해야 한다. 그래야 미래에 버틸 수 있다.

그리고 안 되는 것을 되게 하려고 아무리 과감하게 투자해도 한번 기울어진 것을 다시 바로잡기란 쉽지 않다. 안 되는 것은 안 되는 것이다. 하지만 어차피 쇠락할 운명일지라도 그 속도를 늦추는 것은 가능하다. 안 되는 것을 되게 하려고 무모하게 도전하는 것은 피하자. 하지만 조금이라도 더 오래 진료하고 오래 살아남기 위해서는 최선을 다해야 한다.

불경기 때문에 걱정이에요

불경기가 심해지면, 고민도 많아진다. 오던 환자들만 계속 오지, 신환이 없다. 옛날에는 새로운 의료기술을 익혀서 기존의 환자들에게 시행하는 식으로 진료 영역을 넓혔다. 그런데 지금은 검사를 권해도 환자들이 금전적 부담 때문에 하지 않는다. 당장 통증을 줄여주는 경우를 제외하고는 환자들이 관심을 두지 않는다. 그리고 단돈 천 원, 아니 단돈 몇백 원 때문에 외래에서 불만을 표현하는 환자들도 있다. 이렇게 매출은 줄어드는데 임대료는 그대로다. 직원의 월급은 계속 올라간다. 그러다 보니 이러다가 병원이 망하는 것이 아닌가 걱정이 되게 마련이다. 하지만 이럴 때일수록 불안해하지 말고 찬찬히 대응해야 한다. 그러기 위해서 다섯 가지의 해결책을 소개해 드리고자 한다.

✚ 비용을 줄이자

비용을 줄이자고 하면 병원의 비용부터 생각한다. 그런데 개인 의원의 경우 솔직히 비용은 뻔하다. 직원들 점심을 조금 싼 것으로 바꾸고, 대기 환자에게 제공하는 원두커피를 없애봤자 줄어드는 비용은 많지 않다. 그리고 직원이나 고객에게 들어가는 비용을 줄이면 결과적으로 만족도가 저하될 가능성이 크다. 따라서 가장 먼저 비용을 줄여야 할 대상은 원장의 개인 소비다. 돈을 쓰기 위해서 일하는 것이 아니냐고 반문할 수도 있다. 그런데 수입이 줄어드는 것이 겁나는 이유는 소비를 할 수 없기 때문이다. 아무리 돈을 많이 벌어도 그보다 더 많이 쓰면 적자가 나게 마련이다. 소비는 습관이어서 계속 늘어날 뿐이지 줄어들지 않는다. 그런데 인간은 타인의 소비에 대해서는 합리적으로 판단하는 반면에 자신의 소비에 대해서는 지나치게 너그럽다. 누구도 자신이 과소비한다고 생각하지 않는다. 나에게 꼭 필요하다고 하면서 합리화를 하고는 한다. 지금이 아니면 이 가격에 사지 못한다고 생각하기도 한다. 너무나 힘든데 이 정도는 나에게 선물로 줘야 한다고도 생각한다. 하지만 막상 돈이 한 푼도 없게 되면 그제서야 후회를 한다. 도대체 내가 왜 그 때 그렇게 살았을까 하면서 말이다. 실제로 가난해지기 전에, 조금은 가난하게 살아보려 노력해봐야 한다.

✚ 버티어 보자

어떻게 해야 할지 모를 때가 있다. 계속하자니 점점 더 나빠질 것 같다. 그만두자니 더 할 것이 없다. 임대료가 너무 많이 나가서 자리를 옮기자니 접근성이 떨어져서 환자가 줄 것 같다. 좋은 것과 나쁜 것 사이에서 선택하기는 쉽다. 하지만 이렇게 나쁜 것과 저렇게 나쁜 것 사이에서 선택하는 것은 어렵다. 나쁜 것과 더 나쁜 것 사이에서 선택하기도 쉽지 않다. 이렇게 해도 문제, 저렇게 해도 문제일 때는 아무것도 안 하고 일단 버티는 것이 정답이다. 그러다 보면 굳이 내가 결정을 하지 않더라도 길이 나타나게 된다.

✚ 조금씩 새로운 시도를 해보자

불안하게 되면 인간은 극단적인 결정에 사로잡히게 된다. 단번에 큰 변화를 주고자 한다. 그런데 무언가에 몰빵을 했다가 실패하면 그대로 무너질 수가 있다. 병원이 불안하다고 해서 주식에 투자하거나 새로운 사업을 시도하다가 실패해서 나중에는 병원마저 문 닫게 될 수도 있다. 그런데 막판에 몰려서 어쩔 수 없이 결정했다가 실패를 하면 그때 역시 문제다. 더 버틸 돈이 없기 때문이다. 따라서 아직 금전적, 시간적으로 여유가 있을 때 뭔가 새로운 시도를 해야 한다. 작은 시도를 해서 성과가 있으면 키우는 것이다. 그렇게 할 수 있는 것은 다 해보는 것이다.

✚ 현금을 확보하자

흔히들 없는 셈치고 돈을 묶어둔다는 말을 하고는 한다. 그런데 세상은 묘해서 꼭 돈이 좀 모이는가 싶으면 일이 생긴다. 자동차가 망가지기도 하고, 냉장고가 고장 나기도 하고, 몸이 아파서 쉬는 일도 생긴다. 병원은 특히 예상할 수 없는 상황이 많이 발생한다. 생각지도 않은 일로 영업정지나 과징금 처분을 받는 일도 있다. 세무조사를 받게 되기도 한다. 그런데 과거에 병원이 잘 돌아갔을 때는 이런 문제가 생겨도 회복이 가능했다. 하지만 불경기로 계속 환자가 줄어드는 상황에서는 회복되는 시간이 오래 걸린다. 도저히 회복하지 못하는 경우도 있다. 그래서 일단 적어도 1년 치 병원 운영비와 1년 치 생활비를 확보해야 한다. 그리고 투자를 계획해야 한다. 부동산이건 주식이건 오를 때는 팔지 않는다. 떨어질 때도 쥐고 있게 마련이다. 보통은 버티다 버티다 팔게 되는 것이 인간의 본능이다. 따라서 일단 현금을 확보한 후 투자를 해야 한다. 이자가 나가는 것이 아까워서 현금을 모으는 대신 빚을 갚아나가는 경우도 있다.

그런데 장기불황 상황에서는 빚을 갚을 때도 주의해야 한다. 지금은 은행에서 돈을 빌릴 수 있다. 경기가 나빠지게 되면 시중의 자금 사정도 안 좋아지고 나의 신용도 역시 저하될 수 있다. 그렇게 되면 나중에 은행에서 대출을 받으려고 해도 받을 수 없게 된다. 그러면 저축은행을 비롯한 제2금융권에서 더 높은 이자로 돈을 빌려야 한다. 따라서 빚을 갚는 것보다는 적금을 들어놓았다가 필요한 경우 긴급 자금으로 사용하는 것이 나을 수도 있다. 그리고 미래를 대비해서 보험이나 연금을 들어놓을 때도 주의해야 한다. 지금의 소득이 계속 유지된다는 가정 아래 연금이나 보험을 들어놓았지만, 환자가 줄어들고 소득이 줄어들게 되면 더는 불입을 못 하고 해지하게 될 수도 있다. 연금이나 보험은 해지했을 때 원금 보장이 안 되는 경우가 있다. 따라서 가능하다면 적금의 형태로 현금을 모으는 것이 바람직하다.

✚ 지금을 즐기고 보자

학교 다닐 때를 돌이켜보면 아무리 열심히 해도 1등이 되기 어려웠다. 반대로 아무리 놀아도 꼴찌가 되는 것 역시 쉽지 않았다. 무작정 열심히 한다고 해서 노력하는 만큼 환자가 늘어나거나 매출이 늘지 않는다. 반대로 조금 여유 있게 군다고 해서 금세 환자가 줄어드는 것도 아니다. 그리고 환자가 줄어들면 그만큼 시간이 남는다. 여태껏 힘들게 일해 왔다. 남는 시간 동안에 걱정하고 고민하느니 그냥 하고 싶은 것을 하는 것도 나쁘지 않다.

사람들이 하는 일 중에는 돈을 벌려고 하는 일도 있고 재미로 하는 일도 있다. 그런데 돌이켜보면 인턴, 레지던트 때는 참 서로들 환자 얘기를 많이 했다. 그런데 봉직의가 되고 개원의가 되면서 점점 환자에 대한 관심이 줄어들게 된다. 그렇게 환자 보는 것이 재미없어지면 없어질수록 의사를 하는 것도 재미없어진다. 환자를 보는 것이 재미없어지면 없어질수록 노력에 비해서 버는 돈이 너무 적은 것 같아진다. 병원이 힘들어질수록 억지로라도 환자에게 관심을 기울여야 한다. 어려운 환자, 힘든 환자, 성가신 환자도 정성스럽게 진료하자. 불경기를 이겨내기 위해서는 모든 환자를 정성스럽게 진료할 수밖에 없다. 그렇게 한명 한명이 모이다 보면 병원도 잘 돌아가게 될 것이다.

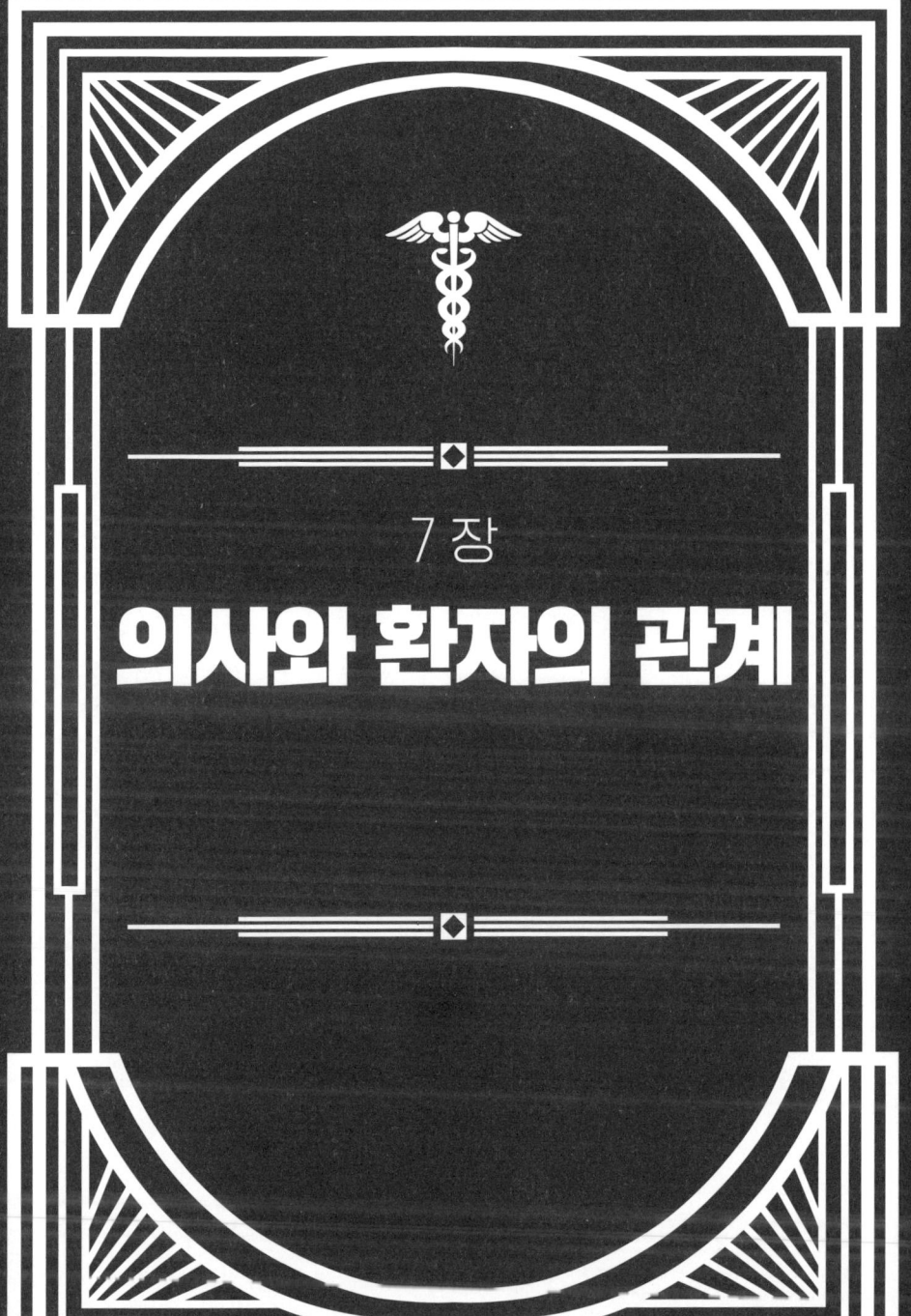

7장
의사와 환자의 관계

좋은 환자가
좋은 병원을 만든다

흔히 환자의 만족도를 올려야겠다고 하면 막연히 불만고객을 없애야겠다고 생각한다. 그러면서 가장 흔히 범하는 것이 안 그래도 시간을 많이 빼앗고 있는 환자의 면담 시간을 늘리는 것이다. 평소에도 말이 많은 환자들의 얘기를 끊지 않고 하염없이 들어준다. 그러면서 원장님은 자신이 많이 친절해졌다고 생각을 한다. 하지만 뒤에 밀린 환자들의 입장에서는 어떨까? 더 많이 기다리게 되었으니 원장은 친절해졌을지 몰라도 병원은 불친절해진 셈이다. 더군다나 원장님이 말을 많이 하는 환자들에게 시간을 더 쏟다 보면 아무 말 없는 환자들은 바쁜 나머지 대강대강 보게 된다. 그렇게 되면 불만을 비롯해서 이것저것 많이 얘기하는 환자들은 이익을 보지만, 나머지 조용한 환자들은 손해를 보게 된다. 친절해지자고 했지만 환자들의 평균 만족도는 오히려 더 떨어진다.

물론 기본적인 친절은 필수다. 당연히 모든 환자들에게 존칭을 사용해야 한다. 아무리 내가 환자보다 나이가 많더라도 존댓말을 써야 한다. 환자의 질문에 대해서는 그냥 넘어가는 것이 있어서는 안 된다. 알면 안다 모르면 모른다고 확실히 대답을 해야 한다. 아는 것은 환자가 이해할 수 있게 설명을 해야 한다. 그리고 모르는 것에 대해서는 모른다고 인정을 하고 언제까지 알아봐서 설명을 해주겠다고 해야 한다. 웃으면서 환자와 대화를 해야 한다. 환자의 아픈 부위는 꼭 손으로 짚어서 확인을 해줘야 한다. 허리가 아파서 유명한 병원에 갔는데 의사가 허리는 만져보지도 않고 MRI부터 찍자고 해서 기분이 상했다는 환자의 이야기를 들은 적도 있다. 하지만 이러한 모든 친절은 제한된 시간 안에 균등하게 이루어져야 한다. 왜냐하면 환자들이 소중한 시간을 병원에서 기다리면서 허비하게 해서는 안 되기 때문이다.

사람들은 기다리는 것을 싫어한다. 인터넷을 하다 원하는 페이지가 열리지 않았을 때 기다리는 네티즌은 거의 없다. 즉시 다른 창을 열거나 아니면 다른 홈페이지에 접속을 한다. 엘리베이터에서도 문을 빨리 닫기 위해서 버튼을 눌러댄다. 지하철에서도 기다리는 것이 싫어서 닫히기 시작한 지하철 문에 냅다 뛰어 들어간다. 고속도로에서도 조금이라도 옆 차선이 빨리 가는 것 같으면 옮기게 된다. 더군다나 가만히 앉아서 아무 할 일 없이 기다리게 되면 사람들은 더 싫어하게 된다.

민원을 접수하러 관공서에 가거나 간단한 업무를 보기 위해 은행에 갔다가 예상외로 오래 기다리던 경험이 다들 한두 번은 있을 것이다. 차라리 길이 막힐 때가 낫다. 라디오라도 들을 수 있으니까 말이다. 멍하니 앉아서 기다리다가 보면 진짜 쓸데없이 시간을 보내는 것 같다. 최근에 본인이건 가족이건 진료를 받기 위해서 병원을 방문한 원장님은 진료 대기실에서 기다린다는 것이 얼마나 지루하고 답답한지 기억하실 것이다. 그렇다면 내 병원에서 기다리는 환자들의 마음은 오죽 하겠는가? 따라서 우리는 환자를 기다리지 않게 하면서 평균의 만족도를 올려야 할 것이다.

그러기 위해서는 우선 평균 진료 시간을 줄여야 한다. 단 현재의 만족도는 유지하면서 평균 진료 시간을 줄여야 한다. 의사들이 환자에게 설명을 하는데 시간이 많이 걸리는 이유는 뭘까? 우선 자신이 잘 모르거나 확신이 안 설 때 설명이 길어진다. 따라서 계속 반복적으로 학습하는 것이 필요하다. 그리고 자신이 설명하는 것을 한번 녹음해서 들어보면 도움이 된다. 다음으로는 환자들이 잘 이해를 못해서 그러는 수가 있다. 특히 고령화가 진행이 되면서 귀가 잘 안 들리거나 처음 듣는 용어가 익숙하지 않아 설명을 해도 이해를 못하시는 어르신들이 늘어나고 있다. 이런 경우는 마냥 말로 설명을 하기 보다는 보조 도구를 잘 사용하고 일정 부분은 다른 직원을 이용해서 추가 설명을 해드려야 한다.

만약에 수술을 하는 선생님의 경우는 수술 준비나 마무리 시간을 줄여서 수술에 들어가는 시간 자체를 단축하는 것이 중요하다. 그리고 평균 수술 시간에 못지않게 중요한 것이 표준편차다. 수술 시간이 들쭉날쭉하다 보면 문제다. 그날따라 수술마다 계속 시간이 늘어지다 보면 나중에는 스케줄이 걷잡을 수 없이 엉망이 된다. 하루 종일 병원에서 기다리다가 진료도 못 받고 가는 이가 생긴다. 그런데 일반적으로 수술은 많이 할수록 늘게 되어 있다. 나중에는 모르지만 처음에는 일단 많은 케이스를 접하도록 각별히 노력을 해야 한다. 그리고 외래와 수술을 병행하는 경우 수술하는 날은 수술만 하고 외래 보는 날은 외래만 보는 식으로 완전히 분리하는 것이 중요하다. 예를 들어 마침 현금카드가 없어서 어쩔 수 없이 은행 창구에서 돈을 찾아야 하는 상황이다. 내가 봐야하는 출금 업무는 간단하지만 앞 사람이 보험 가입, 펀드 가입, 카드 가입 등을 끝없이 상담하면 나 역시 마냥 기다려야 한다. 병원에서 역시 간단히 처방전만 받으려 왔는데 담당의사가 시술을 해야 해서 마냥 기다리게 되는 경우가 있다. 조금 손해 보는 것 같더라도 시술을 하는 시간과 날을 정해놔야 한다.

'고객만족도=고객의 경험-고객 기대치'라는 공식이 있다. 비정상적인 기대치를 지닌 고객, 끝없이 뭔가를 요구하는 고객은 아무리 열심히 해도 만족시킬 수 없다. 만족시킬 수 없는 고객은 결국 불만고객이 될 수밖에 없다. 도저히 만족시킬 수 없는 불만고객이 많은 병원은 불친절한 병원으로 소문이 나게 되어 있다. 반면 3분 진료에 만족하는 착한 환자들이 많은 병원은 친절한 병원으로 소문이 나게 되어 있다. 좋은 병원은 좋은 환자들이 만든다. 다시 반복하지만 평균의 만족도를 증가시키는 병원이 친절한 병원으로 소문이 나는 것이지, 일부 어려운 환자를 만족시켜서는 친절한 병원으로 소문이 날 수 없다. 어쩌면 아무 말 없는 착한 환자들은 자신이 부당하게 대우를 받는다고 생각을 하고 모든 환자에게 잘해주는 옆 병원으로 옮겨갈 지도 모른다.

그런데 질문을 위한 질문을 하는 환자들이 종종 있다. 환자 자신이 내려야만 하는 결정을 의사에게 내려달라고 하면서 같은 말을 반복한다. 의사가 결정을 내려도 믿지 못하고 이랬다저랬다 반복한다. 그리고 나서 조금이라도 문제가 있으면 치료진에게 책임을 전가하기가 일쑤다. 한번 진료실에 들어오면 30분이 기본이다. 그런데 30분을 더해서 1시간을 더 얘기를 들어드린다고 해서 그 환자분이 만족을 할까? 아마도 그렇지 않을 것이다. 관심과 시간을 독점하려는 고객이 특별히 더 많은 비용을 지불한다면 그 때는 또 달리 생각해야 할지도 모른다. 하지만 그것이 아니라면 한 명의 환자에게 30분을 더 쓰는 대신 30분을 1분씩 나눠서 아무 말 없는 조용한 환자들에게 배분해야 한다. 그래야 병원 전체의 만족도가 올라갈 수 있다. 따라서 다른 환자들에게 돌아가야 할 소중한 시간과 관심을 독점하고자 하는 환자에 대해서는 나름 대책이 필요하다. 결단을 내려야하는 수도 있다. 그 고객을 만족시킬 수 있는 나른 병외원으로 정중하게 의뢰를 하는 것이 환자에게도 득이다. 내가 못한다고 해서 다른 의사도 못하라는 법은 없나. 나힌데는 어려운 분이었지만 다른 의사에게는 대하기 편한 환자일수도 있다. 따라서 환자에게도 더 좋은 기회를 제공하고, 다른 의사에게도 기회를 제공한다는 측면에서 내게 벅찬 환자는 잡고 있기 보다는 다른 병·의원에 의뢰하는 것도 하나의 방법이다.

환자가 없어요

요새 개원가는 환자가 늘지 않아 모두 걱정이다. 개원한 지 꽤 되고 어느 정도 쌓인 환자도 있어서 광고와는 담을 쌓고 지내면서 안정적으로 운영하시던 원장님들도 최근 들어 서서히 환자가 줄었다며 걱정이 이만저만이 아니다. 보험 진료의 경우 의료보험 수가 인상률이 물가 인상률에도 미치지 않는다. 의료계는 이렇게 빈사 상태인데 건강보험은 당기수지 흑자를 기록했다. 의사들은 다 안다. 그 돈이 누구의 호주머니로부터 나왔는지.

건강보험공단의 저수가 정책은 앞으로도 더하면 더했지 덜해지지는 않을 것이다. 그러다 보니 수익을 올리기 위해서 비급여 진료를 시작하는 의사 선생님도 계신다. 과거에는 어느 정도 운영되던 보험과 병원을 문 닫고 피부·비만 쪽으로 개원하는 선생님도 계셨다. 하지만 비급여도 옛날 같지 않기 때문에 기존 환자는 기존 환자대로 진료하면서 비급여 진료를 추가하고자 하는 분들이 상당수다. 새로운 의료기기를 도입하고 인테리어는 손을 보지만 보험 진료와 비급여 진료를 병행하는 것이다. 처음에는 특별히 추가로 광고는 하지 않고 병원 내에 안내문과 포스터만 붙이게 된다. 매일 방문하는 보험 환자들에게 치료를 권하면 될 것으로 생각해서다. 하지만 막상 원장이 치료를 권했을 때 받아들이는 환자는 일부밖에 되지 않는다. 알았다고만 하고 대답이 없는 경우가 대부분이다. 고가의 비급여 치료를 권하다 보니 보험 환자들이 부담만 느끼는 경우도 발생한다. 그다음부터 병원에 발길이 뜸해진 환자도 있게 마련이다. 예상치 않은 부작용이 생기는 것이다. 그때부터는 막대한 금액을 들여서 마케팅을 해야 할지, 아니면 여기에서 멈춰야 할지 고민하게 된다. 불경기가 지속하는 이 상황에서 비급여도 답이 아닌 것이다. 그렇다면 어디에서 길을 찾아야 할까?

원장님들은 환자가 줄어들 때 어떻게 해야 환자가 병원에 오게 할까 고민하는데 그렇게 생각하는 방식부터 바꿔야 한다. '환자가 안 온다.'라는 생각의 기저에는 나는 별문제가 없는데 환자가 오지 않으니 이상하다는 가정이 깔려있다. 그런데 환자를 확보하기 위해서는 뭐니 뭐니 해도 경쟁력이 있어야 한다. 환자가 안 온다는 생각에 사로잡히기에 앞서 우선 내 병·의원의 경쟁력부터 확인해야 한다. 병원의 경쟁력에서 가장 중요한 것은 의사, 기술, 입지, 시설, 대기 시간, 가격이다.

모든 의사는 무의식적으로 자신이 최고라고 생각을 한다. 그런데 의사인 원장님들도 어딘가에 가서 머리를 자르건, 차를 고치건, 세금이나 법률 문제로 자문을 구할 때가 있다. 그런데 미장원이건, 카센터건, 세무사건, 변호사건 누가 하느냐에 따라서 차이가 있다. 의사라고 해서 예외일 수 없다. 환자들이 생각하기에 믿을만한 의사가 있고 신뢰가 안 가는 의사가 있게 마련이다. 고객의 입장에서 자신을 어떻게 판단할지 의사 자신부터 냉정하게 스스로를 판단해야 한다. 그런 점에서 진료실에서 자신이 환자를 보는 모습을 녹화하고 환자에게 설명하는 것을 녹음해서 스스로 보고 듣는 것도 자신을 파악하는 방법 중 하나다.

의료 기술이 경쟁력이 있는지도 생각해봐야 한다. 서울 시내에 MRI

가 한두 대 밖에 없었을 때는 그것은 절대적인 경쟁력이었다. 아직 MRI가 종합병원에만 있을 때 MRI 장비에 투자한 방사선과 의원도 의원 중에서는 경쟁력을 지닐 수 있었다. 하지만 지금처럼 MRI가 흔한 상태에서는 MRI가 있다고 해서 기술의 경쟁력을 갖추고 있다고 할 수 없다. 남보다 의료기술이 앞서가지 않는다면 경쟁력을 지닐 수 없다. 이미 남들이 다 하는 것을 뒤늦게 하게 되면 항상 뒷북만 치고 경쟁에서 뒤처지게 된다. 남들이 해서 잘되는 것을 보고 부러운 마음에 뛰어들면 그 때는 이미 늦은 시점이다.

우수한 입지는 무시할 수 없는 경쟁력이다. 의사들은 입소문, 친절 등이 병원을 결정하는 중요한 이유라고 생각을 한다. 그런데 환자들로서는 일단 병원이 가까워야 한다. 그리고 찾기 쉬워야 한다. 지하철역이나 버스 정거장에서 가까운 것을 접근성이라고 하고, 큰길에서 왔다 갔다 할 때 얼마나 눈에 잘 뜨이느냐를 가시성이라고 한다. 접근성과 가시성이 모두 좋은 입지일수록 보증금과 임대료가 비싸다. 하지만 그만큼 마케팅 비용이 덜 들게 된다. 불리한 입지를 극복하기란 어지간해서 쉽지 않기 때문에 신중히 고민하여 결정해야 한다.

시설만 좋다고 성공을 하는 것은 아니지만 모든 조건이 동일하다면 시설이 좋은 쪽이 유리하다. 시설에 대해서 생각할 때 흔히 화려한 인테리어 등을 떠올리지만 시설에서 가장 중요한 요소는 규모다. 동네에서 경쟁자 중에 가장 큰 병원은 고객의 기억에 강렬하게 남게 된다. 시설은 지나치게 화려한 것보다는 낡은 느낌을 주지 않는 것이 더 중요하다. 처음에는 나름 최고급 인테리어를 가지고 시작했지만 낡아지면 안 된다. 살짝살짝 손을 봐서 계속 변화를 줘야 한다.

마지막으로 경쟁자보다 가격이 낮다면 그것은 결정적인 경쟁력이다. 흔히 원장들은 좋은 치료를 하면 가격이 비싸도 환자들이 납득할 것이라고 생각을 한다. 그러나 고객의 입장에서 확실히 다르다고 느낄 수 있도록 차별화된 치료를 한다는 것은 쉽지 않다. 환자들이 비싼 돈을 내도 아깝지 않도록 한다는 것은 사실 거의 불가능하다. 대게 환자들은 자신의 치료비를 비싸다고 생각하기 때문이다. 다만 어디가 다른 곳보다 더 비싸고 어디가 다른 곳보다 조금 더 싸다고 생각할 뿐이다. 환자들의 처지에서는 병원에 내는 돈이 항상 아깝다. 그리고 치료가 좋을지 아닐지는 막상 경험하기 전에는 알 수 없다. 하지만 치료를 받기 이전에 알 수 있는 것이 가격이다. 싼 게 비지떡일 수도 있으나 가격이 낮다는 것처럼 확실한 것도 없다. 뭔가 고급스러운 진료를 한다는 명분으로 비싼 가격을 받고 싶은 것이 모든 의사의 로망이다. 그래서 최고의 치료를 한다고 광고를 한다. 하지만 소비자의 입장에서는 가격이 싸다는 것처럼 분명하고 기억에 남는 메시지가 없는 법이다.

환자가 없으면 어떻게 해서 손님을 늘릴까 생각을 하게 된다. 하지만 그보다 중요한 것은 내가 경쟁력을 갖추고 있는지 냉정하게 평가해보는 것이다. 경쟁력이 없으면 광고를 해도 그 효과는 미지수다.

환자들이 무서워요

가족을 제외하고 의사 생활을 하면서 가장 자주 만나는 이는 다름 아닌 환자다. 친한 친구도 빠지지 않고 매달 한 번씩 만나기 어렵다. 그런데 단골인 환자는 짧게는 일주일에 한 번 길게는 한 달에 한 번 병원을 그만둘 때까지 만나게 된다. 따라서 환자들이 나를 좋아하고, 인정해줄 때 의사는 행복하다. 그런데 세상의 수많은 직업 중에서 노동에 대한 대가를 받으면서 고맙다는 말도 듣는 직업은 많지 않다. 의사는 그중 한 직업이다. 나이가 많은 어르신도 의사 앞에서는 웬만해서는 반말을 하지 않는다. 그러다 보니 아무리 나이가 많은 어르신이더라도 초면에 반말하는 환자를 만나면 의사의 마음은 편치 않다. 돈이 많고 권력이 있더라도 의사 앞에서는 대부분 말을 놓지 않는다. 그러다 보니 아무리 VIP라도 초면에 말을 놓으면 의사는 상대방이 건방지다고 생각한다. 하지만 반대로 생각해보자. 오히려 항상 고맙다고 표현하고 존댓말을 써주는 착한 환자들에게 감사해야 한다.

모든 환자를 만족시킬 수는 없다. 진료하다가 보면 언젠가는 환자와 문제가 발생하게 마련이다. 치료에 대해서 불만을 가지는 환자를 만나게 마련이다. 수술하다가 환자가 사망하는 것같이 끔찍한 의료사고만 스트레스를 주는 것이 아니다. 그런 사고는 평생 어쩌다 한번 발생한다. 그런데 심각한 사고가 아니더라도 환자가 지속적으로 불만을 제기하면 그 또한 만만치 않은 스트레스다. 남들이 어떻게 대처해야 할지 물어올 때는 담대하게 대처하라고 한다. 하지만 막상 내가 이런 상황에 처하게 되면 몇 날 며칠 잠을 못 자게 마련이다. 환자가 민원을 제기해서 심평원이나 공단에서 자료를 제출해달라고 공문이 오면 그 스트레스 또한 만만치 않다. 나는 최선을 다해서 치료했는데 환자들이 나와는 다른 판단을 하는 것이 야속하다. 나에 대해서 환자가 이런저런 행동을 취하면 배신감마저 느낀다. 병원을 그만두고 싶다는 생각, 의사를 때려치우고 싶다는 생각도 든다.

하지만 입장을 바꿔놓고 생각을 해보자. 식당에 가서 오천 원짜리 밥을 사먹건, 만 원짜리 밥을 사먹건 마음에 안 들면 누구나 주인에게 가서 불만을 얘기할 수 있다. 내가 음식이 맛이 없다고 얘기를 했는데 주인이 그 가격에 그 정도면 되었지 뭘 따지냐고 하면 당연히 화가 날 것이다. 같은 돈이라도 돈을 지불하는 쪽과 돈을 받는 쪽은 입장에 따라 돈의 가치가 다르게 느껴진다. 돈을 낸 쪽에서는 가치의 열 배, 스무 배, 백 배 더 큰 값을 지불했다고 생각한다. 반면 서비스를 제공한 쪽에서는 객관적인 가격의 열 배, 스무 배, 백 배 자신이 더 애썼다고 생각한다. 만약에 길 가던 사람이 호흡 마비가 와서 CPR을 했는데 나중에 갈비뼈가 부러졌다고 하면서 손해배상을 청구하면 진짜 억울해도 된다. 봉사활동을 나가서 무료 진료를 했는데 약물 부작용이 일어났다고 하면서 문제를 제기하면 그때 역시 누가 봐도 진짜 억울하다. 하지만 크건 적건 금액을 지불한 이상 환자에게는 불만을 제기할 권리가 있다. 하지만 환자가 불만제로여야만 한다고 믿는 의사 선생님들이 계신다. 그런 경우 환자가 불만을 제기하는 상황을 접하면 화가 나게 마련이다.

반대로 너무 지나칠 정도로 죄책감에 시달리는 분도 계신다. 앞서 언급했듯이 진료를 하면서 모든 환자를 항상 만족시킬 수는 없다. 이야기 들어드리고 약을 처방하는 단순한 진료에도 고맙다고 여기는 환자분이 계시고, 나름 굉장히 신경을 써서 진료했지만 항상 트집을 잡고 불만을 제기하는 환자분도 계신다. 보통 사람이라면 근거 없는 비난에 대해서는 내 탓이 아니라고 생각을 한다. 겉으로 화를 내지는 않더라도 속으로는 불만을 가진다. 그런데 어떤 사람은 남이 뭐라고 하면 불안하고 우울해진다. 논리적으로는 내 잘못이 아니라는 것도 안다. 하지만 무의식적으로는 뭔가 내가 잘못한 것 같다는 죄책감과 불안이 엄습한다. 죄책감과 불안을 피하고 싶기에 평소에 남보다 열 배, 백 배 신경을 써서 환자를 본다. 그렇기에 상처 또한 너무 크다. 이런 의사 선생님들은 환자의 사소한 불평 한마디도 그냥 지나치지 못한다.

억울함에 시달리건 죄책감에 시달리건 상처를 받기는 매한가지다. 이럴 때는 제3자의 입장에서 상황을 바라보는 것이 필요하다. 부모님, 남편, 아내에게 물어보는 것만으로도 도움이 된다. 만약에 장성한 자식이 있으면 물어봐도 된다. 하지만 가족들은 아무래도 내 편에서 바라볼 것이다. 혼자서 끙끙 앓는 것보다는 동료 의사에게 물어보는 것도 도움이 된다. 하지만 동료 의사들 역시 아무래도 의사의 입장에서 바라보게 마련인 점을 감안하고 들어야 한다. 그런 점에서는 전문가에게 물어보는 것이 가장 도움이 된다. 예를 들어 변호사와 상담을 할 수도 있다. 의사들이 진단서, 소견서를 발행할 때 정해진 금액을 받아야 하듯이 변호사들도 상담하면 시간당 받는 금액이 정해져 있다. 두세 명 변호사에게 물어보면 누구의 잘못인지 알 수 있다.

배상 보험을 들어두는 것도 도움이 된다. 환자들이 지속적이고 심각한 불만을 호소하는 경우 당사자인 의사가 아무리 설명을 해도 환자는 믿지 않는다. 보험 회사에 연락하면 보험 회사와 계약이 된 손해사정인이 의사의 의견, 환자의 주장, 그리고 의무 기록에 근거해서 판단한다. 보험 회사가 의사의 잘못이 아니라고 판단하면 배상이 이루어지지 않는다. 이 경우 환자가 받아들이지 않고 계속 이의를 제기할 수도 있다. 하지만 의사는 지나친 죄책감에서는 벗어날 수 있다. 만약에 보험 회사가 의료사고라고 인정하면 환자에게 금액을 지불하게 된다. 의사는 일단 나의 잘못인지의 여부 그리고 그 정도를 알게 된다. 억울하더라도 세상이 그렇게 판단하는 경우 받아들일 수밖에 없다. 때로는 환자가 민사소송을 제기하는 때도 있다. 그런 경우 크게 분노하지도 말고, 크게 두려워하지도 말자. 제도권 안에서 일이 진행되는 경우 내 손을 떠났다고 생각하고 기다리는 수밖에 없다. 그리고 판결이 이루어지면 받아들여야 한다.

　의사에 대한 환자들의 불만은 어떤 점에서 팬들이 스타에 대해서 가지는 심리와 유사하다. 스타들은 팬들의 사랑이 있기에 오늘 자신이 있다고 항상 말한다. 그리고 순수하고 결점 없는 존재인 마냥 평소에 포장한다. 그런데 팬에게 무관심한 모습이 드러나 문제가 되면 팬들의 지나친 관심이 부담되었다고 한다. 순수하지 못한 모습, 취약한 모습이 드러나 팬들이 뭐라고 하면 자신들도 사람이라고 항변한다. 그런데 팬들의 생각은 다르다. 만약에 관심이 부담되었다면 애초에 관심을 끌지 않았어야 했다고 생각을 한다. 원래부터 꾸미지 않아야 했지 않았느냐고 불만을 표시한다. 환자와 의사의 관계도 마찬가지다. 환자들은 의사가 자신의 건강을 위해서 무한 정성을 다할 것으로 믿는다. 돈에 상관없이 모든 환자를 공평하게 봐줄 것으로 생각을 한다. 치료와 관련된 모든 잘못에 대해서 무한 책임을 질 것으로 생각을 한다. 영화나 드라마에 등장하는 그런 의사들은 의사에 대한 대중의 환상을 부추긴다. 사실 그런 완벽한 의사는 없다. 그런데 환자들은 그러한 환상이 무너질 때 불만을 가지고, 분노한다. 하지만 의사라면 누구나 환자들이 자신을 완벽한 의사, 좋은 의사, 훌륭한 의사로 봐주기를 바라는 마음이 있는 것 역시 사실이다. 따라서 환자들이 불만을 표현하고 이의를 제기할 때 환자들의 그런 행동이 실망에서 비롯되었다는 것을 어느 정도는 이해해 주자. 희망이 없으면 실망도 없다. 기대했기에 실망도 하는 것이다. 나에게 실망한 환자 때문에 힘들 때는 여전히 나에게 기대를 하고 나에게 희망을 품는 환자가 더 많다는 것을 잊지 말자.

의사는 모르는
환자 마음

건강에 대한 사람들의 생각은 저마다 다르다. 일단 아프지 않은 것이 건강이라고 생각하는 경우가 대부분이다. 일을 할 때 별 무리 없으면 건강이라고 생각하는 이가 있는 반면 마라톤을 풀코스로 완주할 수 있을 때 건강이라고 생각하는 이도 있다. 남들이 부러워할 만한 에스라인, 식스팩이 있어야 건강이라고 생각하는 이들이 있는 반면 몸이 아무리 건강해도 마음이 편치 않으면 건강한 것이 아니라고 생각하는 이도 있다.

건강에 대한 생각이 이렇게 제각각 다르듯 병에 대한 생각도 환자마다 다르다. 어떤 이는 원래 자기가 약하게 태어나서 병이 생겼다고 여긴다. 어떤 이는 자신이 건강에 신경 쓰지 못했기 때문에 생긴 결과로 병을 받아들이고 죄책감을 느낀다. 누군가는 병을 자신의 인생을 망치려 하는 장애물로 여기고 병을 극복하고 이겨야만 한다고 생각한다. 삶이 어려운 상황에 처했을 때 병을 핑계로 빠져나가려고 하는 이는 차라리 병이 생겨서 다행이라고 생각하기도 한다. 어떤 이는 병을 앓게 되면서 건강을 잃었다는 상실감에 사로잡힌다.

이렇게 질병이 개인에게 가지는 의미가 다르므로 아이젠버그는

Eisenberg는 〈Disease and illness Distinctions between professional and popular ideas of sickness(1977)〉라는 논문에서 병을 질환disease, 질병경험illness, 질병상태sickness로 구분을 한다. 질환은 의사들이 내리는 진단을 의미한다. 맹장염, 암, 폐렴과 같이 진단 분류에 쓰이는 명칭들이 질환이다. 질병경험은 그러한 질환이 환자의 신체 상태에 일으키는 변화와 그에 따른 정서와 감정을 포함한다. 아프다는 것은 나만 온전히 느낄 수 있는 경험이다. 타인은 나와 똑같이 느낄 수 없다. 따라서 병에 걸리게 되면 누구나 외로워진다. 세상에 나 혼자인 것 같다. 질병상태는 질병을 앓고 있는 환자가 다른 사람 혹은 사회와 어떤 관계를 가지게 되나를 포함한다. 환자가 되면 어떤 사람은 나를 소중하게 대해주고 어떤 사람은 오히려 나를 귀찮아한다. 그렇게 다른 사람들이 환자를 어떻게 대하느냐, 사회가 환자를 어떻게 대하느냐가 질병상태를 좌우한다. 역으로 환자가 가족, 타인, 사회를 대하는 태도도 가족, 타인, 사회가 환자를 대하는 태도에 영향을 준다.

의사는 병은 몸에 이상이 생긴 것이고 몸의 이상을 원상태로 돌려놓으면 문제가 해결되었다고 생각을 한다. 하지만 환자들의 생각은 다르다. 의사들은 환자들이 병이 생겨서 온다고 생각을 하지만 환자는 그게 아니다. 환자는 통증을 느껴서 병원에 오거나, 숨쉬기 힘들어서, 걷기 힘들어서 병원에 오는 것이다. 움직이는 것이 불편해서 병원에 오기도 한다. 장애를 극복하기 위해서 오기도 한다. 때로는 병이 생기면 어떻게 하나 악화되면 어떻게 하나 걱정이 되어서 병원에 오기도 한다. 더 아름다워지고 정상보다 더 건강해지고 싶은 욕망 때문에 병원에 오는 이도 있고, 더는 치료를 할 부분이 없는데도 불구하고 그냥 죽는 것이 싫어서 병원에 오는 이도 있다. 병원에 오기 전과 같이 일을 하고, 병원에 오기 전과 같이 걸어 다니고, 병원에 오기 전과 같이 생활이 가능할 때 환자들은 나았다고 생각을 한다. 따라서 병이 나아서 퇴원해도 집에서 일도 못 하고, 밖에 나가지도 못 하고, 생활의 제약이 크면 환자의 처지에서 그것은 나은 것이 아니다. 의사가 그것은 너무 기대치가 높은 것이라고 아무리 합리적으로 설명을 해도, 많은 환자가 효과도 분명치 않은 치료에 엄청난 돈과 시간을 쏟아 붓는 것은 원래대로 돌아가고 싶다는 소망 때문이다.

더군다나 아픈 것은 약해졌다는 증거이고, 뭔가 비정상이라고 받아들이는 분들은 약을 먹고 통증이 가라앉고, 혈압이 떨어지고, 혈당이 정상으로 되더라도 나았다고 생각을 하지 않는다. 약을 먹고 정상이 된 것은 나은 것이 아니라고 생각을 한다. 그런 환자는 병을 뿌리 뽑기 위해서 수시로 약을 먹다 끊다 반복하면서 엉뚱한 대중 요법에 빠져든다.

알랜 래들리 Alan Radley는 《질병의 사회심리학》에서 질병은 일생일대의 혼란이라고 묘사를 한다. 병에 걸리게 되면 인생이 위협을 받는다고 느낀다. 병에 걸리게 되면 무언가를 제대로 할 수 없게 된다고 느낀다. 그냥 다리가 살짝 삐거나 심한 두통에 시달려도 그런 느낌에 사로잡힌다. 충치로 인해서 치통만 생겨도 우리는 아무것도 할 수 없다. 그런데 뇌출혈이나 뇌경색으로 몸이 불편하게 되거나, 심혈관 질환으로 스텐트 Stent 시술을 받고 항상 조마조마하면서 살아가게 되거나, 암에 걸려서 치료를 받게 되면 더 말할 나위가 없다. 그런 질병이 마침 인생의 가장 중요한 때 발생하여 삶이 엉망이 되면 극도의 혼란에 빠지고 슬픔과 분노에 사로잡힌다. 환자는 단지 질환을 치료하고자 병원에 오는 것이 아니라 병으로 인해 생긴 혼란을 바로잡고 싶어서 오는 것이다. 그 혼란이 바로 잡히지 않으면 설혹 진단 분류상의 병은 치료가 되었더라도 여전히 불안에 사로잡히게 되고 미래가 두렵다.

금자인랑 金子仁郎은 《환자의 심리》에서 질병에 걸린 환자가 느끼는 감정을 나열하고 있다. 건강 염려 경향, 자기중심적, 의존성, 소아 같은 신뢰감, 애정 욕구, 피암시성, 의심, 공격성, 열등감, 기분 변화를 느끼게 된다. 거기에 더해서 불안 반응, 건강 염려 장애, 강박 장애, 공포 반응, 신경쇠약, 히스테리, 우울증이 나타날 수 있다. 이런 감정에 사로잡히지 않기 위해서 환자들은 질병에 나름대로 대처를 한다. 그런데 어떤 사람은 질병에 잘 대처하고, 어떤 사람은 질병에 잘 대처하지 못한다. 감정에 사로잡혀 우왕좌왕하는 이도 있고, 마치 남의 일인 것처럼 태도를 취하면서 방어하기도 한다. 필요 이상으로 많은 정보를 가지고 모든 것을 자신이 결정하려고 해서 치료를 힘들게 하는 환자가 있는 반면, 낫고자 하는 의욕이 없어 무조건 의사가 다 알아서 해달라고 하는 환자도 있다.

이렇게 병에 걸렸을 때 고통을 줄이고, 마음의 균형을 유지하고, 질병을 극복하기 위해서 불필요한 활동은 줄여서 치료에 집중하고, 병에 걸려서 잃은 부분을 무언가 다른 것을 추구하면서 보상받고자 하는 일련의 행동을 코핑 Coping이라고 한다. 코핑을 번역하면 '대응 방식' 혹은 '대처 방식'의 의미를 갖는데, 그때는 너무 수동적인 의미가 되는 듯해서 나는 코핑이라는 영어 단어를 그대로 사용하고자 한다. 코핑에는 환자 스스로의 질병에 대한 평가, 행동, 교정이 모두 포함된다. 현실은 인정하되, 희망은 버리지 않고, 감정의 큰 동요 없이 융통성 있게 질병을 대처하면 코핑이 잘 이루어진 것이다. 반면에 충동적이고, 부적절하며, 융통성이 없고, 자기 생각에 사로잡혀, 남이 모든 것을 다 알아서 해주기를 바라고, 결과가 안 좋으면 누군가를 원망하는 경우 코핑이 부적절한 것이다. 그런데 정작 의사가 환자가 되어도 코핑이 부적절한 경우가 적지 않다. 그래서 그런지 의사가 제일 진료하기 까다롭게 여기는 환자가 바로 의사다.

따라서 건강한 사람이 보기에는 비정상적인 행동도 막상 질병을 앓은 환자의 처지에서는 나름대로 의미가 있을 수 있다. 병에 걸리기 전에 어떻게 살아왔는지, 그리고 병에 걸려서 지금 어떤 상황에 처해있는지에 따라서 환자의 코핑은 달라진다. 가장 논리적이고 합리적인 코핑만 환자에게 요구하고 기대하다 보면 그것을 따르지 못한 환자의 입장에서는 결과적으로 의사가 자신을 비난하는 것으로 비추어질 수도 있다. 환자의 코핑이 의사가 보기에 부적절하다고 해서 그것을 억지로 바꾸려 하지 말자. 환자의 코핑에 대해서 의사가 적절히 코핑하는 것이 바람직하다. 그러다 보면 처음에는 부적절하던 환자의 코핑도 그것을 대처하는 의사로 인해서 적절한 코핑으로 바뀔 수도 있다. 환자는 병을 고치기 위해서 병원에 오는 것이 아니다. 병으로 인해서 엉망이 된 자신의 생활을 정상으로 되돌리기 오는 것이다. 아픈 부위를 제거하거나 검사 수치를 정상으로 만드는 것으로 의사로서 할 일을 다 했다고 생각을 할 수도 있겠지만, 환자가 과거의 정상 수준에 가깝게 활동하고 기능할 수 있게 조금이라도 관심을 가지고 도와주는 것도 어쩌면 의사가 할 일일 수도 있다. 그렇게 환자를 대할 때 환자도 의사를 믿고 따르게 되고, 그렇게 한명 한명 쌓인 환자들의 신뢰가 의사의 인격을 성숙하게 하고 병원도 성장하게 할 것이다.

매너리즘을 극복하는 방법

+ 사례

개원 10년 차인 박원장은 요새 환자 보는 것이 너무 지겹다. 처음 개원해서 환자가 거의 없었을 때는 환자 한분 한분이 그렇게 반가울 수가 없었다. 아무 검사도 하지 않고 매번 처방전만 발행받는 재진 환자를 볼 때도 소중하게 대했다. 환자들을 친절하게 대하다 보면 나중에 환자가 환자를 소개해 줄 것이고 또 다른 누군가는 비싼 검사도 받게 될 것이라고 생각했다. 박원장은 환자에 대해 불평을 하는 선후배 동료 의사들을 대하면 이런 생각이 들었다. '재진비와 처방료만 받는 경우 남는게 없다고들 하지만, 우리도 어디에 가서 음식을 사먹으면 한 끼에 만원이면 비싼 점심이라고 생각하지 않는가?', '의사의 입장에서는 원가에도 미치지 않는 진료비일 수 있지만 환자의 입장에서는 얼마나 소중한 돈인가?' 그렇게 항상 고마운 마음으로 환자를 대해서 그런지 박원장은 매년 환자가 늘면 늘었지 환자가 줄어서 고민한 적이 없었다. 그런데 개원을 한 후 10년이 지나면서부터 박원장도 점점 환자 보는 것이 지겨워지기 시작했다. 환자들이 조금만 길게 얘기하면 짜증부터 났다. 얼마 전 박원장이 내시경 검사를 권할 때는 생각해보자고 한 환자가 대학병원에서 검사를 받고서는 대학병원과 똑같이 처방해 달라면서 처방전을 들이미는데 화가 치밀었다. 보험과는 비전이 없다는 생각이 자꾸 들었다. 옛날에는 이 정도면 괜찮다고 스스로 수입에 만족을 했는데 점점 하는 일에 비해서 버는 돈이 너무 작은 것 같았다. 인생 자체가 짜증났다. 병원을 그만두고 싶은 생각도 자꾸 들었다.

✚ 실제 고민 해결 과정

박원장은 매일 반복적인 진료를 하면서 매너리즘에 빠졌다는 생각이 들었다. 그래서 선배에게 어떻게 해야 슬럼프를 벗어날지 의논했다. 선배는 일단 한 달이라도 쉬면서 재충전하는 것을 권했다. 박원장은 그러면 환자가 떨어질 것이고 결국 나중에 권리금도 못 받는다면서 차라리 지금 병원을 파는 것이 낫다고 말했다. 그러자 선배들은 남에게 병원을 넘기면 다시는 찾지 못한다고 하면서 한 달 동안에 환자가 줄어서 병원의 권리금이 떨어져봤자 얼마나 떨어지겠냐고 했다. 병원을 한 번 팔면 다시 살 수도 없으니까 차라리 한 달을 푹 쉬면서 신중하게 생각하라고 선배는 권했다. 돌이켜보니 그동안 병원을 하면서 제대로 휴식을 취해본 경험이 전혀 없었다. 그래서 박원장은 대진의를 고용하고 한 달을 쉬기로 결심을 했다.

10년 만에 주어진 휴식이었다. 집에 있으면서 가족들과 시간을 보냈다. 이전에는 야간 진료를 하던 시간에 부인과 영화도 보고, 일하고 있어야 할 토요일에 아이들과 시간을 보냈다. 고속버스를 타고 산에도 가고 바다에도 갔다. 그렇게 보름이 지나자 좀이 쑤셔왔다. 이렇게 집에 있으니 병원에 가서 일이라도 해야겠다는 생각이 들었다. 부인은 그런 박원장에게 이미 봉직의에게 월급을 주기로 했으니 한 달은 채우고 병원에 나가라고 했다. 드디어 한 달이 지나고 박원장은 다시 병원으로 복귀했다. 그토록 지겨웠던 진료실이 너무 반가웠다.

박원장은 우선 병원 분위기를 바꿨다. 큰돈을 들인 것은 아니지만 벽지도 바꾸고 그림도 새로 걸었다. 새로운 시술을 익히기 위해서 주말이면 학회도 다니고 스터디 모임에도 나가기 시작했다. 그동안 너무 많은 환자를 봤다는 생각에 진료 시간을 줄였다. 원래 운동을 좋아했었기에 아파트 단지의 테니스 동호회에 가입했다. 그러면서 의사가 아닌 다른 사람들과 테니스를 치고 맥주도 한 잔 마시면서 서로 살아가는 얘기를 하게 되었다. 변호사도, 대기업 부장도, 학교 교사도 모두 다 박원장의 나이에 비슷한 고민을 하고 있었다. 일이 지겹다는, 삶이 지겹다는 고민이 단지 의사인 자신만의 고민이 아니라는 것을 깨닫게 되었다.

✚ 확장된 고민 해결 방안 제안

10년 넘게 쭉 진료를 하다보면 지겨워지는 것은 어떤 점에서 당연하다. 너무 어려운 일은 스트레스를 받게 한다. 하지만 너무 쉬운 일 역시 스트레스를 일으킨다. 초등학교 1학년에게 2차 방정식을 풀리고 하면 스트레스를 받겠지만, 고3에게 구구단을 계속 외우게 하는 것도 스트레스다. 의사들은 학교 다닐 때부터 공부를 잘하는 이들이다. 그런데 매일 환자들의 똑같은 얘기를 듣고 똑같은 처방만 하다 보면 당연히 스트레스를 받는다. 계속 반복적인 일만 하다 보면 지루함을 느끼게 되는데 지루함이 주는 스트레스 또한 엄청나다. 비가 내릴 때마다 떨어지는 낙숫물이 바위를 뚫듯이 매일 반복되는 지루함은 뇌와 마음을 망친다. 따라서 병원의 매출 증가와 상관없이 새로운 지식을 습득하고 치료 기술을 익히는 노력이 중요하다.

아울러 변화 자체도 인생에 있어서 중요한 의미를 지닌다. 성장에 대한 탐닉은 몰락을 가져올 수도 있다. 하지만 변화 없이 그 자리에 그대로 머무는 것 또한 인생을 권태롭게 해서 몰락을 가져온다. 결혼을 하고, 아이들이 크고, 집을 넓히는 것도 중요한 변화다. 그런데 의사들은 진료실에서 인생의 대부분을 보내게 된다. 따라서 병원의 인테리어를 바꾸건 확장을 하건 바뀌기 위한 노력이 필요하다. 그리고 병원에 변화를 주는 것은 병원 경영의 측면에서도 중요하다. 의사가 병원을 지겨워하듯이 환자도 병원을 지겨워한다. 재방문 환자가 많은 경우 적어도 몇 년에 한 번씩은 변화를 주어야만 한다.

그리고 사람이 하루에 처리할 수 있는 정보의 양은 정해져 있다. 대인 관계도 예외가 아니다. 인간이 의미 있게 직접 관리할 수 있는 사람의 수는 150~200명 내외다. 그렇기에 매일 100명이 넘는 환자를 만나서 한마디 해야 한다는 것 자체가 의사를 지치게 만든다. 하루에 정성을 다해서 진료할 수 있는 환자의 수는 의사에 따라서 다르다. 어떤 의사는 상대적으로 많은 환자를 정성껏 대할 수 있고, 어떤 의사는 상대적으로 적은 환자에도 지친다. 신환의 경우도 의사마다 신경 써서 진료할 수 있는 환자수가 다르다. 어떤 측면에서는 얼마나 많은 환자를 인간 대 인간으로 소중하게 대할 수 있느냐가 의사의 가장 중요한 경쟁력이다. 그런데 의사마다 다르지만 누구나 그 한계가 있다. 한계에 도달하게 되면 하루에 보는 환자 수를 줄이는 수밖에 없다. 토요일 진료를 일찍 끝내건, 야간 진료를 없애건, 부원장을 고용하건 환자 보는 수를 줄여야 한다. 가늘고 길게 가는 것도 한 방법인 것이다.

처음 개원을 하면 어떻게든 돈을 많이 벌고 싶다. 수입이 늘어나면 기분도 좋다. 하지만 시간이 지나면 같은 수익이라도 상대적으로 작게 느껴진다. 처음에는 돈이 많이 벌리면 그것을 내가 진료를 잘하고 훌륭한 의사라는 것을 알려주는 신호로 받아들여진다. 하지만 시간이 지날수록 부담으로 작용을 한다. 자신의 욕망을 충족하고, 주위의 기대에 부응하기 위해서는 점점 더 많은 돈이 필요하다. 그러다 보면 자신이 돈 버는 기계가 되어버린 듯하다. 그러나 인간은 기계가 아니다. 인생이 행복해야 진료도 행복하다. 인생이 재미없으면 진료도 재미없다. 인생의 재미를 되찾아야 한다.

힘든 일이 닥치면 자신이 세상에서 가장 힘든 일을 하는 것 같이 느끼는 것이 인간이다. 이런 저런 경영 책임을 져야 하는 원장의 역할이 지긋지긋하다고 생각이 들면 병원을 그만두고 봉직의가 되고 싶다. 매일 많은 환자에 치이다 보면 환자를 많이 진료해야 하는 급여과를 그만두고 적은 수의 환자를 보고도 수입이 유지되는 비급여과로 바꾸고 싶다. 하지만 막상 결정을 내리고 상황이 바뀌면 현재가 그리워지게 마련이다. 봉직의로 전환을 한 의사 선생님은 자신이 모든 것을 결정하던 원장이었을 때가 그립고, 비급여로 전환을 한 의사 선생님은 몸은 힘들어도 안정적으로 수입이 유지되던 때가 그립게 마련이다. 바로 지금 덜 스트레스 받고 더 즐겁기 위해서 노력하는 것이 개원의의 지혜다.

환자보기를 지겨워하는 의사에게

개원을 하게 되면 처음에는 환자 한명 한명이 소중하다. 처음 개원을 하고 하루 이틀 그리고 사흘 환자가 없으면 이러다 망하면 어떻게 하나 불안해진다. 그 때 찾아온 첫 환자는 가뭄에 단비보다 더 반갑다. 평생 잊지 못한다. 하지만 자리를 잡게 되고 한 해, 두 해 세월이 지날수록 환자 보는 것이 점점 싫어진다. 친절해야 한다는 것도 알고, 내가 먹고 살 수 있는 것이 환자 덕이라는 것도 안다. 아픈 사람이 얼마나 괴로운 지도 알고, 고통을 없애주면 환자가 얼마나 고마움을 느끼는 지도 안다. 회사를 다니는 같은 나이 또래 친구들이 정리해고를 두려워하고 미래를 걱정하는 것을 보면 의사되기 참 잘했구나 하는 생각도 든다. 머리로는 환자를 열심히 봐야 한다는 것, 환자에게 항상 고마운 마음을 가져야 한다는 것을 안다. 그런데 막상 좁은 외래 진료실에서 한 명, 두 명 환자들을 진료하다 보면 지겹다. 그러다 환자들이 밀려들면 정신이 없으면서 짜증이 난다. 환자들이 뜸해지고 뭔가 딴 짓을 좀 해보려고 할 때 환자가 오면 중간에 리듬이 끊기면서 짜증이 난다. 도대체 의사들이 환자 보기를 싫어하게 되는 이유는 무엇일까?

우선 하루 종일 같은 말을 반복하고, 같은 진료 행위를 반복하는 것이 지겹다. 김현식 2집에 있는 〈사랑했어요〉는 그를 알려준 대표곡이다. 그런데 김현식의 유작이면서 김현식의 최대 히트곡인 〈내 사랑 내 곁에〉가 수록된 6집에는 〈사랑했어요〉가 다른 편곡으로 실려 있다. 음악 하는 친구에게 원곡이 더 나은데 가수들은 왜 다르게 편곡을 해서 부르는지 알 수 없다고 하자 그 친구가 한 말이 있었다. 가수는 같은 노래를 많은 경우 몇천 번을 불러야 하는데 너 같아도 얼마나 지겹겠냐는 것이다. 팬들이 좋아하는 스타일이 있음에도 불구하고 가수나 배우들이 변화를 추구하다가 외면 받는 이유는 상당 부분 지겨움에서 비롯된다.

개원의가 볼 수 있는 환자들은 정해져있다. 비슷한 증상을 접하고, 비슷한 약을 처방해야 하고, 비슷한 질문을 받는다. 이렇게 반복된 일만 하다보면 대체 내가 사는 이유가 무엇인가 질문을 해보게 된다. 이런 반복된 삶이 아닌 뭔가 멋있는 삶이 있을 것만 같다. 그러다가 묻는 질문에는 대답하지 않고 장황하게 자신의 증상만 늘어놓고, 아무리 설명을 해도 묻고 또 묻는 환자를 대하게 되면 짜증이 밀려온다. 더군다나 의사들은 똑똑한 사람들이다. 누가 한마디 하면 척 알아듣는다. 그래서 남들도 다 그래야 하는 줄 안다. 환자들이 묻고 또 묻는 것은 이해가 가지 않아서다. 그런데 같은 대답을 반복하다보면 자기도 모르게 목소리가 커진다. 내 자신이 한심해지는 것 같다.

일정 수 이상의 사람을 매일 만나야 하는 것도 스트레스다.《우리 몸은 석기시대》라는 책을 보면 인류는 문명이 비약적으로 발전을 해서 수명도 늘어나고 먹는 음식도 바뀌었다. 하지만 우리 몸은 아직 석기시대와 큰 차이가 없다. 문명의 발달을 몸이 쫓아가지 못해서 고혈압, 당뇨, 암과 같은 질병이 발생한다는 내용이다. 그런데 '우리 뇌도 석기시대'다. 불과 백 년 전만 해도 우리나라 사람들의 대부분은 인구 100인 미만의 시골 마을에서 고립되어서 살았다. 장날이라도 되어야지 읍내에 나와서 사람들을 만났다. 우리의 뇌는 정해진 수의 친밀한 사람들을 반복적으로 만나는 것에 익숙하다. 간간히 새로운 사람을 만나면 좋지만 그 외 빈도가 많아지면 감당이 안 된다. 석시시대에는 우리 마을에 낯선 사람들이 찾아오면 두려움 속에 긴장을 해야 했다. 뭔가를 훔치거나 아니면 나를 죽이기 위해서 왔을 수도 있다. 이러한 습성이 남아 있어 우리는 낯선 사람을 만나거나 낯선 곳에 가면 위축이 되기 마련이다. 따라서 누군가를 새로 만나야 한다는 것은 스트레스다. 의사들은 진료실이라는 밀폐된 장소에서 사람들을 매순간 만나야 한다. 병원이 잘되면 잘될수록 만나는 사람들은 늘어난다. 신환이 계속 생긴다는 것은 낯선 사람들을 계속 만난다는 것을 의미한다. 지적으로는 발달했지만 감정적으로는 아직 석기시대 뇌를 지니고 있는 대부분의 의사들에게 있어서 이러한 상황이 반복된다는 것은 스트레스가 될 수밖에 없다.

더군다나 비급여의 경우 환자를 설득해서 상품을 팔아야 하는데 그 스트레스도 만만치 않다. 급여의 경우 치료 효과가 교과서에 분명히 나와 있다. 비급여의 경우는 그 효과가 아직 완전히 검증되지 않는 경우도 있다. 의사 본인이 치료 효과에 대해서 확신이 있다면 괜찮다. 하지만 치료법에 대한 확신이 없으면서 단지 돈을 벌기 위해서 환자를 설득해야 하는 경우 스트레스의 정도가 심해진다. 엄청난 금전적 보상이 따른다면 모를까 이도저도 아닌 경우 양심에 찔리고, 주위에서 나를 어떻게 생각할까 신경쓰게 되면서 환자 보는 것이 힘들어진다.

이렇게 보면 의사들은 모두 어느 정도 환자 보기를 지겨워하고 짜증도 난다. 하지만 개인에 따라서 그 정도의 차이가 있다. 아무리 열심히 사전 준비를 하고 심사숙고를 했더라도 상상과 실제는 차이가 있게 마련이다. 개원의가 되어서 외래에서 매일 환자를 진료하기 전까지는 좁은 진료실에서 똑같은 환자를 매일 보는 것이 어떠한 느낌일지 알 수 없다. 의대를 다니는 동안에 자신은 환자를 진료하는 것이 적성에 맞지 않기에 차라리 연구를 하는 것이 적성에 맞는다는 것을 깨닫고 기초를 선택하는 이도 있다. 인턴까지 하고 나서 환자를 보는 것이 자신의 적성에 맞지 않는다는 것을 그제야 깨닫고 직접 환자를 보지 않는 영상진단학과, 진단검사학과, 병리과를 선택하는 이도 있다. 그런데 레지던트를 끝내고 개원의가 되고 나서야 환자 보는 것이 자신과 맞지 않는다는 것을 깨닫게 되는 이도 있다. 환자 보는 것이 적성에 맞지 않는 사람이 난이도가 낮고 단순한 진료가 반복되는 상황에 처하게 되면 지겨움과 짜증은 어쩌면 당연히 커질 것이다.

이러다 보면 남의 떡이 커보이게 마련이다. 급여 외래를 하는 사람들은 환자 한 명을 볼 때마다 버는 돈이 너무 적다는 생각을 하게 된다. 수입을 늘리자니 더 많은 수의 환자를 봐야 하는데 그런 개원의 생활은 너무 짜증이 난다. 그런 생활에 지치다 보면 환자는 조금 보고 돈은 많이 벌 수 있는 비급여가 좋아 보인다. 이런 이유에서 잘 되는 급여 병원을 양도하고 피부·비만·성형 같은 비급여로 다시 오픈하는 분들이 적지 않다. 안과 선생님들 중에는 라식수술 기계를 갖다 놓고 라식전문안과로 바꾸는 경우가 많았다. 최근에는 이비인후과도 수면이나 음성 클리닉으로 전환을 하는 경우가 늘어나고 있다. 하지만 막상 비급여를 하게 되면 경기에 따라 들쑥날쑥 하는 매출 때문에 스트레스를 받는다. 환자도 없는데 하루 종일 앉아 있는 것도 스트레스다. 경쟁이 점점 심해지고 매출이 정체 혹은 감소하면 환자 보는 것이 점점 짜증나게 된다. 그렇다고 옛날처럼 하루에 몇 십 명씩 환자를 보는 생활로 돌아가는 것은 엄두가 나지 않으면서 이러지도 저러지도 못한다.

소위 '병원병'에 걸리는 원장님도 있다. 병원을 세우면 봉직의들이 진료를 하고 원장은 진료는 하지 않고 관리만 해도 된다고 생각을 한다. 원장이 직접 진료를 하지 않아도 된다는 생각에 요양병원을 생각하는 경우가 많다. 야망이 있는 이들 중에서는 더 큰 병원이 목표가 되기도 한다. 내가 아는 원로 의사 부부가 있다. 남편은 성공한 개원의이고 부인은 대학병원 교수였다. 그런데 말년에 그동안 모은 재산을 전부 퍼부어서 지방에 종합병원을 세웠다. 중간에 건설사가 부도가 났고 건설이 지체되었다. 나중에는 장례식장 지분을 비롯해서 병원 내 돈 되는 지분은 모두 넘기면서 결국 병원을 열기는 했다. 하지만 빚더미에 올라섰고 이자내고 나면 이익은 거의 없다. 그냥 매일 오는 환자 보면서 편하게 살 걸 병원은 왜 했는지 모르겠다고 후회막급이다.

아이들 영어 연수를 핑계로 후배에게 병원을 맡기고 미국에 가는 개원의 선생님도 사실은 환자 보는 것이 지쳐서인 경우가 적지 않다. 병원에서 번 돈을 자꾸 엉뚱한 사업에 투자를 해서 날리는 분도 있다. 나이 들어서 환자를 보지 않고 살아갈 생각을 하다보니까 자꾸 엉뚱한 일을 벌이는 것이다. 하지만 반대의 경우도 있다. 대학병원에서 마취과 교수를 하던 선배 중에 의과대학 교수를 그만두고 개원을 한 분이 있다. 젊어서는 환자들을 직접 보는 것이 싫었는데 나이가 들면서 사람을 대하는 것이 그다지 싫지 않게 되었다는 것이다. 그래서 직접 환자를 보면 어떨까 하는 생각이 드셨다. 통증의학으로 개원을 하고 나서 그 교수님은 환자 보는 재미에 푹 빠졌다.

환자 보는 것이 지겨워지기 시작하면 환자 한 명당 진료비가 너무 적다는 생각이 든다. 의사라면 누구나 이런 생각에 어느 정도 공감이 간다. 하지만 조금만 나를 바꿔보자. 환자의 고통에 공감을 할 수 있다면 진료를 하는 것에 의미가 더해질 것이다. 진료를 받고 호전되었을 때 환자들이 표현하는 고마움이 마음에 와 닿을 것이다. 그리고 개인적인 삶이 조금 더 재미있어진다면 진료가 조금은 덜 지겨워질 것이다.

환자들과 좋은 관계를 유지하는 10가지 방법

고객들이 조금이라도 서비스가 좋고, 가격이 싸면 즉시 이동을 한다고 해서 나비고객이라는 용어가 있다. 나비고객을 잡는 방법을 오델 Susan M. O'Dell, 조앤 A. 파주넨 Joan A. Pajunen 은 '버터플라이 마케팅 Butterfly Marketing'이라고 칭한다. 그런데 이런 고객 변화에도 불구하고 환자들은 어지간해서는 병원을 바꾸지 않는 경향이 있다. 환자는 몸이 아프건, 마음이 아프건 뭔가 힘들어서 오게 되어 있다. 육체적 정신적 스트레스 때문에 깊게 생각을 하기가 힘들다. 따라서 다른 서비스업이나 소매업과는 달리 환자는 한 번 신뢰를 준 의사를 계속 찾는다.

그렇다면 개인 의원의 경우 가장 중요한 직원은 의사 본인이다. 의사는 상품을 만들고, 판매하고, 애프터서비스까지 책임져야 한다. 의사가 치료를 하는 것은 의료 서비스 상품을 만드는 것에 해당되고, 환자가 치료받기로 결정하는 것은 상품 판매에 것에 해당되고, 환자가 치료에 대해서 이의를 제기할 때 대처하는 것은 애프터서비스에 해당된다. 결국 원장이 고객인 환자의 마음을 얻어 좋은 관계를 이어나가면 병원이 성공을 하고 그렇지 못하면 망하게 된다. 그래서 이번에는 환자들과 좋은 관계를 유지하는 10가지 방법에 대해 알아보고자 한다.

✚ 가급적 칭찬하고 절대 야단치지 말자

고혈압, 당뇨 같은 만성질환 환자 중에는 약을 먹다 안 먹다가 하는 환자가 있다. 그러면서 환자가 증상이 호전되지 않는다고 호소하면 그렇게 약을 먹었다 안 먹었다 하면 큰일 난다면서 환자를 야단치는 의사 선생님이 종종 있다. 환자가 인터넷에서 알게 된 엉뚱한 얘기를 꺼내면 답답하고 짜증스러운 티를 팍팍 내면서 말대꾸도 안 하는 의사 선생님도 계시다. 하지만 그렇게 야단치고 짜증내는 것이 좋은 결과로 이어지는 경우는 거의 없다. 환자가 약을 안 먹은 경우는 야단을 치는 것보다는 그동안 약을 잘 먹은 것을 칭찬해주고, 나라도 지켜워서 약을 빼먹게 되었을 것이라고 공감해주고, 마지막으로 이제부터 열심히 다시 해보자고 용기를 주는 것이 나을 것이다. 의사가 보기에 엉뚱한 주장을 펼치는 환자에 대해서도 건강에 관한 관심 그 자체에 대해서는 칭찬을 하고 의사인 내 생각은 이렇다고 하면서 이해를 구하는 것이 나을 것이다.

✚ 때로는 침묵도 도움이 된다

환자가 계속 엉뚱한 얘기를 하면 짜증이 나는 경우도 있다. 계속 말꼬리를 잡는 환자도 있다. 같은 얘기를 무한 반복하는 경우도 있다. 끝이 없이 자기 얘기를 하거나 따지는 경우도 있다. 그러다가 보면 의사도 짜증이 난다. 그래서 겉으로는 설명을 하고 있지만 언성이 점점 올라가는 경우가 있다. 그러면서 자신이 이렇게 화를 내는 것은 환자를 위해서라고 합리화한다. 하지만 누가 내게 화를 냈는데 그 사람이 한 말에 대해서 내가 진지하게 받아들인 경우가 있는지 생각해보자. 아마도 없을 것이다. 설혹 그 말이 맞는 말이더라도 누가 내게 화를 내면 거부하고 싶은 마음부터 들게 마련이다. 따라서 환자가 아무리 힘들게 해도 화를 내지 말자. 차라리 말을 멈춰라. 침묵이 잠시 흐르면 대체적으로 환자는 중단한다. 그 다음에도 계속 환자가 힘들게 하면 간호사에게 전화해서 다음 환자분을 들어오시게 하는 것도 한 방법이다.

✚ 환자가 이해할 수 있게 설명하자

환자는 의사가 아니다. 제한된 시간에 환자가 처리하는 정보의 양은 정해져 있다. 따라서 일단 환자가 어디까지 얼마만큼 이해했는지 확인한 후 다음 설명으로 넘어가야 한다. 너무 설명이 길어지면 환자가 설명을 따라가지 못하기 때문에 일단 결론을 얘기한 후 설명을 하는 것도 한 방법이다. 증상을 표현할 때는 가급적 환자의 용어를 사용하는 것이 바람직하다. 가급적 그림이나 동영상을 사용해서 환자가 알아듣게끔 설명을 하자. 그 다음에는 환자가 궁금해 하는 것이 무엇인지 물어보고 환자가 원하는 것부터 알아듣게끔 설명을 하면 된다. 치료 사례를 가지고 스토리텔링을 하면 환자는 더욱 공감한다. 얼마나 자주 아픈지 물어볼 때도 그것에 대해서 정확히 대답하는 환자는 거의 없다. 그럴 때는 객관식 질문이 도움이 된다. 어제 아팠는지, 그저께 아팠는지를 물어본다. 이틀 연속으로 아팠다면 자주 아픈 것이다. 그리고 나서 지난 일주일 사이에 몇 번 아팠는지 물어보면 환자는 대체로 정확히 대답한다. 언제부터 아팠는지도 환자가 아파진 지 꽤 된다고 하면 아파진 지 1년이 넘었는지 물어보고 1년이 안 되었다고 하면 6개월이 되었는지 추가로 물어보고, 1년이 넘었다고 하면 5년이 되었는지 질문을 한다. 고통의 정도도 가장 아팠을 때가 10점이었다면 지금은 몇 점이었는지 물어보면 그 정도를 가늠하기 쉽다.

✚ 확신을 가지고 말하라

환자에게 선택권을 주는 것은 중요하다. 하지만 이렇게 할 수도 있고 저렇게 할 수 있다는 것을 나열하는 것으로 멈추게 되면 환자는 결정을 못하고 더욱 헷갈린다. 흔히들 의사가 결정을 내리면 나중에 문제가 생겼을 때 환자가 책임을 지라고 할 것이라고들 한다. 하지만 의사가 환자가 결정하기에 충분한 정보를 적절하게 제공하고 그에 대해서 자료를 남긴다면 의사가 확신을 가지고 결정을 했다는 것 자체가 문제가 되지는 않는다. 알아서 하라는 식으로 비추게 되면 환자들은 무책임하다고 의사를 더욱 원망하게 될 수도 있다. 당신을 낫게 하려고 책임지고 노력하겠다는 의사의 한 마디가 환자에게는 큰 힘이 된다. 치료가 잘 안 될 때도 환자의 고통에 공감하는 태도가 필요하다. 환자가 낫지 않아서 매우 안타깝고 책임을 느낀다는 것을 표현하는 것이 중요하다. 특히 환자를 상급병원으로 의뢰할 때 자세한 의뢰서를 작성하고 가능하다면 상급병원의 의사에게 연락을 취해서 환자가 적절한 치료를 받도록 도와주는 것이 필요하다.

✚ 모르는 것은 모른다고 얘기하라

모르는 것은 모른다고 인정하는 것이 차라리 더 낫다. 증상의 원인에 대해서 계속 파고드는 환자들이 있다. 사실 환자는 힘들고 통증을 호소하는데 아무리 검사를 해도 모르는 경우가 있다. 때로는 환자가 질문을 하는데 갑자기 생각이 안 나는 수도 있다. 그럴 때는 환자에게 모른다는 것을 인정하자. 대신 최선을 다해서 지금부터 왜 그런지를 알아내기 위해서 노력하겠다고 말하자. 만약에 나보다 더 잘 알 수 있을 것 같은 의사가 있으면 의뢰해라. 불이 난 원인이 뭐건 일단 물을 끼얹어 불부터 끄는 것이 먼저이듯, 일단 증상에 대해서 적절히 치료를 하는 것이 중요하다는 것을 밝히자.

✚ 환자가 호소하는 통증과 고통에 리액션을 보이자

환자는 아프다. 외롭다. 힘들다. 우리는 상대방의 아픔에 대해서 공감을 할 수는 있지만, 직접적으로 느낄 수는 없다. 하지만 가능한 그런 아픔에 대해서 공감해주는 것이 자세한 설명보다 중요하다. 환자가 아프다고 할 때 "많이 아프시지요. 잘 견뎌주셔서 감사합니다."라고 얘기하면 환자는 감동한다. 얼마나 아픈지 환자가 이야기할 때 충분히 리액션을 해주면서 잘 들어줘야 한다. 환자의 감정을 짚어주고 적절한 언어로 공감을 표현해야 한다.

✚ 환자는 한 번 물은 것을 또 묻게 마련이다

의사들에게 있어서 질병명, 약 이름과 같은 의학용어는 지식이기에 앞서 너무 당연한 상식이다. 그렇기에 환자들에게 있어서 의학용어가 얼마나 낯선지 의사들은 때때로 망각한다. 처음 의과대학에 들어와서 의학 용어를 외우고 시험을 보느라 진땀을 흘렸을 때를 떠올리면 환자들을 이해하기 쉬울 것이다. 어딘가 새로운 장소에 가면 랜드마크가 있어야 기억이 난다. 환자들은 질병명, 약 이름에 대한 랜드마크가 없기에 설명을 이해하는 것이 쉽지 않다. 그래서 자꾸 잊어먹고 또 묻게 마련이다. 의사의 입장에서는 "저번에 설명했잖아요."라는 말이 목구멍까지 차오른다. 어차피 잊어먹을 것이 뻔하다고 생각을 하면서 질문에 대답을 하지 않는 경우도 생긴다. 그런데 의사들도 자신이 모르는 것에 대해서는 그것이 자동차에 대해서건, 골프에 대해서건, 아이 성적에 대해서건 누군가에게 묻고 또 묻게 된다. 의사들도 아무리 설명을 들어도 이해가 안 가는 것이 있듯이 환자들에게는 그것이 병과 치료에 대한 설명이다. 특히 어르신들의 경우는 실제로 기억력이 떨어지게 되면 들을 때마다 새로운 얘기 같다. 이해하고 반복해서 설명을 드리자. 만약에 시간이 모자라다면 팸플릿, 소책자, 동영상 같은 보조 자료를 활용하자.

✚ 환자가 다른 의사를 비난할 때 절대 동조하지 말라

꼭 다른 의사를 흉보는 환자가 있다. 절대로 동조하면 안 된다. 그 의사 선생님도 다 나름대로 사정이 있었을 것이라고 환자에게 말해야 한다. 다른 의사를 욕하는 환자는 나중에 다른 의사 앞에서도 당신을 욕하게 마련이다.

✚ 액수에 관한 언급은 직원에게 말하게하라

치료하고 돈을 내는 것이 당연하지만 의사가 직접 환자에게 이것은 얼마고 저것은 얼마라고 얘기하는 경우 돈만 밝히는 의사로 오해를 받을 수도 있다. 비급여의 경우 환자가 가격을 깎자고 하면 의사들은 이러지도 못하고 저러지도 못하고 당황한다. 따라서 어떤 검사를 할지, 어떤 치료를 할지에 대해서는 의사가 설명하지만 구체적인 액수와 가격 협상은 직원이 하는 것이 바람직하다.

✚ 나에게 벅찬 환자를 포기해야 할 때도 있다

의사들은 평생을 진료실에서 살아야 한다. 나에게 벅찬 환자를 모두 쥐고 있지는 말자. 대신 나를 좋아하고 따라주는 착한 환자들에게 더욱 신경을 쓰고 항상 감사하자. 인생을 길게 보면 싫은 것은 안 하는 것이 낫다. 계속 따지고, 화나게 하고, 끝없이 설명을 요구하고, 책임지라며 나를 믿지 않는 환자가 있으면 더 이상 안 보는 것이 가장 근본적인 방법이다. 환자 한두 명 줄어든다고 해서 병원이 망하지 않는다. 도저히 마음을 얻는 것이 불가능한 환자를 포기하자. 대신 이미 내게 마음을 준 환자들에게 더욱 충실하자.

병원 경영 처방전

초판 1쇄 발행 | 2022년 6월 7일

지은이 | 최명기
펴낸이 | 이은성
편 집 | 김하종
디자인 | 전영진
마케팅 | 서홍열
펴낸곳 | e비즈북스

주 소 | 서울시 종로구 창덕궁길 29-38, 4-5층
전 화 | (02)883-9774
팩 스 | (02)883-3496
이메일 | ebizbooks@hanmail.net
등록번호 | 제2021-000133호

ISBN 979-11-5783-258-3 03320

e비즈북스는 푸른커뮤니케이션의 출판 브랜드입니다.